六祖文化丛书

何初树 喻彬 何卓林 著

禅宗六祖传

羊城晚报出版社
·广州·

图书在版编目（CIP）数据

禅宗六祖传 / 何初树，喻彬，何卓林著. —广州：羊城晚报出版社，2011.11

（六祖文化丛书）

ISBN 978-7-80651-930-1

Ⅰ．①禅… Ⅱ．①何… ②喻… ③何… Ⅲ．①慧能（638~713）–传记 Ⅳ．①B949.92

中国版本图书馆CIP数据核字（2011）第241213号

六祖文化丛书·禅宗六祖传

封面题字	方斌居士
责任编辑	赫子仪　喻　彬　李　郡
责任技编	张广生
装帧设计	广东同文
责任校对	胡艺超
出版发行	羊城晚报出版社（广州市东风东路733号　邮编：510085）
	发行部电话：（020）87133824
出版人	吴　江
经　销	广东新华发行集团股份有限公司
印　刷	佛山市浩文彩色印刷有限公司（佛山市狮山科技工业园A区兴旺路6号）
规　格	889毫米×1194毫米　1/16　印张14.5　字数300千
版　次	2011年11月第1版　2011年11月第1次印刷
书　号	ISBN 978-7-80651-930-1/B·32
定　价	29.00元

版权所有　违者必究（如发现因印装质量问题而影响阅读，请与印刷厂联系调换）

《六祖文化丛书》编委会

主　任　顾作义　黄　斌
编　委　(按姓氏笔画排序)
　　　　　马必文　刘斯翰　吴　江　何初树　林有能
　　　　　罗贻乐　夏志前　倪　谦　程小琪　释传正

序

  岭南虽偏于一隅，开发较晚，然以其地缘区位之胜而成为印度佛教海路来华之首站——"西来初地"，在千百年历史嬗替变迁中，素为中国佛教禅宗之重镇。岭南生六祖，实有其内在之因缘。

  印度佛教于两汉时期东传华夏，开始了与儒道为核心的中华传统文化冲突、融合的漫长过程，这就是人们常说的印度佛教中国化的过程。在这个过程中，历代高僧大德筚路蓝缕、躬身践行，取得巨大成就，但至慧能以前，佛教中国化的进程终未完成。慧能在历代祖师所取得成就的基础上，以其特有的大智慧，融儒、道、佛三教文化于一炉，创造出具有中国特色的南宗顿教禅法。

  慧能创立的禅宗，其思想精髓指佛为性，以清净释心性，也就把佛教从宗教信仰转变为心性修养与境界追求。正是在这一意义上，慧能真正完成了佛教中国化的过程，终于成了中国佛教的正统，成了中国佛教的代名词，六祖慧能也被誉为中国佛教的创始人。

  慧能出生、成长于岭南，故作为岭南文化的重要组成部分的南禅文化，不仅促进了岭南以汉文化为主体的地域文化从渐趋成熟到全面确立，还使岭南文化长于独立思考，勇于开放求新的特色，通过以南禅文化为载体影响中原文化，增加了中原等地文化的开放度和活力。

  六祖慧能之《坛经》，集中了慧能的佛禅机理，是中国南宗禅的衣钵，是唯一一部中国人写的、被誉为"经"的佛教经典，迄今有敦煌、惠昕、契嵩、宗宝四大版本传世，并有英、日、韩等多文种译本，流布世界。六祖慧能之南禅经其法嗣的弘扬，传续着南禅法脉，历千年而不衰，其中临济、曹洞两宗，不但在中国本土枝繁叶茂，还迈出国门，走向五大洲。当下寰球之禅宗弟子，无一不是六祖慧能南禅之裔孙。

  同时，慧能缔造的佛禅机理和哲学思想为岭南文化注入生机和活力，成为岭南文化一面鲜明的旗帜。慧能的思想对中国宋明理学的影响至巨至深。其禅法对中国的诗歌、绘画、书法、舞蹈、音乐、建筑风格等文学艺术的影响也是深远而广泛的。以禅

入诗、入画、入书、入舞,诗僧、画僧、书僧、乐僧以及佛教建筑风格,成了唐宋以降中国文学艺术的亮丽风景。

六祖慧能对中国佛教、中国文化、禅宗及禅宗文化的发展厥功至伟,对世界文明的进步贡献良多。无怪乎当年武则天和唐中宗曾两次下诏并派特使来韶州迎请慧能入宫内供养,向慧能问法,在慧能婉辞不赴后,又颁圣旨褒扬慧能对国民教化之功;唐宋以降的历代君王,多有赐谥;唐代三大文豪王维、柳宗元、刘禹锡均为慧能撰写碑铭;中华人民共和国主席毛泽东称慧能为伟人……这一切,昭示了慧能不但是中国佛教禅宗的祖师,而且是伟大的思想家,是岭南文化一张亮丽的历史名片。

我们要宣传六祖慧能这样一位杰出的岭南历史人物。慧能虽是中国禅宗的祖师,岭南文化的历史名片,但并未广为人知,即使是岭南人,知其事迹者也不多。所以,宣传、介绍六祖慧能,让更多的人了解他、认识他,进而认识岭南文化,是今天岭南人的职责。这几年,我们在这方面做了大量工作,尤其是去年广东省委、省政府出台的建设文化强省纲要,把每年举办六祖慧能文化节作为一项重要内容。我们要利用这一平台,采取各种形式,多方面、全方位宣传六祖慧能。

如今,羊城晚报出版社出版《六祖文化丛书》,正是贯彻、实施建设文化强省纲要的一个举措。出版这套丛书有利于深入挖掘和开发岭南文化资源,塑造岭南文化新形象;有利于提升岭南文化高度,让世人从历史现实和岭南文化的视角重新认识广东;有利于向世界展示有中国特色的佛教文化。对于打造南禅文化品牌,促进岭南文化的发展、促进人的身心和谐必将有着积极的意义。

(作者系中共广东省委宣传部副部长)

内容简介

《禅宗六祖传》讲述了中国佛教禅宗六祖慧能大师一生的传奇故事。六祖慧能（638—713），唐代高僧，俗姓卢氏，籍贯范阳（今河北省涿州市），生于岭南新州（今广东省新兴县）。慧能得黄梅东禅寺五祖弘忍传授衣钵，继承东山法门，为中国佛教禅宗第六祖。著有《六祖坛经》流传于世，至今仍有不腐肉身舍利存世，成为佛法修行之见证。

六祖慧能平生坎坷、命途多舛。其父卢行瑫是范阳知府，遭官府所贬，流放南蛮新州，贫病交加而终。自幼丧父的慧能与母相依为命，伐薪卖柴为生。24岁时，得高僧资助，北上远赴湖北黄梅东禅寺修行参学。唐龙朔元年（661）在东禅寺谒见禅宗五祖弘忍。五祖乃令其随众作务，劈柴打碓8个多月。年事已高的弘忍终将衣法传付与慧能。慧能圆寂后，其弟子们将其经历和言论辑录整理成《六祖坛经》，成为中国佛教禅宗经典。

从禅宗的创始人达摩到慧能经过六代祖师，故把慧能称为"六祖"。慧能以其超人的智慧，将印度传入的佛教中国化、平民化、现世化，开创了极具中国特色的佛教禅宗，对传统佛教做出了重大改革和创新。

慧能和孔子、老子并称为东方思想先哲的"东方三圣"。欧洲则将慧能列为"世界十大思想家"；毛泽东将慧能与孙中山先生并称为"岭南两大伟人"。

六祖慧能所强调的"心诚"、"心善"、"心好"、"行直"、"行善"、"积德"以及"孝、义、忍、让"等这些以人为本、以善为先，给人以终极关怀的理念，让人们接受禅文化的熏陶，净化心灵，成为自强不息、道德纯洁、爱国敬民、造福社会的高尚之人。这对于世界、社会、家庭的和谐有着积极的意义。

目录

〇、贬谪遭追杀	1
一、新州不凡夜	3
二、高僧赐禅名	7
三、童稚见仁心	12
四、取万代香火	15
五、智降莽武夫	18
六、金台寺佛缘	26
七、诚心动天地	33
八、曹溪双结义	38
九、"獦獠"见五祖	41
十、坠石勤舂米	47
十一、对联显才智	51
十二、发聩六声钟	53
十三、吃粥考悟性	59
十四、菜地见天意	62
十五、身是菩提树	63
十六、聪明反自误	69
十七、菩提本无树	74
十八、五祖传圣物	80
十九、禅义慑武僧	88
二十、怀会显禅风	93

二十一、三载同修悟	101
二十二、智避群杀手	104
二十三、救鹿劝人善	106
二十四、杀生与报应	115
二十五、修悟在怀会	118
二十六、语惊法性寺	120
二十七、菩提下落发	124
二十八、大梵寺讲法	129
二十九、法达来求法	135
三十、智通与智常	139
三十一、行思与怀让	142
三十二、六祖会七祖	146
三十三、弟子满四海	150
三十四、扩建宝林寺	156
三十五、公理化异己	159
三十六、仁心慑刺客	164
三十七、方辨作雕像	169
三十八、拒作朝廷僧	173
三十九、宝林寺授法	185
四十、落叶要归根	187
四十一、梅庵锡杖泉	192
四十二、香火定佛身	195
四十三、禅宗永流芳	202
四十四、衣钵去向说	206
四十五、六祖真身考	210
四十六、慧能与世界	213
跋	220

○、贬谪遭追杀

话说禅宗六祖慧能的父亲卢行瑫，本是北方范阳（今河北省涿州市）人氏，祖父卢祖上是唐朝命官——瀛州刺史，后蒙冤而被朝廷杀害。

620年初夏的一个早晨，一辆马车驶出了范阳城，随着老马迟缓的步伐，那灰色的凝聚着腐朽气息的范阳古城，渐渐淡远，渐渐成为一段记忆的屏风，而被遗落于历史的某个尘封的角落。

"卢大人，此行将向何方？"赶车的车夫问道。

"新州，那是一个南蛮之地，一直往南行便是。唉——我将在那个地方苦熬残生。"卢行瑫说着，撩开车帘回首张望那个渐行渐远的伤心之地，不禁歔欷慨叹："人妖颠倒，浮生若梦啊！"

卢行瑫十载寒窗，虽不能大魁于天下，但也做了一个不大不小的官——范阳知府。他才华横溢，刚直不阿，为政清廉，立志报效社稷、惠泽苍生，却不谙谀媚之术，不屑奉承之事，受到同僚奸人黄玺的嫉妒和陷害。满腹经纶、学富五车的卢行瑫，渐渐失去朝廷的赏识和信任，最后被奸人陷害，以莫须有的罪名，将其贬谪为民，流放到南粤新州。险恶的官场之争，使卢行瑫从此人生坎坷，命运沉浮。

一匹黑马旋风般在范阳城古街巷驰骋，铁蹄和青石板的撞击声，犹如一串连环炮，响遍了半个古城，直到知府门前才戛然而止。一位头戴方形皂角帽、身着棕红色衙役服的一副官差打扮的大汉，翻身下马，在一位衙役引领下，朝见了新上任的范阳知府黄玺。

来人拱手行礼："禀报大人，从京城雇来的两位高手已经到了，安顿在顺风客栈歇脚。何时动身？请大人明示！"

黄玺穿着绯红色官袍，正如痴如醉地把玩着新进贡来的翡翠九龙杯，窗外爬进来的阳光正照着黄玺的半片脸颊。他忽然打了几个喷嚏，似乎这才回过神来。他眯缝着眼睛带着半睡眠的神态问："什么到啦？"

"高手到了!"

"什么高手到了?哦,到了吗?"

"是的,到了!"

黄玺眉梢上翘,嘴角隐藏着一丝得意的笑意:"到了就好,到了就好!卢行瑫的大限也就到了!"

"何时动身?请大人明示!"

"待卢行瑫滚出范阳城再动身,跟踪到百里开外的荒山野岭再下手!记住,一定要干得干净利落!一个活口也不能留!"

"请大人放心,定当遵旨照办!"

"听着:把人头取回来,我要验明正身!"

"好的,大人,一定把人头取回来,给大人您过目。"

卢行瑫的马车,在官道上不紧不慢地前行,黄土路上的灰尘将一座古城渐渐褪色成一片混沌的风景。

卢行瑫压根儿不知道,后面有两个索命杀手,正骑着枣红大马飞奔而来。蒙在鼓里的卢行瑫,落魄悲怆地随着老马拉着的命运之舟,晃晃悠悠地往前行驶。

晌午时分,卢行瑫一路颠簸,进入了险峻的盘山道,右边是悬崖峭壁,左边是森幽深涧。

后面的杀手和卢行瑫的距离越来越近了,一位杀手说:"前面就是断魂涧了,正好是午时三刻(午时三刻,太阳当头,是一天中地面阴影最短,"阳气"最盛的时候,鬼魂不敢出现。古人习惯在"午时三刻"行刑)。"

另一位杀手说:"此地山神很厉,必须在午时三刻干完,动作要快!"

"那盘缠还要不要?"

"我看算了!清官如水,没几个钱。"

"那就取了首级就走!"

"对,取了首级就走。这地方邪乎,那年几个好汉就死……"

"闭住乌鸦嘴!"

二位杀手一甩鞭,两匹烈马猛然腾起前蹄,"咴咴"嘶鸣。

惊闻马嘶,卢行瑫暮地回首,透过车帘缝隙,看见两匹骏马腾起一路尘土,疯也似地向他们驰来。距离愈来愈近。

在一个拐弯处,卢行瑫和杀手遭遇了。两位衙门捕役打扮的杀手拦在前面,其中一个杀手掏出卢行瑫的画像,拔出利剑,挑开车帘,审视着卢行瑫,对比了一下画像上的相貌,凶狠地说:"你是卢行瑫吗?"

"鄙人正是,不知好汉……"

"对不起,卢大人,我俩奉官府之命,要取你的人头回去交差!"另一杀手说着,

"嚓"地一声拔出利剑,双眼圆瞪,"时辰不早了,动手吧!办完早点回去!"

一介书生的卢行瑫惊恐万分,只好早早闭上眼睛,听天由命。

就在杀手将要挥剑的刹那间,卢行瑫的马突然一声嘶鸣,前蹄和后蹄猛烈地腾踢,重重地踢在两个杀手的枣红马身上,两匹枣红马受到这突如其来的袭击,恐慌地驮着两个杀手狂奔起来。杀手被这突然的变故搞蒙了,一时手足无措,任凭烈马狂奔。受惊的枣红马径直冲进了断魂涧,两个杀手连人带马葬身于万丈深渊。

卢行瑫睁开惊惧的双眼,看着枣红马驮着那两个杀手直奔断魂涧,慨叹道:"报应啊!苍天有眼啊!朝廷将我贬为草民,逐放南蛮,为何还要夺我性命?"

车夫说:"卢大人,吉人自有天相。那是老天在保佑着您呀!我托了大人的福,小命才得以保全。"

"我看,老天是打盹儿了,我堂堂忠良竟遭小人谗害,贬谪南蛮。为何不睁开眼看看这世道,是何等的险恶……"卢行瑫几乎是在呓语,声音很低,低得只有他自己听得分明。他说着说着,泪水纵横。

从北国到岭南,卢行瑫和车夫千里迢迢,沿途披荆斩棘、破瘴而行、历尽艰辛,终于来到了南蛮之地——新州。

临别时,车夫眼噙泪花说:"卢大人,您要多保重,承蒙大人多年的关照,我代表全家人向您鞠一躬。此行一别,今生恐难再相会了。"

卢行瑫说:"你也保重,路上留心点。一路上多亏你照顾,我感激不尽。"卢行瑫将仅有的盘缠交给车夫,"这点盘缠,你拿上,路上用得着。"

车夫再三推让之后,接过了盘缠,向卢行瑫依依惜别,踏上了北归的道路。

一、新州不凡夜

让我们沿着时光隧道,穿过岁月的幔帐,回溯到1300多年前中国历史的鼎盛时期——唐朝。

唐太宗贞观元年(627),三藏法师玄奘西行求法,始自长安神邑,终于天竺的王舍新城。往返历时19年,跋涉十万余里。至贞观十九年(645)正月二十五日,玄奘

取得佛经返抵长安。这就是名垂青史的"唐三藏西天取经"。

六祖慧能就是在玄奘往天竺期间临世的。

贞观十二年（638）农历二月初八的夜晚，是个非凡之夜。

新州（今广东省新兴县）一个新的生命呱呱诞生了，他就是后来名垂千秋的禅宗六祖慧能。

春雨沐浴后的岭南，天穹如洗，天地一新，春寒料峭，万籁俱寂。

那一夜，月亮的清辉，为大地披上了一张薄薄的银纱，原野的蒿草、山花，村落的茅舍、柴扉以及大千世界的一切，都沐浴在一片淡淡的银光之中。

新州龙山下夏芦村的一间茅屋里，一位中年汉子来回踱着步。饱经风霜的脸庞在昏黄摇曳的油灯映照下，显得心神不宁、焦躁不安。他不时地往里屋窥望。

时近子时，乡邻们已酣然入梦。连那些喜爱吠叫的家犬也疲惫地趴在各家的门背后入睡了。水塘里偶尔传来几声蛙鸣。中年汉子更加心烦意乱，坐立不安。

他名叫卢行瑫，年近知天命，命途多舛、历尽坎坷。

卢行瑫被贬到新州之后，新州刘刺史深知卢行瑫为人正直，是被奸人陷害，便恩开一面，叫他到筠城附近的乡村里落下户来。

卢行瑫只身来到夏芦村，没多久就听到了父母双亲病殁的消息。他在极度苦闷之时，得到邻近不远的朗村一位乡间老郎中李和祥的鼓励和慰藉。两人相处时间长了，李郎中发现卢行瑫颇有才华，人品不错，便将自己的女儿许配给他。

卢行瑫在夏芦村安下家来。这里山清水秀，林木葱郁。夫妻俩男耕女织，夫唱妇随。卢行瑫在这山野之中，日子倒也过得逍遥自在。

光阴荏苒，一晃几年过去了。令卢行瑫感到郁闷的是，与李氏结婚多年，却未能生下儿女。

盛夏的黄昏，残阳如血，晚霞将大地抹得一片绛红。

卢行瑫将晒干的稻谷收好后，在家门前的皂角树下，坐在一张竹椅上摇蒲纳凉。

此刻，树上有只鸟正叼着小虫，飞进鸟巢，喂养窝里几只嗷嗷待哺的小鸟。一只小鸟抢到食物后，"唧唧"大叫，兴奋无比。

此情此景，不由触动了卢行瑫的心事，他轻轻地叹息了一声："唉！那真是哺育之恩哪！"

妻子李氏端来一大碗凉茶："夫君，你成天闷闷不乐，且问有何不快？"

卢行瑫接过凉茶，连连摇头："没，没什么，我在看树上的小鸟喂食……"

李氏："夫君，别瞒我了，看你眼角都流泪了。你有什么难解的心事，且说与为妻听听。"

卢行瑫抹去眼角泪水，叹了一声："唉——"欲言又止。

李氏满是歉意："夫君，我嫁与你这么多年，没有替你生下一男半女，甚是愧疚。"

卢行瑫道："这岂能怪你一人？"

李氏思忖良久道："我有一个办法。"

卢行瑫问道："什么办法？"

李氏顿了顿说："你将我休了另娶一房，生个儿子续延卢家的香火吧。我将毫无怨言。"

卢行瑫白了妻子一眼："看你说到哪里去了。你嫁与我这个罪臣，已让你挨了不少的苦，为夫总感到对不起你。我怎么会做这样的事呢？"

李氏眼含泪花，鼻子一酸："如不休我，那么你就纳一个妾替你生儿女吧。"

卢行瑫脸色一沉："夫人，你别再胡言乱语了。今生我与你既然成为夫妻，就要相敬如宾，白头偕老。"

李氏见卢行瑫发怒，便不再言语。

那年夏天的一个夜晚，李氏做了一个奇异的梦。一朵七彩祥云从天空飘落庭院。祥云满院缭绕，顷刻间，地上长出一棵菩提树，硕壮茂盛。一阵梵音从天际传来，飞来一群丹顶白鹤，绕树飞舞。树下百花竞放，香气氤氲。

李氏立刻感到有一股强大的暖流冲击全身，叩启生命之门。一种不可言喻的躁动阵阵袭来，身心无比舒坦。一梦醒来，李氏顿觉酸水翻涌，呕吐起来……

翌日清晨，李氏将昨夜的异梦告诉卢行瑫。

卢行瑫心中暗喜，想必是贤妻有喜的先兆。卢行瑫将信将疑地说："奇事，奇事！"

数月之后，李氏的肚子逐渐隆了起来，渐渐有了胎动的感觉。

卢行瑫相信奇特的事情的确发生了，心中的夙愿就要实现了。他天天焚香祷告，感谢上苍赐福。

到了晚上，劳累了一整天的卢行瑫叫李氏坐在床沿上，将耳朵贴着她的肚皮，屏住呼吸，静静地谛听。他分明听到了一种"扑扑"跳动的胎音，感应到了一个新生命的律动。他欣喜万分，心中有说不出来的高兴："我想那一定是个男孩。"

可是，不可思议的事情发生了，李氏怀胎十个月，等着孩子呱呱坠地。然而，却没有丝毫要分娩的迹象。这令满怀期待的卢行瑫焦急万分，于是请来了方圆十里有名的接生婆陆婶。陆婶的丈夫是十里八乡有名的郎中，她也学会了把脉诊病。

梳着大发髻，身穿着光鲜的深蓝大襟衫的陆婶，风风火火地走进卢行瑫家，她看了看李氏，问："怀了多久？"

李氏说："十个月有余。"

陆婶说："不会记错日子吧？"

李氏果断地说："错不了。"

陆婶一边给李氏把脉，一边喃喃自语道："你要是真没记错日子的话，那就不是个凡胎。"

"此话何意？"卢行瑫不解地问。

陆婶忽然大笑:"哈哈哈,你是个读书人,连'不是个凡胎'这句话都听不懂?"

"难道还会怀个仙胎?"卢行瑫有些摸不着头脑。

"告诉你吧,你们卢家可能要出圣人了!"

"嘿嘿嘿。"卢行瑫憨厚地笑了笑,"圣人不敢企望,生个小子倒是一直盼着。"

陆婶详细地检查过后,双眉紧锁着对卢行瑫道:"我干这行已经有40年了,从来都没有见过这样的胎。真是十月有余的话,那就过了时日了。"

卢行瑫问:"过了时日怎么办?肚里的孩子会不会有危险?"

陆婶摆了摆手:"不会。"

卢行瑫问:"为什么呢?"

陆婶认真地说:"如果肚里的孩子有危险,胎音要么是杂乱无章,要么是声息渐弱。如今胎音节奏均匀、强劲有力,好像在唱歌似的。"

卢行瑫惊奇道:"那该怎么办呢?"

"我也没办法。"陆婶双手一摊,但她见卢行瑫无比焦虑,便安慰道:"不用担心,只要胎象正常,就不会有什么危险。此胎实属奇异,或许你的孩子将来会是个奇才。"

尽管陆婶这般安慰,但卢行瑫心里难释重负:"但愿如您吉言……"

陆婶:"卢官人,你也是个见多识广的人。世间的事情只能是水到渠成,瓜熟蒂落。一切顺其自然吧。"

卢行瑫叹了口气:"那好吧,一切听天由命。"

一连数日过去,眼看着妻子的肚子持续隆起,卢行瑫提心吊胆,真担心会出什么问题。

村里的三姑六婆议论纷纷,有的说怀孕那么久都生不出来,肯定是个妖魔鬼怪之胎,也有的说可能是个非凡宝胎。

盼子心切的卢行瑫,为了拥有一个续传卢家香火的儿子,已是两鬓飞霜。

唐贞观十二年(638)二月初八那天傍晚,刚刚吃过晚饭的李氏,突然觉得肚子里的孩子踢得厉害,腹痛难忍,心跳加快。她躺在床上,本想喊丈夫进来,将此情况告诉他。适逢卢行瑫走进房问妻子:"娘子,今天感觉怎样?"

李氏躺在床上,脸色潮红,喘过大气后回答:"夫君,可能要临盆了。"

"啊!"卢行瑫又是喜来又是忧,连忙托人去请接生婆陆婶。

陆婶正在后院喂猪,听到这消息,连忙将猪食扔下,扭动着肥胖的身体,匆匆来到卢家。

她给李氏把脉,察看舌苔,听胎音,仔细察看过后道:"卢官人,孩子要出世了,你就要做父亲了。"

陆婶对李氏说:"你跟着我数数,使劲!"

满头大汗的李氏点了点头。

"一、二、三,一、二、三……"陆婶鼓着劲,李氏紧握着拳头,咬紧牙关。

在厅里忐忑不安、来回踱步的卢行瑫,密切关注房里的动静。妻子沉重的呻吟和喊叫,撕扯着他的心。他心里反复闪现一句俗语:"女人临盆时,鬼门关上过。"

陆婶扭尽六壬,使出浑身解数,为李氏助产。

李氏用尽全力,呻吟不绝,但肚子里的婴儿却迟迟不露真面目。

闻得妻子呻吟声,卢行瑫在厅里踯躅徘徊,心急如焚。

陆婶从里屋走了出来,用衣袖拭擦着额角的汗珠,满脸的无奈,带着几分绝望地说:"卢官人,看来这孩子不是一般的肉身凡胎,一直不肯出来!"

卢行瑫一听,心遽然紧缩,急切地问:"那怎么办?"

陆婶正色说:"我来问你,是要妻子还是要孩子?"

卢行瑫不假思索地脱口而出:"妻子孩子两个都要!"

陆婶面露难色:"这真是两难啊。现在你只能选择一个,要么保住你妻子,要么留下孩子。"

卢行瑫眉头深锁,叹了口气,"如果确实只能二保一,那就请你想尽一切办法,保住我夫人的性命。至于孩子,那就顺其自然吧。"

"卢官人,明白你的意思了,我尽力吧。"陆婶说罢,返回里屋。

从里屋传来妻子的呻吟声,一声比一声微弱。卢行瑫内心经受着前所未有的煎熬。

直到深夜子时。李氏一声凄厉的尖叫,划破了静谧的夜空。一道红光从里屋腾起,冲上天穹,将天宇映照得一片通红,顿时,天幕彩瑞缤纷。

"哇——"一声婴儿嘹亮的啼哭声,如石破天惊,继而里屋飘出芝兰的幽香,很快,整个村庄都暗香缭绕,瑞气氤氲。沉浸在梦乡的邻居被尖叫声惊醒,惶惶不安地跑了出来,望着满天异常瑰丽的景象,纷纷叫喊:"才子时呢,怎么就有曙光了,怎么回事啊?"

二、高僧赐禅名

门帘一挑,陆婶扭着肥胖的身躯,用围裙蹭着双手,笑吟吟地从里屋走了出来。

卢行瑫急步上前道:"生了?"

陆婶咧开阔大的嘴巴笑着说:"生了,生了。"

卢行瑫:"我夫人怎样?"

陆婶:"老天保佑,母子都平安无事。"

卢行瑫趋前一步,再问:"生下的可是个男丁?"

陆婶拱手道贺:"正是个男丁,恭喜恭喜,恭喜卢家添丁。"

"好呀!"卢行瑫脸上的愁云一扫而光。

"你还不快去看看?"陆婶说。

卢行瑫一阵风似地进里间去。

床头两盏如豆油灯发出"吱吱"的响声,昏黄的光晕照着李氏那张苍白如纸的脸庞。经过一番痛苦折磨,李氏已经是疲惫不堪了,但嘴角依然挂着一丝舒心的微笑。

卢行瑫坐到床前,用手轻轻地抚摸着她的额角,安慰道:"娘子,你吃苦了。"

妻子含着泪花,眨了眨眼,嘴角向她旁边那蓝底白花布褓褴努了努,示意新生儿就在里面。

卢行瑫捧起了褓褴中的婴儿,凑近油灯,仔细端详着这个小生命:天庭饱满、地阁方圆、额角宽阔,双耳厚实。他轻闭睡眼,鼻管微挺,发出均匀细微的鼾声。经历了一场艰辛的拼搏来到人世间,他感到疲惫困倦,他睡着了。

太阳还未出山,遥远的东天是万道霞光,绚丽非凡。

大地布满红晕,山雀在葱郁的树梢头追逐、扑腾、嬉戏、欢唱。

闻讯而来的邻居都向卢行瑫祝贺,说卢家生下这个孩子,整个天象都奇异非常。

卢行瑫面对乡里乡亲的庆贺和祝福,激动不已,六载之梦,今朝终圆。卢行瑫的目光从乡亲们的头顶飘过,看到了门外的杨柳树下,有两位身穿黄色袈裟的和尚,一高一矮,慈眉善目。卢行瑫端着茶壶拿着碗走上前去:"二位法师,请喝茶。"

二僧见卢行瑫连忙躬身行礼:"施主有礼。"

卢行瑫还礼:"两位法师,从何而来?"

高个子和尚说:"我俩来自九华山普济寺。"

矮个子和尚说:"我们云游五岳,远足四海,近日来到岭南。"

卢行瑫热情地说:"两位高僧一路跋涉,辛苦了,请进寒舍歇息。"

高个子和尚摆了摆手:"我们此来造访,有一事相告。"

"请问何事?"

"昨夜我们在十多里之外筠城投宿,本来已是睡梦方酣,不知为何,感到心如潮涌,辗转寻思,彻夜难寐。"

卢行瑫问:"为什么?"

矮个子和尚答道:"凭着多年的感觉,定然有祥瑞之事降临。"

"我俩到窗前观看天象,见这边红光冲天,彩瑞千条,还闻到夜风挟来的异香。我们朝着瑞气的脉向,循迹查踪来到贵地。至此。见你家茅舍里祥光熠熠,想必你家产下贵子。"高个子和尚拈着佛珠道。

卢行瑫大吃一惊："啊，十里之外，你们怎会知道是我家产下麟儿？莫非两位师傅是千里眼、顺风耳？"

"贫僧并非千里眼，也非顺风耳，只是世间平凡修行人而已。"矮个子和尚微微一笑，"施主，你的孩儿出生之时，出此奇景幻象，实属罕见。"

卢行瑫说："我家娘子怀的胎确是罕见，世间妇人十月怀胎，而我妻子怀胎十月有余却迟迟不见临盆。"

高个子和尚说："任何众生，都有六道轮回。你儿子在娘胎里逗留这么久，早已从轮回中备尝世间的千万般苦恼与磨难，人间百味，提前在娘胎里洗髓易筋，脱胎换骨。"

卢行瑫："如此说来，真有点儿巧合。"

高个子和尚："天地六合，包容大千万象，浩瀚无垠，这是好兆头呀！"

矮个子和尚："我看这是天意。"

卢行瑫："什么天意？"

高个子和尚朗声道："日后你儿子长大成人，定非凡俗之辈。"

卢行瑫："我们居住在这荒凉的山野，儿子怎会成为不凡之辈？"

高个子和尚："施主不曾听过'深山出凤凰，深潭藏蛟龙'吗？自古圣人，无不身世平俗。"

矮个子和尚："说不定将是佛家第六代师祖。"

卢行瑫："你们是出家人，而我卢某人不过是一介凡夫，我儿子怎会成为你们佛家的第六代师祖呢？"

"众生皆可成佛。"矮个子和尚道，"佛门之内无戏言，空门与凡尘的轮回，和生与死的轮回一样，瞬间转换而已。世事无常，如天际之风云，须臾变化，奇幻莫名。怎能判定孩子他日一定是凡夫俗子呢？"

卢行瑫将信将疑："但愿借两位高僧大德之吉言，犬子有朝一日能成大器，报效社稷苍生。"

矮个子和尚郑重其事地说："我们今天是专程为你儿子送名而来的。"

"感谢两位大师，"卢行瑫问道，"高僧欲赐何名？"

两位僧人异口同声地说："就叫慧能吧！"

"慧能？"卢行瑫觉得这个名字有点古怪，便说："这名字有点像佛家人名。"

高个子和尚说道："你儿子本是佛门中人，'慧'根为佛家五根之一，破惑证真为慧，慧能生道，故曰慧根。'慧'与'惠'两字相通，'惠'即是惠泽万民；'能'就是法门大开，普度众生。"

卢行瑫："我儿尚在襁褓，怎会有此前程？"

矮个子和尚说："你们好好教育，他日脱颖而出，必成正果，立于巍巍佛坛之

上，扬名遐迩，法脉流长，世人称颂。"

卢行瑫点点头："承蒙师傅指点，我当遵嘱照办。"

矮个子和尚一脸正色地说："施主不可戏言。"

"一定，一定，"卢行瑫连连点头，往屋里一指，"两位师父进屋喝茶歇息一会儿吧。"

高个子和尚摇了摇头："法王如今正在酣睡之中，我们怎能进去打扰？"

矮个子和尚："是呀，我们岂敢莽然打搅呢？"

卢行瑫大惑不解地问："你们说什么呀？"

高个子和尚："你儿子是龙象之王啊！"

卢行瑫更莫名其妙："你们说什么呢，我越听越糊涂？"

两个和尚答道："天机不可泄露。"

卢行瑫说："你们既然不肯进屋，待我去取点斋食给你们吧。"

"不必啦，我们就此告辞。"两位和尚双手合十，行了一个礼，齐齐转身，步履如飞，轻若飘萍。眨眼间，消失在山坡的绿树深处……

卢行瑫见二位僧人远去，感觉自己经历了一场梦，刚才发生的一切犹如梦境那么虚幻而又真切，那么遥远而又切近。他感到百思不得其解，"莫非是上苍派遣高人，点拨于我？"

他回到屋里，将此事告知妻子，妻子也连声称奇。

于是，夫妻俩便将婴儿取名为"慧能"。

"慧能"生下来和其他婴儿不一样，李氏给他喂奶，将奶头放到他嘴里，他不仅不吸不吮，反而把乳头吐了出来。

如此反复折腾，使李氏心急如焚，担心孩子饿坏身子。

卢行瑫不解地问："小孩都吃母乳，为什么我们慧能不吃母乳呢？"

李氏思忖了片刻道："既然儿子不吃乳，那就煮点米糊给他吃吧。"

卢行瑫进到厨房，煮了一大碗稀稀的米糊，用汤匙喂慧能。

当盛着米糊的汤匙递到小慧能的嘴边，他仍然紧闭双唇，不停地将脑袋摆动，并不进食。急得卢行瑫满头大汗，无法可想。

李氏叹了口气："唉，这孩子真没有办法。"

卢行瑫只得安慰妻子："等会儿他肚子饿了，自然就会哭着要吃的。"

"夫君言之有理。"李氏点了点头，将小慧能放在床上，任由他睡觉。

小慧能闭眼睡觉时不哭不啼，不吵不嚷，十分的安静平和。

这天晚上，李氏又做了一个奇怪的梦。梦境中，五彩祥云缭绕，冉冉仙气升腾，红顶白鹤回旋翱翔。一位面目慈蔼的天神，头顶苍天，脚踏大地，忙忙碌碌，正在采集日月之灵气、万物之精华，酿成甘露来喂养着小婴儿。

李氏醒来，见小慧能微闭眼睛，小嘴巴张开，红嫩的小舌头伸出嘴边舔舐着，仿

佛正回味着仙花灵果之琼浆的滋味。

李氏惊奇并兴奋,将酣睡的卢行瑫推醒。

卢行瑫被推醒,嘟囔着:"三更半夜,有什么急事啊?"

李氏压低声音将梦中所见说给丈夫听:"你细细看我们的孩子。"

卢行瑫撑起身子,低头望着小慧能,又惊又喜,难以置信。

一夜过来,小慧能好像吃得饱饱的,也没有啼啼哭哭。卢行瑫夫妻感到十分欣慰。

小慧能很少啼哭,总是闭眼静睡,一副平和之态。那神态,宛若高僧在佛堂凝神敛气,静坐打禅。

此后,无论是朗月灿星、银汉迷茫,还是雷鸣电闪、风雨交加。李氏每晚都会梦见神灵哺养小慧能的情景。

不吃母乳、不吃米糊的小慧能在一天天地长大。

卢行瑫因生活的重压,终是积劳成疾。初时是咳嗽不止,后来竟咯出了血来。不到三个月,卢行瑫脸色蜡黄,身体越来越瘦削,体质越来越虚弱。

家中的顶梁柱不能倒下。李氏见丈夫病倒,看在眼里,痛在心头。她想方设法变卖了家中所有值钱的东西,到处请郎中救治卢行瑫。可是卢行瑫的病情总不见好转,且一日比一日加重,药石灵方也无回天之力。

小慧能刚满3岁时,卢行瑫已是病入膏肓,终究没能逃过劫数,撒手人寰,抱憾而去,留下给孤儿寡母的仅是一间破茅寮和门前一棵小荔枝树。

丈夫去世了,李氏毅然挑起了生活重担,白天上山砍柴,下地犁田;夜晚在昏暗恍惚的油灯下,做针线活,挣几个小钱,含辛茹苦地养活着小慧能。

一个雨季的夜晚,阵阵沉雷如石碌辘在天空隆隆滚过,惨白的电光撕裂漆黑的夜幕,大雨倾盆而下。小茅寮在暴风骤雨中犹如汪洋大海中漂泊的一叶孤舟。屋顶百孔千疮,密集的雨滴箭穿而下,屋内到处漏水,无法安睡。

面对四面袭来的寒风冷雨,为了让怀中的孩子不受水淋,李氏只好头戴着尖顶的大竹笠,身着蓑衣,坐在床上把睡得正酣的小慧能紧紧搂在怀里。油灯也无法点亮,黑暗中,只能静听屋外的阵阵风雨声。小慧能在母亲的怀里酣睡,打着轻微的鼾声,柔嫩的小手在她的胸前不停地轻轻抚摸。孩子是她唯一的希望,她紧紧地抱着小火炉一般温暖的孩子,心里感到无比的慰藉。

丈夫早逝,李氏用自己坚强的意志撑起了这个家,与孩子相依为命。家境贫穷,度日艰难,李氏常用腌制的酸菜酸豆角下饭,清苦度日。

慧能从小就很懂事,非常体贴母亲,从不挑食,生活俭朴,随遇而安。

李氏十分心疼儿子,平日家中稍有好菜,自己舍不得吃,留给孩子。小慧能早慧,从小就十分体谅和同情母亲,刚会走路就开始跟着母亲一起去田间地头,帮着母亲抱黄瓜、茄子回家,感受生活的艰辛与劳动创造的快乐。

三、童稚见仁心

岁月荏苒，不知不觉之中，慧能6岁了。经过苦难岁月的磨砺，慧能愈加健康和聪慧。

太阳落山，余晖渐渐暗淡下去，苍茫的暮霭在山间飘散开来。小慧能在山坡草地上和老母鸡玩耍。

"孩子，你爸爸妈妈呢？"小慧能转过头来，见一位花白胡子的老人站在自己面前。

老人清瘦的脸庞露出慈爱的笑意。他身穿着一件已经褪色、磨损了的黑色长褂，背着一个褡裢，显得有些疲惫，落拓之中透出了一种儒雅的风度。

小慧能说："爷爷，天晚了，你是要在这里借宿吗？"

"呵！你怎会知道我要在这里借宿啊？"老者十分诧异。

"附近村子没有穿你这身衣服的人。我们家里从来都没有来过你这个客人，我娘也肯定不认识你的。"

"是呀。我跟你娘是不认识的。"

"这里方圆十里都是荒山野岭，前不着村，后不着店。太阳刚刚下山去了，这个时候到来的外人都是要借宿的。"慧能年纪虽小，但回答得合乎情理。

"你真聪明！"老人伸出了右手的大拇指，称赞道，"你叫什么名字？"

"我叫慧能。"

"慧能？"老人心中一怔，"这好像是一个佛门法名。你怎么会起这个名字呢？"

"我不知道。从小村里的人就这样叫我。"

"你的家在哪里？"

小慧能用手向南边一指："喏，就在那山脚下。"

老人："孩子，请带我到你家去，好吗？"

小慧能欢快答应："好吧！"

小慧能领着老人朝家里走去。

老人与6岁的孩童相比,步子要大些。两人走着,走着,老人不知不觉已走在前头了。

忽然,老人听到小慧能清脆的一声喊道:"别动!"

老人定住了脚步,转身问道:"什么事?"

小慧能指着地面:"你看看。"

老人眯着老花眼睛低头望去,并没有发现地上有什么东西,便摇了摇头,说:"我没看见什么呀。"

小慧能趋步上前蹲下身子,指着老人面前约莫两尺远的地方,说:"你看,这里有一群蚂蚁正在搬家!"

老人循他所指,定睛一看,果然脚下有几队蚂蚁横过,这才舒了口气:"我以为发生了什么天大的事,原来你是指蚂蚁在搬家。"

小慧能道:"我不提醒你,你就会踩到这群蚂蚁上。你的脚板那么大,会踩死多少只蚂蚁呀!"

听小慧能这样讲,老人的心中涌起了一股暖流,抚摸着慧能的小脑袋,感慨地说:"啊,在这混沌的人世,物欲横流,尔虞我诈。如此善心小童,令人敬佩。老夫惭愧。"

小慧能:"人生在世,最大的罪恶是杀生。蚂蚁也是有灵性的小生命,它们整天劳碌,找食也不容易呀。"

老人:"啊,你年纪这么小,怎么说起话来,跟大人一样呢?"

小慧能:"这是我娘教我的。"

老人:"你娘还教你什么呢?"

小慧能:"我娘告诉我,佛学把'杀生'作为十恶之首。"

老人:"你知道什么是十恶吗?"

"当然知道,"小慧能微闭着眼睛,轻晃着脑瓜,背诵着,"十恶中,一是杀生,二是偷盗,三是邪淫,四是妄语,五是绮语,六是两舌,七是恶口,八是贪欲,九是嗔恚,十是邪见。"

对于小慧能的滔滔背诵,老人两只昏花的眼睛瞪得如铜铃一样大:"啊,你的记性真好。"

小慧能:"娘教我的,我都记在心里。"

老人再问:"与十恶相对的是什么呢?"

小慧能答道:"十善。不犯十恶,就是十善。"

老人:"你娘经常背诵佛经吗?"

"嗯,她常常拿着经书在背诵。"小慧能说,"啊,天色晚了,我们还是快点回家去吧。"

小慧能领着老人回到家门前,喊了声:"娘,来客人了!"那清脆稚嫩的童音,

一如黄昏山谷中啼鸣的黄莺。

一位中年妇人从茅舍后的菜地走了出来。

老人放眼望去：这妇人身穿一件深蓝色的麻布衣，布料粗糙，显然是自家纺织后用薯莨染色的。这衣服做得十分得体。她宽大的双脚沾满了泥巴，手中提着一把铁锄。她就是小慧能的母亲李氏。

李氏正在茅舍后边山坡地种菜，听闻小慧能的叫声后，持锄匆匆走来，向老人招呼道："客官，远道而来，辛苦了。"

老人摆摆手："敝人如闲云野鹤，东西漂泊，并无辛苦可言。"

"客官，如果不嫌草舍简陋，请到里面歇息。"李氏盛情邀请。

老人进至草舍，只见家徒四壁，刚坐到松木板凳上，李氏就递上新沏的龙山青茶。

老人呷了一口，觉得香醇甘洌，叫了一声："好茶！"老人开怀畅饮起来，奔走了一整天，喝着香茗倦意全消。

李氏见老人气度不凡，便问："客官从何而来，欲往何处？"

老人拈着长髯，欷歔叹息："老朽名叫徐东风，本是先朝国师……"

于是，徐东风便将自己的身世向李氏讲述了一遍。

原来，徐国师由于为人刚直不阿，秉公执法，得罪了昏庸的武德皇帝。同僚为了争夺国师之位，落井下石，向皇上奏了一本。轻信逸言、善恶不分的皇帝，一怒之下将徐国师革职为平民。

徐国师毕生殚精竭虑，扶助社稷，如今遭此落拓下场，万念俱灰，离开了声色犬马、丝竹笙箫的繁华之地，云游名山大川，沿着南岭山势的龙脉追来，一直追到了新州地域。

李氏听了徐国师的倾诉，感慨地说："朝野倾轧，耿耿忠臣，报国无门，我夫君亦是如此。"

徐国师问："唉，同病相怜！你夫君是……"

"我夫君名叫卢行瑫，他的命运和你一样，同是天涯沦落人。"李氏将丈夫卢行瑫的不幸遭遇讲给徐国师听。

李氏说完，徐国师长叹了一口气："我在朝廷时，也曾听过此事，但是皇帝昏庸，人妖颠倒、是非不辨……"

李氏到厨房，把家中仅有的那只生蛋老母鸡给杀了，用来款待徐国师。

晚上，徐国师睡在客厅中临时用松木板拼搭的床上。

地上坑洼不平，四只床脚仅有三只着地。

徐国师一转身，那床板就像摇晃的木马"吱呀"作响。

窗外，浓黑的云块把月亮遮得严严密密，大地一片漆黑。

徐国师感怀身世，回想在朝廷里奸臣得志，忠臣遇害，不禁黯然神伤。

白天跋山涉水，劳累不堪，不知不觉中进入了梦乡。

徐国师在床上辗转翻了几个身，在蒙眬之中，好像听到了呻吟之声，便猛然睁开眼睛，环顾四周。

黑魆魆的夜空中宁静而深邃，窗外稀稀疏疏的星星眨巴着眼睛，闪烁着微弱的冷光。

"是错觉吧？"徐国师有点儿怀疑，但他分明听到了一种轻微的呻吟声。

"这呻吟声来自何方呢？"徐国师凝神谛听。呵，听出来了，这呻吟的声音来自床下面。

徐东风脑袋从蚊帐伸出去，见有一个黑糊糊的东西匍匐在地下。他骤然一惊，急忙擦着了放在床头的火媒，点亮了床头的小油灯。

黑暗的小厅里立刻被昏黄的灯光照亮，随着徐国师身子的晃动，灯光随之摇曳，小厅里的光影恍惚不定。

徐东风定睛望去：原来有个小孩正蹲伏在床下，两只眼睛泛着亮光。

"啊——慧能！"徐国师马上下床，把小慧能拉出来，责备道，"这么晚了，你不睡觉，趴到地下，干什么？"

小慧能说："我见你翻来覆去睡不着，知道这床不平，有一只床脚着不到地。"

徐东风："床脚不平就不平呗。"

小慧能："你睡不着觉，我会一个夜晚都挂念着这件事情，睡不着觉的。你明天清早起来，还要赶路，太辛苦了。我捡来一块石头垫起那只床脚，让你好好地睡一觉。"

徐东风抚摸着小慧能的头说："好孩子，真是个好孩子！"

面对这个小童的关爱，一路风尘、浪迹天涯的徐国师心里感到无比温暖，两行老泪簌簌而下。他紧紧地搂抱着小慧能道："六岁的孩子，有如此至善至诚的悟性，实乃佛祖转世啊！"

四、取万代香火

第二天早晨起床后，徐国师把昨夜小慧能垫着床脚的事跟李氏讲了。

李氏听后却淡淡一笑说："慧能儿平日好做善事，这点小事不足为奇！"

徐国师感慨道:"卢夫人,我此次路经投宿,你母子俩热情好客,令我感慨至极。我不过是个云游之士,现已穷途落拓,两袖清风,无钱报答。"

李氏答道:"徐大人见外了。你本是堂堂国师,不嫌我们家穷屋陋,歇息在此,蓬荜生辉。我山野粗人,尽地主之谊,此乃本分之事,并非奢求报答。"说完把几个煮熟的鸡蛋和木薯粽子装进了徐国师的行囊里,"徐大人此去,山高路远,留在路上受用吧!"

徐国师推却不得,想了想,便从怀里掏出了一块洁白的璧玉。

这璧玉直径约三寸,边缘有紫色沁色,两面雕双钩云纹。

徐国师将璧玉递到李氏的面前道:"这玉叫白玉龙凤云纹璧,是已有上千年历史的古董。这是上等的和田璧玉,如果在京城那个地方,可算得上价值连城。日后,你们拿到城里的当铺去,定能当上个好价钱。"

李氏摆手:"国师,你在落拓之时尚舍不得将它当去使用,这就足以证明这块璧玉是何等珍贵,我怎好意思收下呢?我们乡下人过惯了粗茶淡饭的日子,不图什么享受。这玉佩你还是留在身上,以应不时之需。"

徐国师递了几次,被李氏坚决回绝。

徐国师激动得声音哽咽:"你真是个难得的好人。"

李氏催促道:"国师,太阳已升了二竿,你还是趁早上路吧。"

徐国师:"不,你们母子待我这样好,今天,我不给回你一些馈赠,我将心不得安。"

李氏:"国师无须客气。"

徐国师仄着脑袋想了一下:"这些天来,我沿着南岭山脉在追踪着一条龙脉。"

李氏问:"你找到了没有?"

"找到了。夫人,你随我出屋来。"徐东风带着李氏走出茅屋,指点着不远处的苍苍莽莽的群山,"你看,绵亘而来的群山蜿蜒起伏,气势磅礴,好像苍龙一样呀!"

李氏点头:"不错,那山我们唤它为龙山!"

"哦,那么巧,就叫做龙山?"徐国师吃了一惊。

连绵起伏的龙山山脉犹如一条出海的蛟龙,从天边逶迤而来,在云蒸霞蔚之中,腾跃欲飞。而高耸的主峰俨如昂起的龙头。李氏平日忙忙碌碌,并没有发现那山的特别走势。如今,经徐东风一点拨,越看越像龙。

徐国师继续指点着:"你再看,那龙脉从远处而来,我查核过,它是从悦城的五龙山正中穿过,横过西江,正好落在这座龙山之上,并且是结穴为盘。"

李氏问:"龙脉在这里结穴,会怎么样?"

徐国师问:"卢夫人,不知你祖宗先人遗骨可安葬好?"

李氏喟然长叹:"我夫君原是范阳人氏,因得罪权贵被流放千里之外,来到这荒蛮之地。夫君已去世几年了,我因家穷,难于觅到宝地安葬,只好暂埋于屋后边的菜

园里。"

徐国师带着李氏和小慧能走上山坡，指点着："你看，以结穴的龙山为背景，这'三宝佛'形的山峦中央就是宝穴中的宝穴。夫人，你就把丈夫的骸骨移葬在那里吧！"

"不！不！"李氏连连摆手推辞，"君子不夺人所爱。国师你踏破铁鞋，挨尽艰辛，才觅得此宝地，卖给宦官权贵、达官王侯，你岂不是可得黄金万两，富甲一方？"

"钱财似云烟，仁义胜千金。"徐国师严肃地对李氏说，"天地玄黄，宇宙洪荒。四海之大，乾坤朗朗，你我素昧平生，今日竟在这荒凉沉阒之地相会，并非是有缘二字可以解释过去的。我看此乃天意之合，也是你夫君在天有灵，冥冥之中将我引到这里。我寻得这龙穴，并不需破费金钱，仅仅需要一些智慧与精力而已。并且我是不能将它随身带走。这就作为老夫我送给你的一份薄礼，万望夫人不要推辞。"

李氏见对方口气如此坚决，思忖了好一会，才点头应诺："既然国师盛意，这龙穴你确实是带它不走；那么我代表亡夫，向你一拜。"李氏说完，便向徐国师跪地叩拜。

慧能年纪虽小，但很懂事，见娘跪地叩拜，也"刷"地跪拜在地上。

这时，可急坏了徐国师，连忙先用双手搀扶起李氏，再一把将跪在地上的小慧能拎了起来："夫人，你看，这穴位走向，磅礴恢弘，气象万千，可变可幻。"

李氏问："我看这龙山的山势的确奇伟，但不知它将会如何变幻？"

"在筑坟结墓时，如果穴位取东西走向，他的后人便可蟾宫折桂，九代俱中状元，名扬天下。如果取寅申走向，则能延续万代香火。"

李氏吃惊道："呵，原来这新州龙山，将会有如此奇景！"

"你夫君的骸骨取不同的方位安葬，就会有不同的后果，"徐国师捋着长髯，征询道，"夫人，你想要九代状元，还是取万代香火呢？"

李氏蹙起柳眉想：九代状元虽然是声震遐迩，大富大贵；但是宦海沉浮，仕途凶险。自己夫君一向忠良正直，当个小官亦难以立足，终归要流放千里。徐国师位高势巍，可谓一人之下，万人之上，仍落得穷途落拓，形同布衣。想到这里，李氏叹了一声："功名利禄、荣华富贵，都是身外之物，也全都是过眼云烟。我夫君临终时再三告诫过我，日后千万不要让儿子跻身仕途。"

徐国师："为什么呢？"

李氏神色凝重："有道是，一入侯门深似海，伴君如伴虎呀！官场之上，尔虞我诈，互相倾轧，令人望而却步。我不奢望自己的后人九代状元，只求做个黎民百姓，辛勤躬耕，与世无争。"

徐国师："如此说来，你不打算要那九代状元了？"

李氏掷地有声地说："不要！"

徐国师："你要的是延续万代香火？"

李氏提高声调："既然国师执意要替我夫君安葬骸骨，我也只是望他能够找到一个安乐的葬身之所。如果在天之灵真的能够庇荫后代，就让我家能够延续万代香火，到清明时分，有后代到山上去扫坟，装上香烛，烧烧纸钱。"当时，李氏所要的"万代香火"只不过是如此低的要求。她做梦也想不到，她儿子将会成为世世代代受人膜拜的禅宗佛祖。

徐国师听后十分感动，敬佩地说："卢夫人深明事理，忠厚为本。你的后代定会福泽不浅，香火不绝。"

即日，国师徐东风就替李氏在后菜园起了卢行瑫的骸骨，安葬在龙山前的宝穴里，与慧能母子告辞。

李氏牵着小慧能的手，把徐国师一直送上山后的小道，挥手告别。

慧能能够成为万众景仰的禅宗六祖，是不是由于他父亲的骸骨安葬于风水龙穴，在此姑且不论。慧能本身具备龙象之王的禀赋与潜质，以及有了千载难逢的机遇：在黄梅东禅寺遇上了如同伯乐般的五祖弘忍大师。这些客观条件应该是决定性的因素。

五、智降莽武夫

星移斗转，岁月如梭。

随着时光的流逝，门前的小荔枝树逐渐长高、开花、结果，慧能也渐渐长大了。

年方十四的慧能见母亲白天劳动，晚上做针线活忙到深夜，十分辛苦，他心疼地说："娘，你别太劳累了。"

李氏叹了口气："唉，不劳动靠什么生活呀！难道天上会掉下大米饭来？"

慧能说："娘，孩儿也不小了，我来养活你。"

稚气未退的慧能拿起砍刀、绳索，跟随着村中的大人到后山砍柴去了。

深山老林中，野果很多。慧能饿了，就爬上树去摘野果充饥；口渴了，就到山溪旁掬起清泉解渴；砍柴累了，就在树荫下打个盹儿。

太阳像一盆火悬挂在中天，大树底下好乘凉，习习山风从山口吹来，令人心旷神怡。

过于劳累困倦的慧能在树荫下打盹，突然感觉脸上麻酥酥的。他伸手一摸，是几只山蚂蚁。那几只黑色的小精灵在他的掌心，蹬着几双又长又瘦的腿在挣扎。他想了一下，定是自己临睡前吃了几个野果子，甜汁仍留在嘴角，引来了山蚂蚁。

慧能见这些山蚂蚁挺可怜的，将它们放回在地面。然后，他爬到树上摘了几个野果子，撕了皮，放到蚂蚁的前面，喃喃说道："山蚂蚁呀山蚂蚁，你们找食物找得那么辛苦，给你甜果子，你们吃个饱吧！"

看到那些肚皮干瘪的山蚂蚁吃得肚子鼓胀起来，慧能笑了起来，尽管他明白山蚂蚁根本听不懂人的语言，但是依然指着它们说："以后我有空会到这里来，摘野果给你们吃，记住，你们也常常到这里来呀。"

喂饱了山蚂蚁，慧能这才挑起两大捆柴下山，到筠城（新州的县城）里去卖。

慧能挑去的柴，又干又好，秤头足，价钱又比别人便宜，所以筠城里的不少店铺都很乐意买他的柴薪。

卖了柴后，慧能除了买米买菜外，还常到城北那间"旺记饼店"买回两只炸得又脆又香的油煎饼，带回去给母亲吃。每次从城里卖柴回家，他就拿出油煎饼说："娘，这是你最喜欢吃的。"

李氏总是幸福地接过孩子的那份心意，咬一口，嚼了嚼，布满皱纹的脸庞绽开了笑容："好吃！好吃！"

每当此时，慧能就感到无比的欣慰，看到母亲的笑容，心里总是温暖无比。

有一次，李氏吃着孩子孝敬她的油煎饼，突然看到慧能嘴唇干裂，便问："孩子，你吃过了没有？"

面对着飘香的金黄色的油煎饼，慧能顿时食欲大振，为了掩饰自己的馋相，他用舌头润了润嘴唇："娘，你吃吧，我在城里已经吃过了。"

"是真的吗？"李氏掰下一块递给小慧能说，"来，孩子，吃吧。"

慧能认真地说："娘，我真的吃了，吃了三个，又甜又脆。"小慧能说着咂了咂嘴，又鼓起肚皮，挺起来，让娘看。

李氏见他这么说，才把油煎饼全吃了。

望着母亲大口大口地嚼油煎饼，慧能尽管肚子饿得难受，但内心却感到十分的满足。

由于家境贫穷，慧能进不了学堂读书，但他有一股强烈的求知欲望。

人间冷暖、世态炎凉，苦难的磨砺加上母亲勤劳、善良、淳朴的品格，熏陶了小慧能慈悲为怀、乐善好施的心灵，炼就了他锲而不舍、坚韧不拔的性格。

就在慧能即将弱冠之年的某一天，他挑柴到筠城里，卖完柴后又往城北去买油煎饼，见新州江畔的大柳树前围着一大堆人，里面不时传来吆喝声和喝彩声。

慧能感到奇怪，挤进人群去看个究竟。

原来是一位高大魁梧、脸庞上长有黑痣的北方汉子在耍武卖艺。

几十斤重的大关刀在黑痣汉子手中挥舞自如，寒光耀眼，呼呼生风。

舞了几个回合后，黑痣大汉收住了招式，高声向观众问道："我的关刀舞得怎么样？"

"好！""好武艺！"围观者发出阵阵称赞之声。

大汉站在人群中央，由于动作迅猛，剧烈运动而气喘吁吁，长着黑毛的胸脯一起一伏。他听到围观者纷纷拍手称好，涨红的脸上露出骄矜的神态。

一个店小二模样的人挤到慧能左边，向人打招呼道："温猎户，近来收入怎么样？"

"马马虎虎！"站在慧能右边的一位腰围虎皮的老猎户答道，猎户年纪虽老，但声音洪亮。

"不会吧！"店小二说。

"确是如此。"温猎户更加提高了嗓门，"不信你问我女儿。"

"阿爹讲得对，确实马马虎虎。"他身边的一位少女也点了点头。

谁知，那个卖艺的汉子听错了，一个箭步窜到温猎户面前，一把揪住温猎户的衣襟吼道："什么，你说我的武艺马马虎虎？"说完，把他硬拖进场子中央。

"不，不！我没说你的武艺马马虎虎。"温猎户一边挣扎着一边争辩道。

"我明明亲耳听到你说的！你当我是耳聋的吗？"黑痣大汉龇起发黄的牙齿，眼睛鼓得像金鱼，俨然一尊凶神恶煞的金刚。

少女见父亲平白无故被人欺侮，不顾一切地冲过去："喂，卖武佬，你讲不讲道理呀？"

"他当着大家的面奚落我，说我的武功马马虎虎，他讲不讲道理？"黑痣大汉咄咄逼人，他把凶恶的目光转向温猎户，"你既然说我的武功'马马虎虎'，那么你的武功一定是很了得，来，我们立下生死状，比试比试！"

温猎户从未经历过这样吓人的场面，一时手足无措，不知该如何是好。他的女儿却"呸"地一声，吐了一口唾沫在地上，柳眉倒竖："你这是欺人太甚！你放开我父亲，要比试，跟我来！"说完摆开一个马步，双手一撩，做了个出招动作。大有巾帼不让须眉，决一雌雄的气势。

此刻，围观的人越来越多，见一个姑娘要替父决斗，都喝起彩来。

"哈，你一定是吃了豹子胆。"黑痣大汉放开了温猎户，挥拳朝这少女扑来。

打了几个回合，少女当然不是黑痣大汉的对手，"啪"地一声，黑痣大汉一掌狠狠打在少女胸口，少女一趔趄倒退了几尺远，跌倒在地。

黑痣大汉还要乘势上前。这时，人群中爆出了一声响亮的吆喝："住手！"

黑痣大汉扭过头来，人群中走出一位年轻人。虽然身板不算健壮，但瘦得结实，脸部略尖，额角前隆，双眼炯炯有神，棱角分明的鼻梁，给人一种刚毅果敢的感觉。而略厚的嘴唇，又使他显得有几分慈祥。他就是慧能。

在围观者中，慧能对此事的前因后果最为清楚，见那位恃勇欺弱的卖艺人如此蛮不讲理，出手伤人，他便挺身而出，上前制止。

黑痣大汉以为慧能是前来与他交手的，就扎定了马步，双手一划，在前胸处定势，等待过招。

慧能并没有跟他动手，反而向黑痣大汉拱手，行了一个礼："我并不是来和你过招的，而是站出来对此事作个解释。"

"哼，不必再作解释了。现在你们只有一条路，跟我比个高低！"此刻，黑痣大汉真是狂妄到了极点。

看到黑痣大汉胸口浓黑的茸毛，粗大的手臂和那一般人难以扛起的大关刀，人人都瞠目结舌。

一种念头在慧能脑海中飞转，一会儿，他脸色一沉，向黑痣大汉道："既然你如此好勇斗狠，那就成全你，明天上午到猎户家门口比武。"

黑痣大汉厉声问温猎户："你家住何处？"

温猎户答道："城西'发记'布铺隔壁。"

黑痣大汉："明天上午，你们可别打退堂鼓哦！"

温猎户以求救的目光望着慧能："这这这，如何是好啊？我们本来就不是他的对手，还比什么武呢？"

慧能把胸脯一挺，朗声道："我们怎么会打退堂鼓？我自有本事制伏你！"

"好，明天我叫你死得眼闭心服！"黑痣大汉收拾起卖艺的道具，提着大关刀走了。

围观的人也陆续散去。

温猎户向慧能问道："好汉，平日你学的是什么武功，挡得住那个恶汉吗？"

"不！"慧能老老实实地摇了摇脑袋，直言不讳地说："我可从来都没有学过武功。"

温猎户似被一盆冷水从头淋到了脚，苦着脸说："早知道这样，就别约人家比武啊！唉，你这不是要我明天横尸在家门口吗？"

慧能胸有成竹地上前拍了拍温猎户的肩膊，安慰道："你不用发愁，我自会有办法来对付他。"

"我这条老命就交给你了。"温猎户说完，见少女脸色惨白，走了过去，关心地问："月婵，你觉得怎么样了？"

月婵喘着气，面现痛苦之色："胸口有点闷痛。"

慧能说："姑娘，你不用害怕，我们村中有一位老郎中，专医跌打内伤，明天我给你带点药来。"

月婵抬起头来，对这位陌生的年轻人投去感激的一瞥："太感谢你了。"

慧能说："不用谢，先回你家好好合计合计。"

温猎户的家，在"发记"布铺隔壁，这是一间简陋的小房子，墙壁是用黄泥灰沙混和夯实的。壁上挂着一个鹿角和几张麂皮。温猎户曾在军中当过弓箭手，后来年迈体弱多病，就回到筠城居住，与女儿靠狩猎为生。

慧能察看过他的家以后，就把初步拟定的应对计策向温猎户细叙了一遍。

慧能回到家中，把当天发生的事情告诉母亲。

李氏听后，脸上的皱纹忽然舒展起来："做人立世，就是要以忠厚为本，慈悲为怀。你今天在人家危难之时，挺身而出，做得好！"

翌日，慧能带去了村中老郎中给他的跌打创伤药，来到温猎户家。

月婵服过药，一阵剧烈的咳嗽，咳出了几小团黑色淤血，心胸立刻畅顺了许多，脸上也渐渐红润起来。

慧能把温猎户叫到隔壁布铺里间去，叫他不要出来。慧能便与月婵在屋里等待着黑痣大汉的到来。

不及晌午，黑痣大汉腰扎黑色宽丝带，袒露胸膛，提着大关刀上门寻衅来了。他一到大门口，大声骂道："老头，快出来受死！快出来！"说完用脚直跺地面。

慧能从屋里漫步出来："对不起，温猎户本想今天与你决一胜负；但他师父闻知，派人带信叫他上鼎湖山去，再教他学一手独门秘籍。"

"哎哟，这不是在耍弄我吗？"黑痣大汉气恼问道，"他什么时间回来？"

"后天。"

黑痣大汉悻悻地说："那就让这老头子多活两天。"说完气冲冲地提着大关刀走了。

第三天，慧能用铁枝在坚硬的墙上勾刮了五道并行的深沟，然后又叫温猎户躲到隔壁的布铺去。

日上三竿，黑痣大汉提着大关刀，风风火火地直闯进门："老头，明年的今天，该是你的忌日了！"

慧能故意显得心事重重："昨晚温猎户曾经回来，试了试这两天师父教授的绝技，发现新学的绝技还是功力不够深厚。"

"什么绝技？"黑痣大汉有点好奇，随口便问。

慧能用手指了指墙壁："五指禅功！"

黑痣大汉望去，白色的墙壁上，留下五道深深的痕迹，露出墙壁里的灰沙黄泥。

黑痣大汉以前也学过五指禅功，就把脚往右一横，坐定，闭目养神，屏住丹田之气，再把气功运行到右手五指之上，一声吆喝，五个手指似鹰爪般往墙壁狠劲抓去，墙上的泥灰"噼啪、噼啪"纷纷跌落，扬起一阵粉尘。

黑痣大汉定睛一看，愣了，自己抓下的指痕，仅有老猎户"抓"下的一半深。他内心惊悸起来，但尽量不显露出来："这五指禅功我荒废多时了。要比武，就比真刀真枪的真功夫。那老头什么时候回来？"

"后天。"慧能答道。

"又要后天?"黑痣大汉恶狠狠地警告,"真叫我等得难受。再过两天,他若不跟我当面比武,我就放火烧了他这间屋子。"

望着黑痣大汉离去的背影,月婵有点惊恐:"烧了我们的房子,我们住哪里呢?"

温猎户从隔壁布铺回到家中,看见黑痣大汉用手指在墙上抓下的五道浅沟,叫苦不迭:"他抓下的沟儿虽然不及我们的深,但他使的是真功夫,而我们使的却是——"

慧能却显得信心十足:"世间事情的成败靠的不光是力气,更重要的是道义、灵性。两天之后,我要这蛮牛服服帖帖。"

又过了两天,慧能带着温猎户来到隔壁布铺,指着用来碾布的元宝形大麻石说:"找几个帮手,把这元宝石抬到你家厅堂的八仙桌上。"

这元宝形大麻石起码有三百斤重。布铺老板与温猎户是故交,就叫几个伙计帮忙,用绳索缚住元宝石,用几根大杠子抬着,费尽九牛二虎之力才把它弄到温猎户家,放置在八仙桌上。

众人刚刚散去,黑痣大汉又来寻衅了。

这次,慧能将他带进厅堂,指着桌上的元宝石,道:"温猎户昨晚回来,拿起这大石头舞耍了一会,说功夫还未到家,要再上鼎湖山求师父指点。"

"什么,还要拜师?我等不了,等不了!"黑痣大汉怒吼道,猛地将大关刀往地上捅下去。

慧能用话撩逗他:"我看你的大关刀只有几十斤重吧,不知这块大石你能不能举起来?"

黑痣大汉是个争强好胜之人,被慧能这激将法一激,怒火直冲脑门:"那个老猎户年近半百,尚能拿这元宝石来舞耍,自己健硕如牛,血气方刚,难道不能将这大石举起?"不肯服输的好胜心理驱使他咬了咬牙,用力把腰间的黑色宽丝带再扎实,立定马步,丹田运气,双手抓着大麻石,大喝一声:"起!"

黑痣大汉果然把元宝大石举了起来,并举过头顶。

"好好好,真是壮士呀!"围观的老百姓惊叹了起来。

黑痣大汉一阵狂喜。但是,他得意的时间不会太长,因为这元宝石毕竟太沉重了,就像有座泰山压在他的头顶处。

没有多久,黑痣大汉已觉得力不从心,但在众目睽睽之下,他不能狼狈地丢下大石,尽失面子,唯有强行死顶。一会儿,他的牙关已咬得"咯咯"作响,面色憋成了紫酱色,双腿逐渐觉得支持不住,开始发抖。他一松手,大元宝石就会从头顶处砸下,把自己压成肉饼;要想将大石扔开一边?但此时,他已经没有扔开的力气了。

慧能在旁边看着,见黑痣大汉这副神态,知道收网的时机快要到来,但仍然不动声色。

力气耗费得已近极限的黑痣大汉讲不出话来,只得用哀求的目光看着慧能。

眼睛是心灵的窗户，慧能见他一副哀求的神色，就举起手臂，往四边招了招手。

早已匿伏在四周窥望的伙计立即拥了出来，走到慧能的跟前。

慧能吩咐道："这元宝石太重了，这师傅要举起它实属了不起。你们一齐动手，替他将大石拿下来吧。"

"好。"那些伙计齐声应道，走上前去，七手八脚地帮着黑痣大汉，把这块元宝石放在了地上。

黑痣大汉站立不稳，脚一软瘫坐在地上，张大嘴巴，"呼哧、呼哧"地大口喘气。

慧能走到黑痣大汉面前，低头关切地问："觉得太辛苦了，是吗？"

黑痣大汉仍在喘气，答不上话来，只是点了点头。

慧能向内一招手，月婵即从厨房捧上一碗早已准备好的红糖姜茶。

慧能向月婵说："让这师傅喝碗红糖姜茶，给他压压惊吧。"

月婵将姜茶递到黑痣大汉面前，说："你喝过这姜茶之后，再不会吵着跟我们比武了吧。"

黑痣大汉接过姜茶，大口大口地喝了下去，好一会儿，那铁青的脸色才稍显得有些红润。

慧能说道："你确实是一个体力过人、武艺非凡的壮士，但是恃才不能傲物，恃勇不可欺人。天理伦常，俱成一体。你有武术可以投军杀敌，为国立功，但却不可凭此来欺压平民百姓。"

一番话，如针尖直刺黑痣大汉的心间，他顿时变得羞惭满脸，站了起来，拱手道："先生所言极是。请问尊姓大名？"

"我姓卢，名叫慧能。壮士你呢？"

"我姓陈，名烈。"

"听你的口音不像岭南人士，你家乡在何处？"

"河北沧州。我乃陈宣帝之孙。"

"啊，河北沧州，此乃武家之地，怪不得壮士武艺如此高强。"慧能赞道。

陈烈摆手道："你别再提武艺高强不高强了。经此较量，我心服口服甘拜下风。"

慧能："你从河北沧州来到这里，可走过不少路。"

陈烈却叹了口气："唉，家门不幸，我只得到处流浪，卖武为生，想不到来到新州地域得遇贤士。今日听君一席话，胜读十年书。好，告辞了，后会有期。"说完他转向温猎户："连日来，多有冒犯，恭请原谅！"

不待温猎户回话，陈烈拎起大关刀，一个转身，"咯噔、咯噔"地迈着大步走了。

在危境中得以解脱，温猎户父女目睹着事情的来龙去脉，感慨万千，对慧能千恩万谢。慧能恭谦道："区区小事，何必言谢。佛家普度众生，郎中悬壶济世，皆以慈悲为怀。"

未曾拿起红鱼青磬，慧能的思想就已经深深地打下了佛家的烙印。

温猎户见慧能待人真诚，聪明睿智，内心十分喜爱，自己女儿已是豆蔻年华，霎时动了心思，便鼓起勇气对慧能说："请问，你家中尚有何人？"

"有慈母在堂。"

"令尊大人呢？"

"在我三岁那年因病去世了。"

"家中还有谁人呢？"

"我无兄无弟，无姐无妹。"

"我问的不是这个，我问的是……"

慧能仍未明白温猎户所指，眨着眼睛不解地问："你究竟问的是什么呀？"

温猎户笑了笑说："你娶了妻子没有？"

慧能摆手道："没有。"

"好呀！"温猎户高兴得拍了拍八仙桌，"真是太好了！"

慧能莫名其妙："好什么？没钱娶妻，还说好，我不明白是什么意思。"

温猎户大声地说："你如今单身一人，我看你也到了成家的年龄了。如不嫌弃，我就将女儿许配给你。"

慧能红着脸连连摆手："不，不！"

见此情景，温猎户有点不悦："什么？嫌我女儿长得丑？"

慧能见月婵坐在一隅低着头，粉脸桃腮，明眸皓齿，便答道："月婵姑娘闭月羞花，沉鱼落雁，岂能说丑？"

温猎户："既然这样，你又为什么不肯答应呢？"

慧能："我家一贫如洗。"

温猎户："我和女儿都不是爱富嫌贫的人。"

慧能："我从未考虑过婚娶之事。"

温猎户："现在考虑，正当其时。"

"我只想独善其身，终生不娶。"

"那又何苦呢？人终会老，有个伴在身边，总比没有的好嘛。"

"人各有志，不可强求，望温老伯理解便是。"慧能清瘦的脸上流露出十分坚决的神色。

"这……"温猎户见此情景，便不敢再开言"相逼"了。

默默端坐在一隅的月婵，眼泪似断线珍珠不断流淌……

六、金台寺佛缘

　　太阳慵懒地斜倚在半空,棉絮般的白云有如身穿白裙裾荡秋千的少女,随风飘拂。

　　一日,慧能在筠城卖了柴,像往常一样到米铺买了几斤米,给母亲捎上一个油煎饼,便往回家的路上走。

　　当他走到城关南边,忽然,一只灰色的野兔,跛着腿从他面前的草丛哀叫着逃出来,拼命往山坡上奔逃。接着,一只棕色皮毛的狐狸从后面追赶上去。

　　眼看这受伤野兔劫数难逃,一种悲悯之感在慧能心底油然而生。他持着挑柴用的竹竿,顺山坡追了上去。追到坡顶,见野兔被狐狸咬住了尾巴,野兔努力地挣扎着,发出凄厉的叫声。

　　慧能一个箭步冲上前去,大喝一声,举起竹竿,在狐狸的身边猛地敲打。

　　狐狸大惊,嘴巴松开,急急奔逃,窜进左边灌木丛中,逃之夭夭。

　　野兔回首望了望这救命恩人,然后,拖着受伤的身躯,一蹦一跳,逃进茂密的草丛中。

　　慧能来到坡顶,山风吹来,似有琅琅书声。他举目远眺,见山上树木葱茏,鸟雀欢唱。一片林木之中,露出了青灰的瓦顶。

　　"那是什么地方?"在好奇心的驱使下,慧能沿着小道,爬上山去。

　　注定慧能与佛陀结缘,他这么一上去,从此走上了一条普度众生、广种福田的道路。

　　穿过小树林,一座寺院赫然映入眼帘,青灰色的墙壁被风雨剥蚀得斑斑驳驳,墙脚下泛起了一层深绿色的青苔,灰色的瓦顶长着瓦楞花,覆盖着参天古木的落叶。

　　这寺院叫"金台寺",连年兵荒马乱,门可罗雀、香火稀疏,寺院年久失修,有些地方已成了颓壁残垣。

　　循着喃喃的诵经之声,慧能走近了金台寺。

　　他透过断壁往里看,看到里面有一位中年和尚站在讲坛上,拿着一本经书在诵读。他是金台寺的住持寂空法师。身材不高，倒是敦实，下巴留着胡子，身穿海青。

寂空法师面前，20多个和尚坐在破旧的蒲团上。

慧能觉得奇怪，便站在断壁外，仔细聆听。

寂空法师领着徒弟诵读了一段佛经后，转向众和尚讲解道："佛教分为小乘佛教和大乘佛教。小乘是自己度自己，对人世间、众生的苦恼并不关心，求的是独善其身。而大乘却是普度众生的，求的是兼济天下。大乘佛法是唐三藏当年西行到天竺取回来的……"

寂空法师讲解了一段之后，又拿起了经书，要徒弟们跟着他背诵经文。

寂空法师对着经书念："如是我闻。一时，佛在舍卫国祇树给孤独园，与大比丘众千二百五十人俱。尔时，世尊食时，著衣持钵，入舍卫大城乞食。于其城中，次第乞已，还至本处。饭食讫，收衣钵，洗足已，敷座而坐。时，长老须菩提，在大众中……"

寂空法师读一段，徒弟们跟着念一段。

慧能因从未上过学，所以不识字，但这些经文的意思对他来说似乎是若明若暗，似懂非懂，这更引起了他的极大兴趣。他一边往回走，一边回味寂空法师教徒弟们背诵的经文。

晚上，劈完柴的慧能洗过澡后，躺在床上，回想起白天在金台寺听到的经文，便独自念了起来，并且，声音越来越大。

李氏干完了家中的杂务，坐在隔壁的房中做着针线活。

山村的夜晚，除了偶尔传来蛙鼓外，显得特别的宁谧。

突然，李氏听到喃喃的声音，断断续续。

"这是什么声音？"李氏侧耳细听。

"……佛言：须菩提，彼非众生，非不众生。何以故……"李氏终于辨听出来，这是诵念佛经的声音，并且是从隔壁慧能房中传出来的。

李氏心起疑惑：家中只有自己与儿子两人，在这夜晚，怎会有和尚跑到我家里来念经呢？起初，她怀疑自己年老耳鸣，用手抠了抠耳孔，屏住呼吸，再侧耳谛听。不错，这的的确确是念经之声，并且是从儿子房中传出来的。

李氏感到十分奇怪，连忙放下手中的针线，披上衣裳，走到慧能的房门前，将耳朵贴在门缝上。

诵念经文的声音在房里回荡着，从门缝里传出。

李氏敲着门说："慧能，你把门开开。"

慧能听到叫声，停止了念经，问："娘，这么晚了，你不睡，有什么要事吗？"

李氏催促着："你开门再说吧。"

慧能只好下床去，将门打开。

李氏并没有进门，而是站在门槛上，伸长脖子往里面东瞧瞧，西望望。

慧能的房间虽然没有点灯，但是皎洁的月光从窗棂照射进来，里面的一切仍可看得分明。

李氏的这一下反常举止，倒叫慧能大惑不解："娘，你找什么？"

李氏喃喃地说："你房里的和尚呢？"

慧能一头雾水："我房里的和尚？哪有和尚呀？娘，你是不是在说梦话呀？"

李氏摆着手："我都醒着的，谁说我说梦话啦。"

慧能感到匪夷所思："娘，我一人在房里睡觉，怎会有什么和尚跑进房里来呢？"

李氏眨巴着过早昏花的老眼："没有和尚，夜晚你房里何来念经之声呢？"

慧能恍然大悟，忍不住哈哈大笑起来。

李氏稍带嗔怨地说："你年纪不小了，还没正没经的。你笑什么？"

慧能用手指了指自己："那个和尚就是我呀！"

"就是你？"李氏更不解了，"你什么时候出家当了和尚了？"

慧能一本正经："我没有出家当和尚，但那些经文确实是我念的。你说听见和尚念经，那就是我嘛。"

李氏并不相信："你没上过学，识不了几个字，你会念什么经？"

慧能说："我虽然不识字，但我可以跟着人家念嘛。"

李氏大惑不解："孩子，你是不是在做梦啊，你是跟谁学念经的？"

慧能："我偷偷地跟着金台寺的和尚学的。"

李氏："怎么，你到金台寺去了？"

"是呀，娘，我把事情的来龙去脉告诉你。"于是，慧能就将自己去金台寺的经过向母亲说了一遍。

李氏听后，松了一口气："呵，原来如此！这么说你和佛有缘，只听了和尚念经，你就能记得清楚。"

慧能回味无尽地说："那些经文听来很有意思。"

李氏："你再念给我听听。"

"娘，你听着。"慧能又将自己所听到的经文背诵了一次。

李氏从小就听当乡村私塾先生的父亲讲过经，自己平时喜欢看经书，故此，对世间的各种经典略知一些。当她听到慧能念过经文后，便问："你知道，那大师教徒弟念的是什么经文吗？"

慧能茫然地摇着头："不知道。"

李氏说："那叫《金刚经》，就是《金刚般若波罗蜜经》。"

慧能："《金刚经》是从什么地方来的？是不是金台寺的那个老师父自己写的？"

李氏突然笑了起来。

慧能："娘，你笑什么？"

李氏严肃地说："金台寺的老和尚怎能写得出如此精辟的经典来呢。听说《金刚经》是从天竺那边传过来的。"

慧能询问:"娘,你懂这些经文的意思吗?"

"不太懂,那么深奥的佛理,我这个乡下女子怎么会懂?"李氏坦言,"不过,我从小就从大人那里听过一些佛家的传说和故事。"

慧能搬了一张木凳给李氏:"娘,你坐下来,慢慢地将你知道的那些佛家故事讲给我听听。"

于是,李氏便给慧能讲了起来。

慧能越听越来劲,越听越想听。

一连几天,慧能卖完柴后,连汗水也顾不上抹,就不辞疲劳爬上山去,来到金台寺外,站在断壁旁,认认真真地听着和尚念诵经文。

对于这个俗家子弟的奇特举止,金台寺的住持寂空法师看在眼里,心想,这年轻人颇有佛缘。

这天,寂空法师在教授徒弟念经后,趁着休息的空隙,走到断壁前双手合十,向慧能行了一个礼:"阿弥陀佛。"

慧能还了一个礼。

寂空法师问道:"如果老衲没有看错,施主该是个打柴郎吧?"

"正是,我从14岁上山打柴砍樵,至今整整10年了。"慧能用手搔着脑袋,奇怪地问,"大师,您怎么知道我是打柴的呢?"

寂空法师指着他的竹竿和绳索:"世间万物自有其特性。人也是讲悟性的嘛。你的竹竿与绳索虽是无声的,但它们不是告诉我了吗?"

慧能对寂空法师由衷敬佩:"哦,师父您的悟性真高。"

寂空法师问:"施主是附近的人?"

慧能抬手指向龙山:"是的,家就住在离这里不远的夏芦村。"

寂空法师:"你叫什么名字?"

"慧能。"

"慧能?"寂空法师突然心里一怔,双眼盯住慧能,"你是个俗人,怎么起了个佛家人的法名呢?"

"父亲给我起的这个名字。"

寂空法师喃喃地说:"或许你以后跟我们佛家有缘。"

见到寺里的住持跟断壁外的打柴人对话,那些僧侣都围了过来。

寂空法师:"你已经来过敝寺多次了,每天站在断壁外听得如此入迷,这是何故?"

慧能:"我也不知道是什么缘由,总之,自从第一次来到这里,听到你带着徒弟念经后,我每天卖完柴,就情不自禁地来到这里。"

"啊,看来你跟我们佛家有很深的缘分。"寂空法师扬起手中的经书,递到慧能的面前,"你站在断壁外听了几天,你知道这是什么经文吗?"

慧能见黄色的经书上竖直印着的几行篆体字犹如龙盘蛇曲，便如实回答："大师，说来惭愧。我这个打柴人，因为家穷，没有上过学，故此不识字。"

寂空法师："你不识字，却对念经诵佛有如此兴趣？"

慧能："是呀。"

寂空法师："我教授的经文，你听得懂吗？"

慧能随口而答："这些经文很容易记，但我不大懂这经文的含义。"

"经文很容易记？"寂空法师皱起了眉头，想不到这打柴人长得一副敦厚相，讲起话来却如此从容，便道，"这《金刚般若波罗蜜经》，是达摩先祖从天竺国传过来的。金刚指的是最坚硬的金属，勇猛地突破各种关卡，让自己能够顺利地修行证道；般若为妙智慧的意思；波罗意为完成或到达彼岸；蜜是无极之意；经者径也，学佛成佛之路。"

慧能似懂非懂地点着头。

寂空法师："《金刚般若波罗蜜经》是指按照此经修持能成就金刚不坏之本质，修得悟透佛道精髓智慧，脱离欲界、色界、无色界三界而完成智慧（到达苦海彼岸），也就是所有十方法界的众生，如果想要修行成佛，成就无上正等正觉，都要经过金刚经的真修实证，开悟而后成就。我们东土的僧人起初念诵也并不容易，怎么一开口就说经文很容易记呢？"

慧能："我确实是记得住。"

寂空法师："佛门无戏言。你真的记得住？"

"嗯。"慧能点了点头，朗声道，"我从来都不会说谎话。"

寂空法师试探地问："你能背诵出多少段来？"

慧能："全部都可以背诵出来。"

"嘿嘿，年轻人，好大的口气！"寂空法师与众和尚对慧能的回答都大吃一惊。

寂空法师的眼睛瞪得大大的，盯着慧能："什么，你能够将《金刚经》的经文全部背诵出来？"

听到这打柴仔的口气如此大，有一位年纪稍大的和尚搭上嘴来："打柴仔，过头饭好吃，过头话可不好讲呀！"

有位小和尚更以奚落的口吻道："白天师父当面教，晚上我们自己背，绞尽脑汁我才能艰难地背诵出那么一小段来。"

有些和尚存心当面挖苦慧能这个打柴仔，想让他尝点苦头，于是怂恿寂空法师："师父，既然他口口声声说经文容易记，还能够将《金刚经》全部背出来，那么就让他当场背诵给我们听听吧。"

寂空法师的心像被什么搔弄着，向慧能说："人最怕是空口讲白话，言而无信。打柴仔，你就把《金刚般若波罗蜜经》给大家背诵一遍吧！"

"好！"慧能清了清嗓子，双手反剪在后背，稍稍昂起头，半眯着眼睛，背了起来，那些经文如从话匣子里滔滔流出，就像寺院旁的山溪流水一样涓涓不断，"如是我闻。一时，佛在舍卫国祇树给孤独园，与大比丘众千二百五十人俱。尔时，世尊食时，著衣持钵，入舍卫大城乞食。于其城中，次第乞已，还至本处。饭食讫，收衣钵，洗足已，敷座而坐。时，长老须菩提，在大众中……"

初时，金台寺的各位和尚，根本不将这个皮肤黧黑的打柴仔放在眼里，但当慧能流利地背诵出第一段后，他们才刮目相看，有些还拿出经书来对照，看看他有没有念错。

寂空法师修禅的道行较深，对《金刚经》自然记在心里，静心在听着、听着。

慧能诵着："……云何为人演说？不取于相，如如不动。何以故？一切有为法，如梦幻泡影，如露亦如电，应作如是观。"

寂空法师说："最后一段呢？"

慧能咽了咽口水，继续念："佛说是经已。长老须菩提，及诸比丘，比丘尼，优婆塞，优婆夷，一切世间天人阿修罗，闻佛所说，皆大欢喜，信受奉行。"

直至慧能把《金刚般若波罗蜜经》的经文全部背诵出来，这令寂空法师与众和尚惊愕不已，嘴巴张得大大的。

那些一边听着慧能背诵，一边对照着经书的和尚异口同声地赞叹："啊，一字不漏！"

有个调皮的小和尚又给慧能出了个难题："打柴仔，你能不能将那经文从后面到前面，倒过头来再背诵一遍呢？"

寂空法师瞪了小和尚一眼："怎能要求人家倒过来背呢？"

那小和尚把舌头伸出，再缩了回去。

"你要我倒过来背诵？"慧能爽快地答应，"行！"

寂空法师将信将疑地说："你真的能倒着背诵出来？"

"当然行！你们听着，行奉受信，喜欢大皆，说所佛闻……"于是，慧能果真从后面倒过来将《金刚经》背诵一遍，并且背诵得流利顺畅，这更令金台寺全寺的老少和尚惊讶得合不拢嘴，对这个打柴仔刮目相看。

寂空法师右手轻拊着下巴的短须，眼睛怔怔地望着面前这个打柴仔，禁不住感慨欷歔：金台寺的一般和尚，对这些经文，要念读几十遍才能记住。自己在东禅寺曾得五祖指点，修行不浅，但一段经文也要十多遍才能熟记背诵出来。而这个打柴仔竟然在一无佛经可看，二无师父启迪的情况下，仅旁听几遍就能背得如此滚瓜烂熟、倒背如流，实属稀奇。

新州，看似一个平凡之地，苍苍树木是多么的平凡；涓涓溪水是多么的平凡；来来往往的芸芸众生，又是多么的平凡。但是面前这个打柴仔，确实不凡，是个奇才，一个旷世奇才！

寂空法师心中有着一种莫名的冲动叩击着心扉，一种冥冥的感知紧紧地攫住了他的心灵。

寂空法师沉思良久后,向慧能道:"你别老站在外面啦,还是进来吧。"

"好。"慧能轻轻一跃,便跳了进来。

寂空法师扬起手中经书,问道:"你能背出这经文,知不知道这叫什么经典呢?"

"知道。"慧能点了点头,"这经文叫《金刚经》,又叫《金刚般若波罗蜜经》。"

寂空法师更感愕然:"你是怎么知道的?"

慧能说:"这是我娘告诉我的。"

寂空法师:"你娘也念经?"

慧能说:"她在家从小也念一些经。但与师父相比,可谓相距十万八千里。我虽然能念出经文来,但是不懂经文的意思。还望师父给我指点指点。"

"刚才我给你解释了《金刚般若波罗蜜经》这本经书名的意思。我现在再给你解释一遍,"寂空法师道,"'金刚'者,是不坏之喻;而'般若'者,是智慧之指;'波罗蜜'者,到达之意;而'经'者,即道之指,行之谓也。"

"啊,原来金刚经是指这些。"此刻,慧能似有所悟,他拉着寂空法师的袍袖恳求道,"大师,你懂的东西真多。你是高人。"

寂空法师摆了摆手:"老衲一介贫僧,而非高人。我的师父才是高人哩。"

慧能:"你的师父是谁?"

"弘忍大师,他是禅宗五祖。"寂空法师原来出身于东禅寺,是五祖弘忍大师的弟子,他在讲述时充满了虔诚景仰的语气,"以前的佛祖都极力推崇《楞伽经》,而五祖弘忍大师却更多提倡我们读《金刚经》。"

慧能问:"这两种经有什么区别?"

寂空法师:"《楞伽经》认为要为善终生,苦修才能够成佛;而《金刚经》则认为世间万物都是虚幻不定的,对于世界中的一切不可过于执著。"

慧能的心弦一动:"禅宗五祖如今在哪里?"

寂空法师:"蕲州黄梅县东禅寺。"

慧能:"东禅寺是不是很大?"

"嗯。"寂空法师点了点头,"寺里的僧众有八百多人。"

慧能感到惊讶:"啊,一间寺院里有八百多人,这可比我们整个夏芦村的人还要多好多倍呀!里面的高僧一定很多吧?"

寂空法师:"的确很多。他们对各种经典的参悟程度比老衲深得多哩。"

慧能:"师父,劳烦你将《金刚般若波罗蜜经》的经义向我解释一遍,好吗?"

"好。"寂空法师把《金刚经》的经义大略解释了一遍。

听着,听着,慧能仿佛被寂空法师领着步入佛祖的殿堂,眼前腾起了璀璨的光华和五彩的祥云。

听罢寂空法师释义后,慧能感慨良多地说:"啊!如果我能到东禅寺,亲耳聆听五祖的教诲,那该多好!"

寂空法师："我看你有非凡的佛根，如果矢心向佛，今后必成正果。"

慧能："师父不可虚言。"

寂空法师："老衲相信自己的老眼并未昏花。你的前景，我只是凭着自身的感觉而得出。正如《金刚般若波罗蜜经》的经义所喻，世间万物无有自性，空幻不实，故此，对现实世界应无所执著。你真的有志佛门，北上参禅，我们金台寺可以资助你盘缠。"

"多谢师父。"慧能欣喜不已。

寂空法师挪前一步，对着慧能脸色凝重地说："出家人既要看破红尘，戒酒戒色；又要矢志不移，潜心苦修，才有可能得成正果。"

"石头虽硬，滴水可穿！"慧能的态度十分坚决。

寂空法师想了一下说："不过，出家当和尚，一入空门，终身皈依。此事必须征得家人同意才行。你可有妻室？"

"没有。"

"家中尚有何人？"

"仅有慈母在堂。"

"如此说来，你是独生根苗，与母亲相依为命。她肯让你北上出家吗？"

"事在人为。我会说服她的。"

慧能与寂空法师话别后，急匆匆地赶回家中去。

七、诚心动天地

慧能是一个远近闻名的孝子。

慧能踏着山间小径回家，想到自己要远去他乡求佛习经，留下娘一人在家，心中十分难受。但是，投入佛门的愿望如同炽热的希望之火，烤炙着他的心。

回到家里，慧能把出家的想法告诉了母亲。

李氏脸上布满凄楚的阴云："慧儿，卢家世代相传，现在只留下你这根独苗。我还是指望你能传宗接代，延续卢家族谱，以使万代香火不断。出家修行之事，你可要认真考虑呀!"

慧能答道:"娘,我已经考虑再三,为卢家传宗续谱,若以四海之内的角度来看,仅属区区范畴。我如果得入空门,苦心修行,他日修得正果,这样传宗下来,继承人则是千千万万,这才是真正的万代香火啊!"

"慧儿……"李氏一时语塞,久久说不出话来,她万万想不到儿子会这样回答。她虽然平日也读经书,却不明其义,如今儿子要出家做和尚,这可是关系到卢家香火传承、宗族繁衍的实际问题。

这时,慧能的舅舅李存德挑着新米和薯干山货来到慧能家。

俗话说:"天上雷公,地下舅公。"慧能三岁已经丧父,舅舅的地位就显得更为重要了。

李氏知道舅舅平日十分疼爱慧能,肯定不会答应慧能出家。于是对慧能说:"慧儿,你问问舅舅,他同意你去,你就去;他不同意,你就不用和我再多费口舌了。"

于是,慧能就来到舅舅的面前,将他要离开家乡,远赴湖北东禅寺求佛修行的想法向舅舅详叙了一遍。

舅舅得知慧能有出家做和尚的想法,心里十分惋惜和难过,于是规劝道:"慧能,进入空门,打坐修行,苦不堪言哪!"

慧能泰然地说:"苦有什么可怕呢?你与娘平日不是常常教导我说,吃得苦中苦,方为人上人吗?"

舅舅被他的话堵住了,一时无语。

慧能语气坚决地说:"我听说,达摩祖师曾面壁九年,只要能够成佛,普度众生,我什么苦也挨得住!"

"话虽是这么说,但真正做到可难呀!"舅舅摇着头说,"古语说:'养子防老,积谷防饥。'你娘辛辛苦苦把你拉扯成人,指望你养老送终。可是你又要远走他乡做和尚。唉,慧能啊,还是在你娘身边,实实在在地生活,娶个妻子,生儿育女,享受天伦之乐吧。"

慧能再三恳求,但舅舅仍是不答应:"古语说:'不孝有三,无后为大。'你是个孝子,这个道理难道你还不明白吗?"

舅舅留下新米等物后,就悻悻地回去了。

慧能追着舅舅,一边走一边缠着舅舅,请求舅舅答应他出家,一直追到旧朗村头。

舅舅见苦口婆心劝他也无效,与李氏商议了一会儿,故意出一道难题,要让慧能死了这条心。

舅舅对慧能道:"你要出家,可以,但我们有一个条件。"

慧能说:"只要你们允许我去东禅寺修行,什么条件我都会答应。"

"你随我来吧。"舅舅将慧能带到了村口,指着竖立的那一块巨石说,"如果你能把这块大石头掰开成两爿,你就去吧!"

慧能大声地问:"舅舅,你这句话可是当真?"

舅舅斩钉截铁地答道:"当真!"

慧能说:"你们可不要反悔。"

舅舅说:"我与你娘已经商量好,绝不反悔!"

"好!"慧能一口答应下来,他相信精诚所至,金石为开。他想借助佛祖的神力,将此巨石劈开,一分为二。他在想:头顶三尺有神明,我这么虔诚向佛,佛祖一定有所感知,一定会助我一臂之力,让我如愿的。

这块巨石,高约一丈,宽有八尺,经风吹雨打,斑斑驳驳,屹立在村口。

慧能在巨石前装上一炷香,点燃蜡烛,屈膝跪地,双手合十,闭着眼睛,细语祈祷:"愿佛祖显灵,替我劈开巨石。"

时值烈日当空,苍穹投下万道炙人的火舌。村边芭蕉叶被晒得卷起了边,狗尾草有气无力地耷拉着。路面热浪蒸腾,行人走过,一步一团烟尘。

汗水从慧能的头顶顺着脸颊一直往下流,地上出现了一大摊湿印。

李氏在远处的树荫下,见此情景,实在心疼,但为能使慧能在磨难处幡然回头,便攥紧拳头,咬紧牙关,不去打扰他。

慧能的信念坚如磐石,不分白天黑夜,不顾日晒雨淋,跪在地面,默默地背诵着《金刚经》,闭目祈祷。

经过好多天,巨石安然如故。舅舅时不时地前去窥望。眼看着虔诚得近乎迂腐的外甥,舅舅心中很不好受,其心之诚,除了感动,无话可说。

突然,万里晴空响起了一个惊雷,撼天动地,发聋振聩。

一道耀眼的电光从苍穹飞削而下,利剑般朝巨石直劈下去!

巨石火花四迸,烟横雾绕。

待烟雾散尽,慧能睁开眼睛一看,狂喜道:"天助我也!"

原来,这块巨石已经被劈开为两半。

"真是精诚所至,金石为开。"舅舅目睹着这奇妙景象,不由长叹道:"天意!此乃天意啊!"

于是,舅舅带着慧能返回了夏芦村。

李氏本以为出一个让常人永远解决不了的难题,能让慧能死了出家那条心,岂料村口巨石却被天雷劈为两半。

李氏与儿子慧能一直相依为命,说什么也舍不得儿子出家遁入空门,还想继续劝说慧能放弃出家的念头,伴随母亲终老,于是含着眼泪说:"慧儿,别走,你是娘身上的一块肉,等到娘老了那天,你给娘喂一口水,添一口饭,也好啊!"

慧能一听双膝跪地,紧紧抱着母亲的双腿:"娘,是儿不孝,儿去修行,为的是普天下儿女更尽孝道,香传万载。"

舅舅却深明大义："姐姐，讲出的话如同泼出的水，是收不回来的。说不反悔就不反悔。"

李氏："这……"

舅舅认真地对李氏说："姐姐，慧儿矢心向佛，连天地霹雳大神都来帮他的忙。看来，这是天意，天意难违啊！"

李氏听后潸然泪下："天意固然如此，但如果慧儿出家当了和尚，我卢家香火就从此断了。当年徐国师许诺我家能传得万代香火，岂不是成了一句空话。我夫君在九泉之下心也不安哪！"

舅舅摆了摆手："姐姐此言差矣。"

李氏不满地嘟着嘴巴："弟弟，你为什么说出这样的话来呢？是不是偏袒慧儿？"

"姐姐，我和你同一骨肉，怎会特意偏袒慧能呢？我们做事要顺应天理，"舅舅神色庄严，"俗语有云，一子向善，九祖升天。慧能说得对。如果他在佛门修成正果，恩泽天下，以后万人供奉，代代相传，这才是真正的万代香火呀！"

"呵，难道当年徐国师所指的万代香火就是这个意思？"李氏此刻恍然大悟。

舅舅："国师徐东风才高八斗，学识渊博，曾在一人之下，万人之上，断不会乱说的。你还记得吗？慧能出世那天，两位高僧专程上门来，给他起名并点化姐夫。"

经弟弟这么一开导，李氏想到慧能出世第二天两位高僧上门的事，知道慧能确实有着与众不同的佛缘。她终于明白了这个大道理，说道："慧儿，既然天意难违，你亦心如磐石，留得住你这个人，也留不住你的心。娘也不再为难你了。你就择日上路去吧！"

"多谢娘，"慧能眼噙热泪地安慰母亲，"娘，你要多保重！"慧能的脸上布满愁云。

舅舅："慧能，你娘也答应让你出家求佛，你的心愿已遂，为什么还如此忧郁？"

李氏："是呀，你该高兴才对呀。是不是有什么放不下的心事？"

此时，慧能说："娘，我走了以后，不知要离开多少时日。你独自一人在家中，饮食起居，无人照料。万一有个头疼脑热、伤寒小恙，怎么办。我放心不下啊！"

"慧能，这一点你别担心，我会尽力照顾你娘的。"舅舅接过话头，"你收拾停当，放心上路吧！"

"那就拜托舅舅了。"慧能说完，跪在地上向舅舅叩了三个响头。

慧能来到金台寺，将自己连日来所经历的波波折折，详详细细地告诉了寂空法师。

寂空法师听后惊愕之余，喟然长叹："啊，天意，这是天意，这是天意呀！"沉缓的声音有如洪钟大磬，在黄昏的古刹上空萦绕不绝。

于是，寂空法师从金台寺积攒下的香油钱中取出十两银子，送给慧能做盘缠。

慧能望着那些白花花的银子，摆手不收："我怎能收下佛门的钱呢？"

寂空法师："你到湖北黄梅东禅寺，投奔弘忍五祖，你也是我们佛门中人了。何

必再分彼此呢？这些银两，我并不是给你用的。"

慧能："那么，你是给谁用的？"

寂空法师："你们母子两人相依为命。你离家远去，你娘年事已高，你拿这些银两给她留着，以备不时之需。"

慧能依然推却，寂空法师有些不高兴："这不是老衲一个人的意思，而是我们金台寺所有僧人的心意。如果你再推却，那就是看不起我们了。"

"这……"听寂空法师说到这个分上，慧能没有再拒绝的理由了，只好把银子收下，带回家去给娘。

临别前夜，母子两人，一夜未眠，剪烛长谈，一直到雄鸡报晓。

舅舅也赶来送别。

"看来巨石有灵，我们不妨到巨石前给慧儿送行吧。"李氏提议道。

舅舅点着头："好啊，正合我的心意。一来我们替他送行，二来酬谢苍天。"

于是，李氏、舅舅与慧能三人在旧朗村头的巨石前边装了三炷香，叩拜以后，慧能挥手与母亲依依惜别。

这块巨石，后人称它为"别母石"，它经历了千年风雨雷电，至今仍屹立在旧朗村头。

就在慧能转身走的那一刻，李氏感觉自己的心被割了下来，疯也似地追上去："儿呀——你别走！娘舍不得你走，娘要你给我买油煎饼回来呀……"

慧能一听双膝发软，抱住站立不稳的娘哭成了泪人儿……

安抚母亲之后，慧能继续赶路，出了村门不远，刚转过山坡，见到一位大师带着几十个和尚列队于山路两旁。

这是寂空法师带着全寺和尚，要送慧能一程。

寂空法师从怀里掏出了一封信，递给慧能说："这是我给东禅寺的五祖师父的推荐信。"

慧能感激地接过了书信："谢谢师父，你考虑得真是周到。"

目送着慧能的身影渐去渐远，最后没入了茂密树丛中，寂空法师感慨地说："我们佛家禅宗，又有接灯传承之人了。"

慧能出家，一非生活所迫，二非被仇人追杀，三非为情所伤而看破红尘。他的远大理想是：求见佛祖，潜心修行，普度众生，探求《金刚经》的真谛。他投身空门起点之高，实非世间俗人可比，这也决定了他今后的成就也非世间俗人可比的了。

风萧萧，野茫茫。五岭长江，修行之路何其漫长。

一条蓬蒿遮掩的羊肠小路通往远方的莽莽群山，一只孤雁在空旷辽阔的天宇翱翔。慧能仰头望了望孤雁，心中油然感慨，大雁南飞，我向北行，皆为心中夙愿而忙碌。

时年已24岁的慧能穿着黑色粗布衣，背着行囊，蹬着草鞋，披荆斩棘，踏上了那条隐藏着无数艰难险阻的弘法之路。

从此以后，新州的深山老林里，少了一个勤奋的打柴郎；中国佛教史上，出了一个万古流芳的禅宗六祖。

八、曹溪双结义

慧能从新州出发，朝北前行，越重山，涉溪涧，一路披荆斩棘，忍饥挨饿，战猛虎，逐恶狼，生死置之度外。

一天下午，慧能走到一座深山里。他感到口渴难耐，便见一潺潺小溪横于眼前，清冽的山泉澄澈见底，他蹲下身来伸出双手掬捧溪水解渴。

忽然，听到了远处传来"救命"的叫喊声。

慧能连忙起身循声奔去，刚穿出一片树林，眼前的情景令他倒吸了一口冷气，"哎呀！老虎吃人哪！"

一位书生模样的青年男子正亡命逃奔而来，他的后面，有一头老虎追赶着，而且越来越近。

慧能从小在深山里长大，见惯了猛兽。此刻，他异常镇定，毫不慌张。他站定之后，从路边捡起了一块拳头般大的石头，又操起了一截木棍，一边勇敢地迎上去，一边冲着书生叫道："别惊慌，我来救你！"

书生见有位汉子前来相救，便朝慧能这边飞快地奔跑过来。

慧能向那书生喊道："你快躲到我身后的那块大石头后面，让我来对付这只老虎。"

"好。"书生跑到大石头后面躲了起来。慧能手执木棍和石块，像个冷兵器时代的斗士，拦在路中央。

那只老虎见书生忽然间消失了，咆吼着，朝慧能张牙舞爪地扑了过来。

慧能不跟老虎硬拼，身子灵活地一闪避，腾跃而起的老虎扑了一个空，撞到了慧能身后的石头上。

慧能趁老虎还未来得及再作反应，快速转过身来，与此同时，右手举起了木棍，朝老虎的屁股狠狠一击。

老虎扑食不到，反遭棍击，一个翻腾，在地上打了几个滚，调过头来盯住慧能看，显得无可奈何。

慧能知道，在这关键时刻，千万不可退却。否则，就会被追上来的老虎吃掉。于是，他也瞪大了眼睛盯住老虎，举起木棍跃跃欲击。

双方对峙了片刻。

老虎前肢往下趴低，忽然腾空而起，张开大嘴，龇着锋利的尖齿，朝慧能再度扑来。

慧能临危不惧，他举起手中的石块朝着老虎的大嘴猛地掷去，正好砸了个正着。

慧能这用力一掷，石头直接钻进了老虎的咽喉里，哽得老虎吞不下吐不出，十分难受，在地面打了好几个滚，一直沿着山坡往下滚，逃命而去。

书生惊魂稍定，战战兢兢地从大石头后溜了出来，上前向慧能施礼："多谢好汉救命之恩。"

"区区小事，实乃举手之劳，何足挂齿？"慧能摆了摆手，抹着额角的汗水，问道，"这是什么地方？"

"这是曹溪，属韶州地盘。"书生回说，"好汉你置自己的生命于不顾，舍命相救，真让我感激涕零。"

"眼看着你就要命丧虎口，我总不能袖手旁观，见死不救吧？"慧能说，"救人一命，胜造七级浮屠。"

书生说："这世界，多为贪生怕死之辈，难得好汉如此侠肝义胆。"

慧能打量着书生问："你是……"

书生回答说："小生名叫刘志略，住在附近的曹侯村。请问你是哪里人？往何处去？"

慧能答道："我姓卢，名慧能。"

刘志略："看你背负行囊，是到北方去做生意吧？"

慧能摇了摇头："不是做生意。我要前往黄梅向五祖弘忍大师学法。"

"啊，你要投入佛门？"刘志略吃了一惊，"说来也巧，我家的姑姑也是一个出家人。"

慧能大喜："如此说来，我跟佛真的有缘了。"

刘志略："天色不早，你赶路定然很辛苦了。暂且到我们村里歇歇脚吧。"

慧能想了想："这样也好。"

回到曹侯村，慧能得到了刘志略一家人的盛情款待，刘志略的父亲说："你是我们家志略的救命恩人，你多住些时日再走吧。"

席间，刘志略和慧能谈吐投机，焚香誓盟，结义为兄弟。

夜幕降临，曹侯村被浓浓的夜色笼罩着。

刘志略和慧能刚刚结拜完毕，两人正坐在客厅喝茶。忽然，一阵衣袂之风卷来，大门口出现了一位中年尼姑。

刘志略连忙起身作介绍："她就是我的姑姑。"

中年尼姑双手合十："阿弥陀佛。听闻施主从虎口中救了我侄儿志略的性命，真是大恩大德比天齐高。"

慧能笑了笑："积德行善，是我们每个人都应该做的事。法师，你是……"

尼姑说："贫尼法名'无尽藏'，住在山涧寺。"

慧能问道："法师，你平日念的是否《金刚经》？"

无尽藏："啊，你也懂得经文？贫尼常常念诵的是《涅槃经》。"于是，她跟慧能谈论起经道来。

刘志略平时也笃信佛学，故此不时插进话头。三人侃侃而谈，一谈已是大半宵。

在刘志略的挽留下，慧能暂时在曹侯村住了下来。

他经常与刘志略到无尽藏尼姑处听她诵经。

慧能善于领会经中的大意，听其诵读后，便能和无尽藏尼姑与刘志略讲解经义。

有一次，无尽藏尼姑拿着一本佛经来，向慧能请教："这佛经里有几个文字我不认得，今天特地来向你请教请教。"

"向我请教文字？"慧能哈哈地笑了起来，坦率地说："我连斗大的字也认不得半箩。但只要你把经文念得出来，我就能解答一二。"

无尽藏尼姑十分奇怪，眨巴着疑惑的眼睛："你既是不识字，又如何能解释经中的含义呢？"

慧能告诉她："佛法的精妙之理，并不在于文字上。我不认识字而能解释经义，这并不奇怪。"

无尽藏尼姑听了异常惊讶，深感慧能是个奇异之人。于是就将此事遍告村中有德行有名望的长者，说："慧能是一位开悟有道的人，应当请来好好供养。"

魏武帝的远孙曹叔良和附近的居民，争相前来瞻仰礼拜。

慧能与刘志略白天一起参加劳动，晚上便去听无尽藏尼姑念经。听完经，他反客为主，倒过来向无尽藏尼姑讲解经义。

乡里的老者听闻此事，纷纷前来礼敬，和慧能交谈，听慧能讲解经义后，都赞不绝口。"这个卢行者有如此高明的见解，已达到了天机自悟的境界，并非一般人所能企及，可以往宝林寺出家当大师。"一位长者如是说，并且请慧能居于当地的宝林寺，称他为卢行者。

慧能在宝林寺住了不久，觉得没有名师点拨，难成大器。他耿耿不忘自己要北上投师五祖的初衷，遂告别了刘志略等村人，继续朝北而行。

慧能先至乐昌县的西山石窟，依智远禅师坐禅，后听慧纪禅师诵《投施经》。但是，在听闻慧纪禅师诵完经文后，慧能无奈地摇了摇头，喟然长叹："经意如此，令

我空坐何为？"尚未进佛门，慧能已从心底里感到光是坐禅苦修，其益处并非很大。

通过和慧能交谈，慧纪禅师知道慧能乃龙象之辈，并不适合于在这小寺里修行，便说："你该是大鹏展翅，啸傲九霄，这小小的鸟窝并不是你栖息之处。老衲久闻黄梅双峰山弘忍大师正大开禅门。他是道行高深的五祖，你可到他那里去进修佛学。"

这正合慧能的初衷，慧能便下了决心，继续翻越梅关，向北进发。

也就是说，慧能在参谒五祖弘忍大师之前，其实已经对《涅槃经》等有了一定的体会，到东禅寺后，那里的特定氛围使他在逆境中将佛法的悟性发挥得淋漓尽致。

慧能一路上策杖涂跣，晓行夜宿。饿了，摘山间的野果充饥；渴了，到溪边掬一把清水饮下。

唐高宗李治显庆六年（661），走了一个多月，慧能终于来到了湖北蕲州黄梅地界。

从黄梅县城往北，行走了约莫二十多里，一条宽阔的大江横在面前。江对岸两座耸起的山峰直插云天，凭险对峙。

"啊，东山到了！"这正与新州金台寺的寂空法师向他讲述的蕲州东山的地形地貌相符。东山因双峰并峙，又名双峰山。云雾缭绕的两座山峰上，白云绿树之中隐隐约约掩映着一座座殿堂寺院。朝圣之地就在前方，日夜盼望朝见的佛祖即将出现在眼前。慧能感到莫名的兴奋，多日的疲累一扫而光。

慧能乘摆渡船过了江，上岸后，沿石阶拾级而上，攀爬了不久，"一天门"跃入眼帘。这"一天门"以花岗岩石块砌就，横跨山路，上面镌刻着篆书"东禅寺"三个大字。

九、"獦獠"见五祖

东禅寺，最初是江州刺史桓伊为梦远禅师而修建，经历代不断扩建，规模渐大，又因众多高僧大德到来本寺担任住持而名声大振，成为佛教名刹。此时，由五祖弘忍大师在这里当住持，僧众近千。

进了"一天门"，只见青砖绿瓦的寺院殿堂倚山而建，层层叠叠，古朴又显出几

分庄严与优雅。

一位满面稚气的小和尚正在打扫门前的落叶。

这小和尚名叫神清,听到脚步声,抬起头来,见到慧能便问:"你是什么人?"

"我名叫慧能。"慧能向神清施过一礼,"师父有礼。"

神清从来没有听到人家称他为"师父",忍不住扑哧一笑,道:"我也称得上师父,那么我的师父该称什么呢?"

"该称师祖吧。"慧能也笑着答道。

神清:"你是来干什么的?"

"我是来求师的。"慧能向他讲明了来意。

神清道:"今天弘忍大师正在给众人讲解经文,现在不能见你。"

听说五祖正在传经,慧能的心痒痒的,上前拉着神清的衣袖,恳求道:"师父,你带我去听听吧!"

神清显露出为难之色,谁知道五祖愿不愿收你为徒呢?

慧能从行囊中取出金台寺寂空法师写给五祖的信说:"我们新州金台寺的寂空法师,以前也是弘忍大师的徒弟,他给我写了这封推荐信。如果弘忍大师看了这封信,一定会收我进山门的。"

"这……"神清仍在犹豫。

"出家人慈悲为怀,你就帮我一次吧!"

神清被慧能的诚恳打动了,觉得他讲得至情至理,说道:"那也好,不过,你只能在外面旁听。"

"行!行!"这个时候,为了能够见到五祖弘忍大师,慧能什么都答应下来。

两人拾级而上,穿过了寺院的回廊曲径,来到一座大殿堂。

慧能从心里惊叹,这东禅寺比起新州的金台寺,气势要大得多。

神清带慧能到大殿旁,用手指了指里面:"到了,师父就在里面讲经。"

慧能透过镂雕着通花的棕色门棂,看到了里面的情景。

大殿里红烛高燃,香烟袅袅,近千和尚坐在蒲团上,专心致志地恭听大师讲经。

大红法座上盘膝坐着一位年逾半百的老和尚,红光满面,白眉银须,鹤发童颜,慈容若仙,他就是誉满四海的禅宗第五代祖师弘忍大师。

弘忍(601—674),祖籍浔阳(今江西九江),俗家姓周。东山法门开创者,被尊为禅宗五祖。后迁居蕲州黄梅(今湖北黄梅)。幼时随母乞食,乡人讥为"无姓儿"。

民间传说,弘忍大师的前身是一位栽松老人。一日,幸遇四祖道信大师,便央求四祖收其为徒,四祖看了看眼前这位垂垂老者,劝慰说:"您年岁已大,即便得法,也无法弘传;假使真有心,等您来世定收您为徒,授予大法。"

一直惦记着与四祖道信大师的约定,栽松老人走到溪边,看到一位洗衣的女子,于是上前请求:"姑娘,我能不能借你家住宿?"女子回答:"我上有父兄,不能作主，您可以去求他们。"老人又说："你必须先答应，我才敢前去。"这位姑娘见天色已晚，且是一位老人要求借宿，便点头答应，栽松老人待女子同意后随即离开。

隔了几天，女子忽然有了身孕，但因其尚未婚配，便身怀六甲，伤风败俗、有辱家门，父母嫌恶即将她逐出闺门。女子无处归宿，只好乞食于邻里中。待孩子出生后，女子视为不祥的预兆，便将其投于河中，没想到这孩童却溯流而上，且气色十分红润。女子只好又将小孩抱回，继续抚养。因为没有父亲的缘故，乡里的人都称此孩童为"无姓儿"。无姓儿长大后，相貌庄严，曾有一位贤人见到他，赞叹道："此孩童只比佛陀少了七种相。"足见其已具足如米二十五相。

有一天，无姓儿路逢四祖道信大师，四祖观察此孩童相貌非凡，便问："你姓什么？"无姓儿回答："姓是有，但不是常姓。"四祖再问："是什么姓？"无姓儿答："是佛性。"四祖继续追问："你难道没有姓吗？"无姓儿答："性空，故无。"道信大师心知这孩童是个法器，日后必能令佛法广为弘扬，便请侍者陪同无姓儿回家。因着前世的因缘，所以当侍者提出欲让无姓儿出家的心意时，无姓儿的母亲当即答应了他的请求。一般来说，孤儿寡母，相依为命，怎会舍得骨肉分离？岂料其母答应得如此爽快："他在我的翼下长大，只能成为耕夫樵人。既是大师之请，当应有鲲鹏之势。"

无姓儿的母亲见侍者慈眉善目想必是德行圆满之人，于是放心地让他把孩子带走。无姓儿就跟随道信大师回到寺院，开始清净的修行生活。

当时无姓儿年仅7岁，在寺院居住了一段时间后，于13岁时，四祖为其剃度，取法号为弘忍。弘忍在道信大师的座下认真修行，白天发心作务，夜晚参禅静坐，四祖道信大师也常以禅宗顿渐宗旨考验；弘忍平时沉默寡言，但他对禅理却颇有见解，尽得道信大师的禅法。

永徽二年（651），道信大师经过多年的观察，认为弘忍堪受大任，于是付法传衣于弘忍，由他继承法席，后世称他为中国禅宗第五祖。

同年九月，四祖道信圆寂，建塔于双峰山。时年51岁的弘忍得道信将禅宗的袈裟与宝钵相传，承继师席，成了禅宗第五代宗师。

由于前来双峰山参学的人日益增多，旧有的规模已不够使用，五祖便在双峰山的东方冯茂山另建道场，名为"东山寺"，时称五祖的法门为"东山法门"。

我国禅宗自初祖菩提达摩大师至唐代弘忍大师之传承，为后世禅宗各派所承认。弘忍大师继此传承，发扬禅风，形成"东山法门"。弘忍大师改用《金刚经》传法，开东山"法门"，又叫"东土第五祖"，为慧能一系禅法的形成奠定了牢固的思想基础。禅宗传教极为重视《金刚经》即从此开始。

中国禅宗从初祖达摩祖师至三祖僧璨大师，其门徒都行头陀行，一衣一钵，随缘而住，并不定居在一处。到了道信大师，禅风一变。道信大师初入黄梅双峰山，一住三十余年，会众多至五百；后来弘忍大师移居东山，又是二十余年，弟子多至八百人。两代禅师都定居一处，过着团体生活，实行生产自给，把挑柴运米等一切劳动都

视作是修行。且弘忍大师认为学道应该山居，远离尘嚣。这成为后来马祖道一大师、百丈怀海大师建立丛林道场，实行农禅生活的指导思想。

弘忍在东禅寺勤修苦炼，道行渐高，侍道信身边三十多年。

弘忍在四祖的指导下，禅悟到了"行、住、坐、卧"这"四仪"皆道场，"身、口、意"这"三业"皆成佛事的新境界。他认为"动静不二"，坐禅中的"静"、"默"与生活中的"乱"、"语"已无区别。"禅"，不仅仅局限于静坐冥想这唯一途径。

唐显庆五年（660），高宗遣钦差诏五祖弘忍大师进京师为他说佛法，但五祖弘忍坚执不赴。高宗只好赐衣服与药物到东禅寺，作为给养。五祖弘忍保持了足不出山、疏远尘嚣的山林佛教遗风，确立了禅门弟子的修持模式。

弘忍大师的嗓门不高，却洪亮悠长，像钟磬之声在大殿内外回荡。慧能在殿外隔着木门听经，但对弘忍大师的释法听得十分清楚："佛祖释迦出生在西天的昆迦罗瓦滋。他常在灵鹫山说佛法。他常说的'天上天下，唯我独尊'这句话成了我佛的教条。'唯我'，不是妄自尊大的'小我'，而是'大我'，是为众人服务的佛心。我们用右手指天，左手指地，表示苍天之高，大地之厚，是无穷的，任何人都可以分享到佛的生命之光。"

慧能在外边听着，听着，仿佛有什么东西拨弄着他的心弦，发出的回音邈远而又深沉。

"华严宗尊崇《华严经》，而天台宗以《法华经》为其基本经典，净土宗则有《无量寿经》、《阿弥陀经》。而我认为《金刚经》……"五祖讲完佛后，神秀走到台前，向大家宣布："今天的释法到此为止，诸位回去后，应该对师祖今天的点拨认真消化，好好领悟，勤力修禅。"

众僧陆续走出大殿，各自散去。

五祖从法座上站起，迈步走下法座的台阶。

神秀向五祖伸出双手，做搀扶状："师父，小心。"

五祖走下法座，站定以后，问神秀："神秀，今天我这一课讲得怎么样？"

神秀满脸奉承之色："字字珠玑，句句醒世，令人茅塞顿开，只觉得缕缕佛光直照心田。"

五祖捋着长须，眼珠凝定，不再多言。

神秀身后的武僧惠明向五祖递过了锡杖。

五祖挂着锡杖，在神秀、惠明及其他随从僧人的簇拥下走出大殿，朝方丈室走去。

正陷入沉思的慧能醒悟过来后，五祖已离开大雄宝殿有七八丈远，慧能连忙在后面叫道："师祖留步，师祖留步！"

此时，五祖侧着脑袋，只顾听着神秀对他说着什么。人多嘈杂，五祖并没有听到

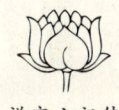

慧能的叫唤。

慧能急了,一边奔跑上去,一边大声地叫:"师祖留步!"

五祖与神秀等人闻声转过身子,见有位陌生人,便驻定了脚步。

神清把慧能带到他的面前:"师父,有人求见。"

慧能向五祖施了个礼:"师祖有礼。"

五祖目光如炬,注视着这陌生的不速之客:这位全身皮肤黧黑的青年人,额角显凸,两耳垂肩,确有佛气;但身上的蓝黑色粗麻衣污秽不堪破破烂烂,脚上的草鞋破烂了,趾头有一半露在外面。乍看上去,跟漂泊流浪的乞丐并无多大的区别。

五祖见他这副模样,问:"你叫何名?"

"姓卢,名慧能。"

"慧能?你是个俗人,怎么起了一个法名?"

"我父母给我起的。"

"你从哪里来?"

"南粤新州。"

"前来干什么?"

"求佛。"

五祖手捋长须,用审视的目光盯着慧能好一会,最后摇了摇脑袋:"南粤新州乃荒凉沉闳之地,你们这些獦獠,怎会成佛呢?"

慧能着急地大声说:"师父此言错矣。"

慧能一言既出,满座皆惊!

在东禅寺里,上上下下,共有八百多位弟子,五祖在这里可谓是一言九鼎。众门徒对他的话奉为金科玉律,更是无人胆敢辩驳。如今,这个陌生人乍到东禅寺,竟然在众门徒面前口出狂言说五祖"此言错矣"。

神秀将脸一沉,斥喝道:"大胆!你这南蛮獦獠到底是来求佛,还是挑衅?"

慧能神色平和:"当然是求佛。"

神秀的口气严厉:"既然是求佛,你竟然斗胆说师父说错了?"

众僧人也齐声斥责慧能无理。

面对着众多的斥喝,慧能却不慌不忙,回答道:"师祖刚才的话确实是错了嘛。"

神秀:"你还嘴硬?"

五祖身旁的那位武僧永德是神秀最忠实的拥趸,冲了上去,对着慧能就是一巴掌。

"啪!"慧能的脸上立刻泛起了五个红色的指印。

永德打人之后,并未善罢甘休,大声朝慧能斥道:"在东禅寺里,竟敢辱骂祖师,这还了得?"

慧能没有反驳,低垂双手,肃立不语。

"永德,别胡来。"五祖见永德无理动粗实在过分,小声呵斥道。

永德的怒气未消,悻悻地朝着慧能说:"这回便宜你了。"

五祖锐目以对,问慧能:"你为什么说老衲的话错了呢?"

慧能直言道:"师祖,你说我们岭南人是獦獠,明显带有轻侮之语气。你武断我等獦獠之辈不能成佛,此言确实差矣。"

"差?何差之有?"五祖提高了嗓音,强调说,"你们这些獦獠是南蛮之人,未曾开化,终究难成佛的。"

初见五祖,面对着这泰山般高大而沉重的权威,慧能直抒胸臆:"人生于世,在地理疆域上确有南北之分;但佛理于大同世界,岂有南北之分?你和我身体形态上确有不同,但普照到我们身上的佛光应该是一样的。即使没有开化的人,跟师祖你虽然不一样,但佛的本性又有什么差别呢?"

五祖闻言后心中猛然一震。想不到一身土里土气的南方獦獠,竟会讲出这样的话来,隐隐感到今天的来者乃是苍天赐给东禅寺的佛门法器。

慧能未待五祖开言,继续说:"珠蚌其貌不扬,由于大海的孕育,它腹中往往有价值连城的珍珠藏着。醴泉芝草无根脉,却吸取了天地之灵气,日月之精华而成了世间的珍品。弟子全仗师祖栽培,但愿他日大泽起龙蛇。"

这么多年来,在东禅寺里,五祖只有听到恭维与赞颂的话语,可从来都没有见过对他持有异见的人。如今,这个初来乍到的南蛮小子,一见面就出语不凡,可见他宿具慧根,心湖底处自有更为不凡的潜质。经此一个照面,五祖打心眼里喜欢慧能。

五祖只是神色平淡地问:"你读过多少年书,中了秀才,还是进士?"

慧能摆了摆手说:"我三岁就死了爹,靠娘含辛茹苦养大。因为家穷,没有进过学堂读书,只认识几个简单的字,更没有中过什么秀才和进士。"

五祖诧异:"你这个人说话文绉绉的,哪像没读过书的人?"

慧能自谦道:"我没有见过什么世面,阅历浅,见识短,但刚才我说的,全都是我的肺腑之言。"

五祖又问:"你远在岭南,怎么知道来投奔我东禅寺呢?"

"是新州金台寺的寂空师父,叫我前来投奔你的。"慧能说着,从怀里掏出一封书信,恭敬地递了过去,"这是寂空师父给您的信。"

五祖接过信,拆开看了,见是弟子的推荐信,便对慧能说:"出家人苦海无边,要成正果更需经历千难万劫。自古以来,学佛之人,为道忘身、刺血、断臂的楷模屡见不鲜。要吃常人难受之苦,干常人难干之活,励志明心,方有建树。"

慧能的眼睛晶莹闪烁,嘴角流露出坚毅和自信:"事难方见丈夫心,雪后始知松柏操。师祖,我就是为这点而来的。"

五祖见他满有决心,沉吟起来:"这……"

慧能恳求道:"我要修炼成佛,希望师祖收我为弟子,替我削发剃度。"

　　五祖坚决地将手一摆:"你从来都没有修过半点行,也没有坐过半天的禅,老衲岂能如此草率就替你落发呢?"

　　慧能决心如铁:"我矢心学佛,矢志不渝。"

　　"你的心诚不诚,并非靠嘴巴来说,而要看你的行动。这样吧,你先到北院杂役房去,从做杂工开始。"

　　慧能点头:"多谢师祖。"

　　"你以后见面叫我师父便行了,"五祖对站在身边的神秀说,"你是东禅寺的上首座,把这新来的俗家弟子安顿一下。"

　　"好!"神秀卑恭地朝着五祖躬腰点头,即转身向着慧能,马上换了一副训斥的面孔,"走,随我到北院杂役房去。"

　　慧能跟随着神秀朝北院走去,走了十多步后,他蓦地回过头来,朝着五祖微微一笑。

　　五祖见慧能回眸一笑,心坎一热。心想:这个从南方来的打柴仔,外表质朴笃厚,且带几分憨直;内心却聪颖非凡,慧根智性。初次见面,敢于挑战权威,质疑神圣,直剖心性,其本性与自己的玄机何等的近似。看来,禅宗大业又有传灯承继之人了。

十、坠石勤舂米

　　神秀领着慧能向北院杂役房走去,他一边走,一边不停地训斥慧能。慧能当然只有洗耳恭听的分,任凭这位逞能的大师兄的唠叨。

　　神秀发现这个来自南蛮之地的獦獠,竟有如此悟性和慧根,担心他日争宠,挤了他在五祖心目中的地位,夺了他的上座首徒的宝座,抢了将来传承衣钵之六祖地位。

　　神秀(606—706),本姓李,开封尉氏(今属河南)人,他个子魁梧英伟,皮肤白皙,相貌堂堂,有一双深藏韬略的眼睛。他生性聪颖善悟,谋略过人,博览群书,

好学多闻。老庄、儒学、佛教三藏倒背如流。他从小向佛，19岁时，在洛阳天宫寺受具足戒。目穷万卷的神秀已是才压千人，无人可匹。

当年神秀投奔东禅寺时已年近五十。

那天正是细雨霏霏，双峰山笼罩在一片苍茫的烟雨之中。

五祖刚在大殿里向众门徒授完课，在山门见到这位新来的徒弟：长长的眉毛已花白，两鬓飞起雪霜，上身赤膊，浑身湿漉漉的。

"这个人第一次见师父的面，怎么这般打扮？他的上衣哪里去了呢？"五祖端详着，好一会才发现原来他用上衣将挑着的两个行李箱子包裹得严严实实。

五祖指着神秀的行李问道："你箱子里装的是什么东西？"

神秀施礼过后，答曰："我半生积蓄。"

五祖问："是金银，还是珠宝？"

神秀用手抹了抹从头上淌下的雨水，道："金银珠宝不过是死物，怎值得我如此爱护呢？"

五祖好奇："那么，箱子里面究竟是何等宝物？"

"师父请过目。"神秀说着，将包裹着的衣服解开，打开木箱。

五祖望去，原来是两大箱的书籍。他将书籍翻了翻，见书箱里面除了"四书"、"五经"及一些天文地理的书籍外，更多的是各种经书。

五祖感叹道："你对书籍可谓是爱护备至呀！你不怕被雨淋坏了身体？"

神秀："身子淋病了可以找药来吃，没几天便可复原。但书籍淋坏了就难办了。"

"啊！"五祖一听不禁怦然心动。在东禅寺里，有弟子七八百，像他这样的人毕竟是少之又少。

初次谈话，五祖对神秀已经有了一个极好的印象。

五祖听到神秀的来由后，问道："你的修行不浅，在洛阳已可独当一面，自开法门，成为一方化主。为什么还要前来找我？"

神秀朗声道："弟子自知根基浅薄，未敢擅开法门。常言道，良禽择木而栖。我知道，只有师父你是我穷尽多年心血要找的导师。"

五祖打量着神秀："看你的模样，该年过半百了。"

神秀讲话掷地有声："向佛不分先后，投奔贤达师祖，又何须论其年龄大小？"

五祖说："洛阳是繁华之地，信众极多，为什么你舍洛阳而跑到这偏僻的双峰山来？"

神秀话语滔滔："大厦之材，本出幽谷，不向人间有也。以远离人故，不被刀斧损斫，长成大物后，乃堪作栋梁之用。故知栖神幽谷，远避嚣尘，养性山中，长辞俗事。目前无物，心自安宁，从此道树花开，禅林果出也。"

五祖大吃一惊："神秀，此乃为师之言，何以传入你之口？"

"师父，佛法无边，光耀四海。在到东禅寺前，徒儿我能听到师祖你的金玉良言，实属荣幸至极。"神秀说，"洛阳信众虽多，但不过是鱼龙混杂而已。弟子我矢心向佛，求的并不是喧闹繁华，更不是求什么浮虚声名，而是想实实在在地求取佛法。师父佛法，天下皆闻，我当然要舍下一切，投奔到师父门下，又何惧双峰山清静呢？"

五祖问："你到东禅寺后，打算如何学法？"

神秀信心十足地答道："我自己要励志潜修，勤读经书，静心坐禅。加上有师祖点化，一日犹胜读十年书。"

五祖说："须知，凡到我东禅寺学法的人都要经过一段磨砺，做那些打柴推磨等杂役，你不怕苦吗？"

神秀胸脯一挺："踏进佛门，就要誓心苦节，矢志求道。能够在东禅寺跟着师祖学佛法，即使是天大的苦，徒儿都能忍受。"

五祖随口答道："那么，你先到北院的杂役房去干活吧。"

"是。"神秀挑起他的那两箱书径直到北院去了。

在其后的日子里，神秀果然不食其言，挑水、打柴、推磨、舂米……他虽然比其他和尚的年纪大，但样样都抢着干，并且是尽力去干，从不偷懒。不论酷暑之时，还是严冬季节，东禅寺被浓重的夜色淹没，当别人都在睡梦之中时，只有神秀的房间里还亮着一盏小油灯。

在夜深人静之时，五祖常常悄悄地走到北院僧房不远处的菩提树下，透过窗棂，见神秀在昏黄阴暗的小油灯下埋头苦读经书。蚊虫叮住他的脸颊，他竟全然不顾，专注读书。

望着神秀那副刻苦读书的模样，一向心如止水的五祖也禁不住激情澎湃，庆幸东禅寺里来了这么一个好弟子。

在平日与神秀的接触与交谈中，五祖发现他对"四书"、"五经"，天文地理，尽皆通晓，与东禅寺内的其他和尚相比，更显得学识渊博，鹤立鸡群。故此，五祖最器重这个见识广博的徒儿。

在考察了神秀7年之后，五祖亲自替他剃度受戒，并为其重新定下法名——"神秀"，取其"神思秀慧"之意。并将他升为东禅寺十大弟子中的上座首徒，让他代师讲法，作寺内的"上座"教授师，专替修行未深的僧人阐经释义，解疑析谜。

从此以后，每当五祖出现，神秀总是侍在身旁。而神秀每时每刻，对五祖都十分尊敬。

五祖常常在东禅寺各长老与门徒面前大力夸奖神秀，赞他习禅经义，潜心砺志，道通法备，才华出众，并曾当众讲过："东山之法，尽在秀矣。"

因此，东禅寺上上下下的人一致认为：东禅寺内，神秀的悟性最高，是五祖弘忍大师的未来衣钵继承人，未来的禅宗六祖非他莫属。

慧能初到东禅寺那一天，神秀听从五祖的吩咐，带着慧能转到北边的后院，一条长廊直贯南北，两排青灰色砖墙瓦顶的僧房列于两旁。

长廊尽头是一片空阔地，几行花基，兰草茂盛，柏树森森，正中是一棵百年的菩提树，虬枝苍劲，绿叶婆娑。再远处是磨房和菜地，那一畦畦青菜，远远看去，犹如镶嵌在宝物上的一块块翡翠，泛着绿油油的亮光。

神秀将慧能安排到神清的僧房住下，给他布置任务："你每天早上六点钟起床，要干的活是挑水、舂米、磨粉、打柴、种菜……"

"好。"慧能咧开嘴笑着频频点头。

慧能正要走开，又被神秀叫住，慧能回过头来问："大师兄，还有什么吩咐？"

神秀一脸正色地说："有道是，国有国法，寺有寺规。你是尚未落发的俗家弟子，干杂役全都在这边北院与山上。师父住在南廊的方丈室，没有师父和我的准许，你不得到南廊那边去，以免打扰师父的安宁。记住，若越过雷池半步，就要受到寺规的严厉惩戒。"

"知道了。"慧能点头应允后，大声地重复了一遍，"没有大师兄和师父的特许，我不能到南廊那边去。若越过雷池半步，就要受到寺规的严厉惩戒。"

当晚，慧能躺在床上，心中乐滋滋的：今天，五祖答应收下自己为徒，尽管自己还是一个俗家子弟，但多年的夙愿毕竟实现了，遥远的佛途终于迈出了第一步。

东方晦暝，尚未露出晨曦。启明星，仍挂在灰黑的天穹中，眨着眼。清晨的寺院竟是如此宁谧。

天刚麻麻亮，慧能便赤着脚，挑着水桶，去寺院后的山溪挑水。当其他师兄弟按常规时间起床，到厨房拿起水桶去挑水时，发现水池快满了。大家对慧能的勤快心存敬意。

寺庙的和尚吃的米，全都是舂出来的：地上藏着石臼，把谷子放在石臼里；人在几尺开外，踩着一个由杠杆支撑的石杵。石杵一起一落敲打着石臼，敲开谷壳，经过筛滤，才得出雪白的大米。

东禅寺的舂米房，一字形排列着六个石杵。慧能个子不高，身体消瘦单薄，重量不及硕健如牛的师兄，舂米速度当然比不上别人。故此，一天下来，他尽管尽了最大的努力，但是舂下的米却比别人少。

要加快舂米的速度，就是加大自己身体的重量。怎样才能增加自己的体重呢？慧能想出了一个办法，在腰间坠着一块方形石头，这样，一踩到石杵的一端，另一端立即升起，立即放下石杵便砸进石臼。如此舂米，既省力，又舂得快。

果然，慧能以后每天舂出的米都比其他僧人的多。

这块方形的坠腰石，迄今已1300多年，现仍保存在湖北东禅寺内，长一尺三寸，宽一尺二寸，厚四寸，重五十六斤。中间以隶书镌刻着"六祖坠腰石"，右侧刻着清代名僧晦山咏诗："块石绳穿祖迹留，曹溪血汗此中收。应知一片东山月，长照支那四百州。"左侧刻着："龙朔元年，邑默斋居士蒋文勒石。"

十一、对联显才智

　　慧能入寺门那天,神秀从五祖脸上的神色察知,慧能是对自己未来宝座最具威胁性的人物。晚上,神秀在僧床上翻来覆去、辗转反侧,不得安寝。

　　窗外,连绵不断的群山,像一尊尊黑黝黝的怪兽,蹲伏在深邃的天幕下。一颗流星从高空落下,拖着长长的银色尾巴,转眼间消失无影。

　　神秀睹物思人,流星虽然亮丽,但毕竟是稍纵即逝。我神秀年过半百,在佛门里经历了7年的苦役方得目前德高望重的地位,但一种无形的挑战正一步步逼近。那就是在杂役房干苦活的慧能。我会不会像那天边的流星一样瞬间坠落得无影无踪呢?

　　他想着想着心里很不是滋味,那个慧能是个干粗活杂差的,目不识丁,文才不高,我得从这方面去奚落他,挖苦他,挫伤他的自尊,打击他的自信。从而抬高我的威信、捍卫我的权威和尊严。

　　山雀啁啾声,迎来了古刹又一个早晨。

　　寺院里的众僧被鸟鸣声唤醒,纷纷起床,挑水的、种菜的、舂米的、磨粉的、打柴的……

　　僧侣们以勤奋的劳动迎来了新的一天。

　　神秀来到舂米房,不见慧能,心中便嘀咕:"啊,慧能偷懒去了?"

　　神秀认为这样正好有借口去整治他一下,忽然,耳畔传来了"咿呀、咿呀"的推石磨声。

　　神秀循声来到磨房,见慧能与神清等几个小和尚正在隔壁的磨房里推磨磨粉。

　　他们个个都干得十分卖力,汗流浃背。

　　神秀一时找不到借口来整慧能,便灵机一动,以关怀的口吻问道:"大家日子过得开不开心?苦不苦啊?"

　　平日,神秀以大师兄那德高望重的身份到处巡看,常常讲一些佛家故事、成语典故给众人听,有时也出一些对联给大家来对。他横溢的才华深得大家的敬重。

　　这回,稚气未褪的神清向神秀说:"大师兄,今天给我们讲个什么故事?"

各位磨粉的和尚也附和着说,要求大师兄神秀讲故事。

五祖听到这边闹哄哄的,循声走到磨房这边来。

神秀听到由远而近的脚步声,瞥眼望去,见是五祖来了,心中暗自一喜:当场让慧能出丑的良机来了。

五祖说:"啊,神秀,这么早,你也到磨房来了?"

神秀向五祖行过礼后答道:"师父,你老人家不是常常教导徒儿,要多深入寺中各处了解情况,有问题要及时处理解决吗?"

神清说:"大师兄很关心我们。现在,我们想请大师兄给我们讲讲故事。"

众僧人也开腔附和道。

五祖说:"这个时候讲故事?"

神清说:"大师兄在旁边讲故事,误不了我们干活,我们听得兴致上来,干劲更足,干活干得更快哩。"

五祖乐呵呵地说:"好啊,神秀,你打算给大伙讲个什么故事?"

神秀早已成竹在胸,身子转过来对众僧人说:"今天,我不给大家讲故事,而是出个对联给大家对,怎么样?"

神清平时也喜欢对联:"叫我们来对对联,也好!"

"好!"众人都表示赞同。

五祖对神秀道:"在东禅寺里,不要光出那些老得掉了牙的对联,否则就如死水一潭。现在你就以我们四周的东西作联出对吧。"

"好。"神秀的目光落在石磨上,望着那圆磨扁坑,那粗的米,细的粉,灵感顿上心头。

神秀用手指着石磨,一字一顿地道出了上联:"磨圆心扁坑茫茫,粗入细出。"

这一联,借物喻意,确属神来之联。

众和尚都拍掌叫好。

神秀十分得意地说:"给你们半盏茶的工夫,看谁先对得上来。"

"这……"不少人用手搔摸着光光的脑袋,一头雾水。

时间默默地过去,众僧人答不出下联。

神秀见此情景,自命不凡地问小和尚:"神清,你答呀!"

神清脸上泛起羞愧的红晕:"大师兄,你的对子出得这么好,我才疏学浅,一下子怎对得出来呀!"说完无奈地把脑瓜摇摆了几下。

神秀走到慧能面前,说道:"慧能,你能对出来吗?我见你平日讲话有纹有路,估计你平常也爱看书。"

"不,我平日很少看书。"慧能毫不隐瞒地说,但从神秀的角度看来,慧能只不过是答不出来,故意找话题来避开而已。

神秀当然不会轻易放过这个让慧能出丑的机会,于是穷追不舍:"你的讲话已显

出才学与灵气。这对联要跟这磨房联系得上才行。"

神秀把目标对准慧能,确实是给他制造难题。

"这……"慧能见神秀咄咄逼人,知道是来者不善,善者不来,于是问神秀,"大师兄,你一定要让我来对吗?"

"一定,一定!"神秀以为慧能心虚,让他在五祖面前出丑,便激将道,"既然有文采,就当着师父和各位师兄弟的面对出下联来吧。"

慧能把头转向五祖,没有做声。

五祖从神秀的种种神态,已推测出他出这对联的目的。

五祖只是缄默不语,微微颔了颔首,以示赞许。

慧能从五祖的神态中得到了领悟,也没有做声,迈步走到墙壁旁,把墙上挂着称粉用的秤拿在手上,走到神秀面前,把秤杆晃了晃,然后用右手食指轻轻地捋摸着秤杆上镶嵌着铜圆点的秤星。

神秀催促着:"你对呀!"

慧能朗声答道:"秤直钩曲星朗朗,重高轻低。"

这一联,对得形象生动,十分贴切,托物言志,含蓄隽永。

五祖将着银白色的长髯,细细品味着两联的高低:

"磨圆心扁坑茫茫,粗入细出;

秤直钩曲星朗朗,重高轻低。"

五祖的嘴角露出浅浅的笑意,没有吱声,转身默默地向自己的禅房走去……

众和尚都称赞慧能的对子对得好,工整圆满,是绝配之联。

神秀见慧能对出如此下联,出言不凡,大吃一惊。本想让慧能在五祖与众人面前出洋相,结果却适得其反,只好"嗯"了一声,自讨没趣地离开了磨房。

十二、发聩六声钟

磨坊对联的故事,顿时在东禅寺炸开了锅,人人都知道这对天下绝配的对联,是才华横溢的神秀出的上联,北院杂役慧能对的下联。就这副对联,大大提高了慧能在

东禅寺全体僧侣心目中的地位。

每当在一起干活的时候,大家都背诵着这副对联,对慧能赞不绝口。慧能心中也感受到一种被敬佩和激励的力量。

有一日,慧能把自己该干的活都已经干好了,冒着违反寺规的风险,偷偷来到南廊的佛堂外面,偷听五祖讲经而被发现。神秀声色俱厉地说:"慧能,那天我告诉你要守的规矩,你忘了吗?"

慧能说:"没忘,我对大师兄的教诲一直铭记于心。"

神秀说:"没忘?那你说说,我是怎么交代你的?"

慧能脱口而出:"没有大师兄和师父的特许,我不能到南廊那边去。若越过雷池半步,就要受到寺规的严厉惩戒。"

"那你为什么又站在了南廊呢?"神秀说,"那就按寺规论处吧!"

话音未落,武僧永德上前就要动武,忽然,传来五祖的一声呵斥:"永德,你又想胡来!"

神秀上前给五祖深鞠一躬:"师父,慧能居然不干活,跑来偷听您讲经!"

五祖问:"慧能,当初大师兄给你交代的规矩,你都忘啦?"

慧能说:"师祖,大师兄的教诲我不敢忘,大师兄说,没有大师兄和师父的特许,我不能到南廊那边去。若越过雷池半步,就要受到寺规的严厉惩戒。但是,我今天不见天亮就起床,把该干的活都干好了,才来聆听师父弘法。"

五祖顿了顿说:"哦,是这样,以后,你只要把活干好,想来就来。佛法之门随时为众生敞开。"五祖说完转身就离开,边走边自言自语:"难得,难得!"

从此以后,慧能每天早早起床,把当天要干的活全部做好,再去南廊的佛堂听经。

一天,慧能到佛堂去听五祖讲经。

佛堂里数百位和尚静坐在地上,侧耳谛听。

五祖在讲坛上盘腿打坐,讲述《金刚经》:"'应无所住而生其心',《金刚经》里的这句话,意思是用不拘束的心,去做一切事情。亦即高兴时,不为高兴所拘束;悲哀时,亦不为悲哀所局限。《金刚经》里又说,'应生无所住心','住'这个字是心停在某处,被什么东西吸引了的意思,住是产生迷惑的根本原因……"

慧能静静地听,干涸的心田像被甘霖滋润。这"一切存在的东西都离不开心"的"见性成佛"的道理,成了慧能今后在禅林中大力弘法的金科玉律。

慧能听完佛经,走出佛堂,迎面碰到了一个新来的和尚。

这和尚长得虎背熊腰,阔口大脸,一颗长毛黑痣长在左面颊。慧能感觉这人既陌生又面熟。

慧能蹙眉思索了一下,终于记起来了,上前施了一个礼:"请问师兄,你是河北沧州的陈烈?"

和尚说:"我俗姓陈名唤烈,初来乍到,你怎么会认识我?"

"我们多年前曾在南粤新州见过面。"慧能接着讲起当年"比武"的事来。

陈烈听起,恍然大悟,用手拍着光脑袋,咧开大嘴:"咳,你看我这个莽夫,连你也认不出来。"

"世事茫茫如逝水,人生几见月当头。"慧能道。

陈烈用手拍了拍慧能肩膀:"想不到在东禅寺内碰到你。"

"这叫做'有缘千里来相会'呀!"慧能接着问起他在新州分手后的情况。

"浮生若梦啊!"陈烈先叹息了一下,随后向慧能说起了新州一别之后,他坎坷的人生征途。

陈烈在新州"比武"后,北上投军。他武艺超群,冲锋陷阵总是一马当先,每当鸣金收兵时,他的大关刀已卷了刃,染满了敌人的鲜血。一次战役中陈烈救驾有功,擢升为四品大将军。但是他为人豪爽,性烈如火,不久便被同僚排挤打击,他觉得官场不是久留之地,又觉得自己杀人如麻罪孽深重,就在北方出家,削发为僧,法号为惠明。后闻蕲州东禅寺的五祖道行高深,便只身南下,来到东禅寺,企望得到五祖真传。

慧能听到惠明的讲述,欷歔世道险恶,人生艰辛。

两人畅叙一番后,就各自回到自己的住处去了。

当年,这惠明一到东禅寺,大师兄神秀见他一副不怒而威的样子,便知其怀有绝世武功。

谙熟世道、工于心计的神秀知道,他日要登上佛祖宝座,一定要网罗一批羽翼,这位武艺高强、头脑简单的赳赳武夫正是最佳人选。

按照东禅寺的寺规,新进寺的和尚,一定要先干挑水、打柴、舂米、磨粉等苦力活。

而这个惠明一进寺,神秀就向五祖进言:"现在山河振荡,盗贼蜂起,保护寺院安全,免遭歹人洗劫,至关重要。这个惠明,原是四品大将军,曾在刀丛剑林、锋镝硝烟之中纵横驰骋、所向无敌,如果让他干些杂活,实乃黄钟毁弃、明珠暗投,糟蹋贤良。不如让他充当护寺武僧的领班,这对于保护东禅寺来说恰到好处。"

五祖听神秀讲得条条是理,便点头答允了。

神秀随即找到惠明,满脸堆笑地说:"所有新来入寺的,都得按寺规干三年的粗重苦活。你当然也不能例外。"

惠明将僧袍的衣袖往上一捋,豪爽地:"好!那我就去干吧。"

神秀摆手道:"不,不。"

惠明眨着眼睛不解地问:"怎么啦?"

神秀笑了笑:"昔日伯乐相得千里马。我神秀是个识才之士,不会让你怀瑾握瑜、徒有绝技无处施展。我已禀报师父,以后你就当护寺武僧的领班吧!"

"多谢大师兄提携。"惠明双手抱拳,躬身作揖。

神秀拍着他的肩膀:"希望你不要辜负我的一片好心。"

惠明将胸口拍得山响:"受人滴水之恩,自当涌泉相报。他日即使结草衔环,我也会报效大师兄你的知遇之恩。"

惠明,后来成了神秀的得力助手。

山里的蒲公英,几度花开花落;溪边的山茶花,开了又谢。

五祖方丈室窗外,菩提树干又添了几个老疙瘩,更显苍虬。

五祖弘忍大师来到这东禅寺已几十年了,逐渐感到自己年事已高,力不从心了。要使禅林源远流长,佛法弘扬光大,就必须在众门徒中挑选一名弟子,授以衣钵,成为禅宗的第六代法嗣传人。而这名弟子,必须是六根清净、德行超著,又能精通佛理禅机。故此,五祖经常深入僧房瓦舍,与弟子们交谈,暗中观察他们的慧根悟性、品行德节,同时不经意地出一些难题来考核大家。

太阳在高空倾下热浪,大地像火盆一样炙人。

低矮的瓦顶僧房里暑气逼人。

僧房里,和尚们使劲地摇着蒲葵扇,纳凉降温。

在磨房里推磨的慧能、神清等人全是汗流浃背。

寺院内除了和尚,再就是那几个尚未出家的杂工,都是清一色的男人。闷热难受的慧能,和师兄弟一道脱下了衣服,与瓦灰色的僧服放在一起。

慧能光着上身,汗珠顺着光滑的腰背往下淌,憋闷难受。

神清劳累过度,加上酷热煎人,干着,干着,竟然昏倒在石碓旁。

慧能连忙奔过去,替他按揉"人中"穴位,好一会,神清才慢慢地苏醒过来。

正在这时,"分梨子了!分梨子了!"值日僧在磨房外大声叫嚷着。

慧能与神清等人穿上衣服,来到了大殿前的一个草坪上。

草坪的一侧,摆着大大小小的箩筐,里面盛满了青青的梨子。

不一会,全寺近千个和尚都到齐了。五祖也从殿里出来了。

"啊,五祖!"慧能怦然心动:往日寺里分吃的用的东西,只须大师兄神秀和值日僧在场,今日五祖为什么要亲自前来主持呢?东禅寺后山的白莲池上半座山都是梨树林,每年夏季,青青的梨子挂满了枝头,五祖便会安排和尚上后山去采摘梨子,分给众人尝吃。

五祖来到草坪,问神秀:"全寺的人到齐了没有?"

"到齐了。"神秀答道。

五祖把手一挥:"既然大家都到齐,那就开始分梨子吧。"

神秀征询地问五祖:"每人多少个?"

五祖说:"六个。"

"好。"神秀转身大声地吩咐值日僧,"每人分六个。"

于是，值日的和尚抬着箩筐，来到列好队的和尚跟前，给每人分六个梨子。

后山的梨子多诱人，青绿的皮像一层薄薄的翡翠，一口咬下去，梨汁清甜如蜜，甘美无比。

树上的知了悠悠鸣唱。

和尚们看到箩筐里的梨子，早已垂涎欲滴。梨子分到手，即大口大口地嚼了起来。犹如犁庭扫穴、风卷残云。如果是往日，已吃到梨核处便将它丢掉了，但是今天，众僧都将梨核一点点地咬下去，直到每个人面前放着六颗小得不能再小的梨核。

五祖坐在菩提树下，也像寺里的所有僧人一样，将那六个梨子全都吃掉了。

神秀心中犯疑："本来，分梨子吃是平常事，每年都要分几次，为什么这次五祖如此的重视呢？"

神秀正捉摸不透，五祖突然站了起来，对神秀说："开始打钟。"

寺院里晨钟暮鼓，这是千百年来的规矩，五祖为何突然兴起打钟的念头来了呢？神秀感到今天的事情有些奇怪，问五祖："安排什么人去打钟？"

五祖捋了捋长髯道："全寺院的人，不论是僧是俗，不论年长年幼，全部都到钟楼那边去，每人敲六下钟。"

"好。"神秀站到高台上，将五祖的话大声地向大家传达了一遍。

传完话，神秀回到五祖的身边，问："师父，该谁第一个去敲钟？"

五祖神色庄严地向神秀道："你是寺中的上座首徒，当然该是你第一个敲钟啊。"

"好，好，多谢师父！"神秀满心欢喜，五祖的安排，无疑是向全寺院的和尚宣布，自己是五祖之下的第一位继承人。

大钟在大殿旁边的二楼吊挂着。

"来，我领你们前往。"五祖走在前头，神秀随后，后边紧跟着长长的队列，鱼贯而行。

踏着木楼梯，神秀上到钟楼。

一口几千斤重的铁铸大钟高悬于钟楼的梁下，与平日不同的是，这钟起码比往时吊高了五尺，即便是人跳起来用手也摸不着。那根柯木造的坚硬钟槌也不见了。

神秀环顾四周，好一会，问五祖道："师父，钟槌呢？"

五祖微摇脑袋："我也不知道。"

"没钟槌怎么敲钟呀？"神秀双手一摊，一副无可奈何的样子。

五祖说："没法敲就不敲吧！"

神秀疑惑地说："这……"

"下一位！"在神秀迟疑之际，五祖操着略带沙哑的声音大声地叫起来。

跟随着神秀后面的是东禅寺十大弟子之一的智达，他应声走到大钟前。

有如江水后浪推着前浪，时不待我，势不饶人。神秀不再敲钟就要让给下一个。后面的人要上来了。神秀像被戳穿了的皮球一样泄了气，只好苦着脸，垂头丧气地走下了钟楼。

智达、净达站在大钟下,翘首望了望,也是叹息了一声,如神秀一样,苦皱眉宇,一脸无奈地从钟楼走了下来。

全寺的和尚一个个兴冲冲走上钟楼,一个个耷拉着脑瓜,扫兴地从另一头走了下去。

百年古钟,高高地悬吊着,不声不响,目睹着它下边发生的戏剧性的一幕幕。

长长的队列快要到尽头了。五祖举目望去,那个舂米磨粉的徒弟慧能默默地站在队列的末端,他的表情是那么的虔诚,那么的自信。

轮到慧能了。他把目光迎向五祖,小声问道:"师父,是敲六下钟吗?"

"嗯。"五祖颔首,"你能不能敲六下钟?"

慧能点了点头:"能。"

五祖:"那你就敲吧。"

"好。"慧能用右手从斜里伸进了瓦灰色的僧服内,掏出一个东西,向高悬在钟楼的大古钟掷去。

"当——"

接着,慧能连续再掏出五个东西,向古钟掷去。

"当——""当——"……

六声洪亮而悠长的钟声从钟楼上传开,在东禅寺上空久久萦绕,在天地之间回荡。天空中百鸟齐飞,遮天蔽日。犹如大自然的一曲雄浑的交响曲,从古钟里传出,穿过岁月的时空,伴着袅袅如云的香烟,飘过一代代虔诚而澄澈的心灵的天空,生生不息。

全寺院的大小和尚都大吃一惊:"是谁把那古钟敲响了?"

神秀的心里一震:"难道这个人能插翅高飞凌空敲钟?"他拨开人群,飞步奔上钟楼,只见落在地板上的六个梨子。

那些已裂开的梨子,仿佛似张开的嘴巴,正冲着他嘲笑,神秀的心有如针戳。

五祖正站在一边,拈长髯向着慧能微笑。

钟声依然在山鸣谷应地回荡着,那声音似乎穿过神秀的耳膜直钻进他的五脏六腑,震得他十分难受。

在神秀看来,这哪里是六下简单的钟声?这分明是黄钟大吕,天鼓雷音!这是向自己敲响谋夺禅宗宝座的警钟啊!

十三、吃粥考悟性

山中的清晨来得特别早。

草地的冷霜与露水是那么晶莹，那么冷峻。山雀在枝头吟唱。

东禅寺敲响了晨钟。全寺的和尚先后来到厨房就餐，早餐是每人三个煎饼。

这煎饼煎得金黄脆香，和尚们大口大口地啃着煎饼。

慧能拿起煎饼，心中有一种异常的感觉：平日五祖是不会来厨房吃早点的，但今天……他思忖了一下，就把煎饼放到嘴边，咬了起来。

吸取了"分梨"教训的神秀，对五祖今天早上的到来心存戒备。他望着手中的三个煎饼愣了一会儿，心中嘀咕起来："今天早上会不会又来一个'煎饼掷钟'呢？不会！"神秀知道五祖不会重复做那种事的。把煎饼留着不吃？

神秀的眼光透过攒动的人头，望向那边的梧桐树下。

慧能与神清正在吃着煎饼，手中还拿着一个剩下的煎饼。煎饼咀嚼完了，慧能又将手中的那个煎饼塞到嘴边，大口大口地咬，吃得太急，似乎是噎着了。

神清笑道："看你，吃得如此急躁，当心被噎死了。"说着，伸手到慧能的背后，替他轻轻地拍着。

好不容易，慧能才将噎着的煎饼吞了下来，再慢慢地咬着手中的煎饼。从他的表情可以看出，他正嚼得津津有味。

慧能与神清吃完了煎饼后，用手拍了拍肚皮，打着饱嗝，一副吃得饱饱的样子，再拍了拍手掌，往水槽边洗手去了。

神秀心中悬着的大石头这才放了下来，此时，他觉得肚子饿得咕咕作响，便把煎饼送到嘴边，"三下五除二"，很快把三个煎饼都送到肚子里去了。

一会儿，值日僧抬出几大桶白粥来，热气腾腾的粥十分滚烫。几个和尚又抬出几箩筐的大碗与汤勺。

小侍僧空净搬来了一张靠背大竹椅，置于粥桶面前。

五祖手捋长须，端坐到靠背大竹椅上。

众和尚望着五祖,鸦雀无声。

五祖的如炬目光向周围扫巡了一下,提高了嗓门:"今天早餐还有一个任务,每人吃三碗白粥,但有一个要求……"他拖长了声调,刹住了话头。

众僧齐声:"请师祖明示。"

五祖将声音的节奏放得缓慢,一字一顿:"喝完三碗白粥后,各人的面前不准有粥水洒落地上。"

众僧答应:"是。"

听到五祖这样讲,神秀心中暗喜:"那个慧能,体格瘦小,饭量不及自己大,刚才已偷窥到他吃煎饼吃得饱饱的,如今,他那瘦窄的肚子,怎再吃得下三大碗白粥呢?这回的胜利是非己莫属了。"于是,他先行走到五祖面前。

神秀向五祖施了一个礼,振振有词:"师父,这回是轮到谁人先吃?"

五祖说:"论资排辈,还该你是第一人。"

"谢师父。"神秀说完,低头弯腰,顺手抄起一个大碗。

神秀刚要盛粥,即听到了五祖的声音:"神秀,你先看一看那碗底。"

"啊!"神秀一看碗底,顿时愕然。

原来这个大碗,碗底凿穿了一个铜钱般大的洞,这叫人如何盛得滚烫的白粥来吃?

神秀急忙把碗放回箩筐,想再换一个完好的,但左拣右拣,从箩筐的上层翻到底部,所有大碗都是同一个样子。

这时,五祖启齿了:"今天所有大碗下面都凿了洞。神秀,你无须花费心机去拣了。须知,在佛面前,人人平等。"五祖的声音不大却庄严,容不得有半点儿讨价还价。

神秀只好从箩筐里挑了他认为洞口稍小的大碗来,直起身子。

望着桶里滚烫的白粥,神秀眉毛皱了起来,似有所悟:"啊,五祖历来讲经都提及一个'苦'字,难道今天就是要考考我们吃苦耐苦的程度。对,今天我一定以最大的毅力,强行忍受,吃完这三碗粥。"想到这里,神秀把牙一咬,用右手掌堵住碗底的洞,向值日膳食僧:"来,分粥吧!"

膳食僧拿起勺子,舀了一勺子滚烫的粥,倒到神秀的碗里。

烫粥直接压在手掌心,那种痛苦是不容易忍受的。而神秀立定了决心,紧咬牙关,拼命地硬顶。但是,那白粥却是那么的无情,滚烫灼人,从手掌直逼开去。常言道十指连心,他那肉手掌怎么抵挡得住撕心的滚烫?

神秀终于忍不住了,右手掌一松开,那些白粥就从大碗底"哗啦"而下,溅得满地都是,连他洁净的僧服、僧鞋也沾了不少粥水。

神秀无奈,只好放下了大碗,沮丧地走开了。

其他和尚也想学神秀那样挺过去,但是一个接一个都失败了。

地上,溅落的白粥一摊接一摊。五祖坐在竹椅子,默默无声。

轮到最后一个了。那又是舂米磨粉种菜的慧能。

慧能略显清瘦的脸上流露出无限的自信。他慢步走到箩筐前，左手抄起最后一个碗，右手往怀里掏出一块煎饼，从下边往上贴着碗底，走到膳食僧面前："来，分粥吧！"

碗底的洞口被煎饼堵住，热烫的白粥丝毫无法漏出。

慧能低头吹了吹热气，慢慢地吃起白粥来……

全寺和尚虽然觉得自己失败了，但都为慧能这奇智吃粥的举止喝起彩来。

五祖把眼睛闭了起来，轻轻地捋着白色的长髯，脸上泛出欣慰的笑容。

原来，慧能拿到三个煎饼后，灵犀一来，在转身时就悄悄地抽出一个，塞到怀里，然后与神清到梧桐树下嚼食起来。

神秀在旁边见到慧能手中已没有煎饼，以为他把煎饼全吃光了，于是也跟着把三个煎饼吃了个精光。谁知慧能竟留了一手。

神秀正在嫉恨之时，惠明却火上浇油，走近神秀身边，细声地说："大师兄，想不到那个做杂工的慧能悟性这么高呀！"

神秀瞪了惠明一眼："哼，你放长眼看吧！我将是寺前的迎风竹，他不过是地下的藕。"说着，用手指着厨房那边。

惠明顺势望去，厨房的地下正七零八落地堆放着一堆藕。他对神秀这个比喻大惑不解："竹和藕都是空心的，你这是指什么呀？"

神秀"嗯"了一声，骄矜地说："竹有韧性，迎风而不折；藕是脆物，一拗就断了。"

他俩的这番话，被在不远处的小和尚神清听到了，默记于心。

晚上，神清回到僧房，见慧能躺在床上就要睡觉。神清小声地把神秀的话告诉了慧能。

慧能听后，微微一笑："神秀大师兄讲得不错，他的确是竹，我是藕。"

"怎么啦，你也认可这个比喻？"

慧能把话音放缓，声音沉凝有力："竹本空心，皮外多枝节；藕虽多口，胸不染微尘。"

神清琢磨，心中豁然开朗，不由得走了过去，紧紧扳着慧能的肩膊，由衷地赞叹道："你才真正是东禅寺的大师兄！"

"你别乱说。"慧能用手捂住神清的嘴巴，"我虽然如今仍是俗人，但毕竟已踏入了东禅寺。须知，在佛门净土，四大皆空，早已跳出三界外，不在五行中，应该只求苦心潜修，莫争高低上下。"

"对！"神清敬佩地点着头。

两位专干杂差的一僧一俗，在低矮破旧的僧房里，促膝谈心，直至天明。

十四、菜地见天意

　　五祖两次出人意料的考核，使一向默默无闻的慧能脱颖而出，而历来雄踞着"上座"首徒高位的神秀却黯然失色。这怎么不令神秀妒恨呢？

　　神秀凭着手中的权力，故意安排一些又脏又重、又累又苦的活给慧能，企图让慧能反感，产生消极情绪，讲出一些非理性的话或做出非理性的举动来，从而达到将慧能排斥、挤出东禅寺的目的。

　　慧能处之泰然，总是不声不响，埋头苦干。他唯一想到的，是让劳动的汗水洗涤心中的烦恼与尘埃。

　　神秀常在众人面前出些难题刁难他，但慧能凭着聪慧颖悟，总是巧妙地化解，既不得罪神秀，又能顺利脱身。

　　神秀得知五祖又要考察各门徒的功课和干活情况。

　　而这时慧能正调去种菜。

　　"怎么办呢？"神秀想了好一会，便派惠明连夜动手。

　　天空，似一个漆黑的大铁锅反扣在大地的上空，东禅寺笼罩在夜色的黑暗之中。

　　菩提树在山风的吹拂下，沙沙作响。

　　惠明带着两个种菜僧来到了僧房外边的菜畦。

　　慧能种的菜长得又粗又大，菜叶肥厚，与其他人种的菜相比，特别引人注目。

　　趁着夜色，惠明与两个种菜僧把慧能种的菜连根拔起，移植到别人的菜畦之上。

　　夜幕褪去，红日从东方喷薄而出。五祖带着神秀等寺院众僧来到菜地。

　　慧能来到菜畦旁边一看，呆住了：昨天还是青青绿绿的几畦菜不翼而飞了，只剩下一个个小坑坑。再往旁边细看，他马上就明白是怎么一回事了。

　　"怎么啦？不是安排你种菜吗？你种的菜呢？"神秀先发问了，口气有点盛气凌人。

　　五祖也皱起了眉头："慧能，佛门人要安于本分，以勤为上，这些天你不来种菜，干什么了？"

　　"这……"慧能见五祖责问，话到嘴边又咽了回去，红着脸，在一旁俯首而立。

"你看,其他师兄弟的菜种得多好!"五祖走进菜畦,指着那些茂盛的菜说。忽然,五祖发现这些菜的根部泥土有些浮松,他弯下腰来,拨弄着菜叶。

"呵!奇怪,菜叶的背面有字。"五祖顺手拨着菜叶,上面有"慧能"两个字。他再拨看其他菜叶,凡是长势很好的菜叶后边都有"慧能"两个字。

在早晨露水的衬映下,"慧能"两个字十分明显,五祖细心察看,知道这是昆虫爬过的痕迹。

神秀见了,心中感到诧异,却不好做声,只好装作没看见。

五祖顿时明白了,心中嗟叹:"人可欺,苍天不可欺呀!"

五祖斜眼瞥了慧能一眼,只见慧能肃立在一旁,神色不愠不怒,不恼不恨,不喜不狂,十分平静,好像什么事情也没有发生过。

五祖暗暗佩服:这个徒儿,六根清净,德行甚高,在冥冥之中又得苍天神明相助,此后定成大器。

五祖不动声色,走出菜畦,来到慧能面前,以责备的口吻说道:"慧能,今天的事,大出我的意料,你今后要勤奋些。"

"是!"慧能恭敬地答道。

其后,慧能请五祖替他落发燃顶,五祖不答应:"你还是带发修行吧!"

有一次,弘忍来到舂米房,见除了慧能一人在舂米外,别无他人。便上前贴近他的耳朵,小声地说:"慧能,我觉得你的见解自有独到之处,但物忌独贤,枪打出头鸟。我担心东禅寺里嫉贤妒能的人会加害于你,故此安排你到这里干粗重活,平日不便与你多谈,你明白我的心意吗?"

慧能点了点头:"弟子深知师父之意。也正因为如此,弟子平时从不敢靠近你的堂前,以免被人察觉。"

一番坦诚对话,一种心心相印的默契,使五祖和慧能的心靠得更近了。

十五、身是菩提树

东禅寺的南廊里,墙壁已被粉刷一新。

夕照将南廊里的三个身影拖得长长的。斜阳的辉映下，雪白的墙壁被抹上了一层金黄色。

五祖正与两位俗人在南廊里踱步。

那个子高挑者，身穿官服，带几分威严，却又有儒雅气度。此人名叫张日用，乃江州别驾。别驾这官说大并不大，说小却也不小，乃是刺史的副职。

另一位稍矮微胖者，名叫卢珍，人称他为"卢供奉"。供奉本是在皇帝左右供职者的称号。唐初有侍御史供奉、殿中侍御史供奉等职。唐玄宗时有翰林供奉，乃专备宫中应制。而这个"卢供奉"乃当朝最为著名的画师，尤其工于画人物及佛经变相。朝廷中的文武大臣、王侯贵胄，俱以能拿到他的丹青墨宝收藏为荣。

五祖说："二位大人，一个才高八斗，精通佛理；一个旷世画师，名噪中原。老衲请二位帮忙做一个策划，在这南廊墙壁上作一幅画卷。"

张别驾："好哇。"

卢供奉恭敬地说："我们定当尽力而为。不知你要我画些什么？"

五祖："《楞伽经》中有许多震撼人心的向佛求道故事，你替我将它们画出来吧。"

《楞伽经》，全名《楞伽阿跋多罗宝经》，指佛在斯里兰卡地方所说的经，认为一切诸法都由"自心所见"，万物皆系心造等。对禅宗影响很大，又是中国佛教法相宗所依的"六经"之一。

张别驾琢磨五祖的意图以后，说道："用概括的话来说，应该叫'楞伽宗的世系次序图'。"

五祖："对，就是'楞伽宗的世系次序图'。"

"啊，要画的是楞伽宗的世系次序图？"卢供奉点头赞道，"这也好，前有古人，后有来者，代代相传。好，好！"

张别驾："师祖，我有一个提议。"

五祖："什么提议？"

张别驾对着粉墙指指画画："这南廊的墙壁有十多丈长，画一幅楞伽变相图，似乎太浪费了。我看可以再画一幅长卷。"

五祖问："依你所看，画些什么长卷呢？"

张别驾："我初步设想了一下，可以画一卷五祖……"

五祖未待他把话讲完，连连摆手："不行，不行。"

张别驾："为什么不行？"

五祖："禅林之中，高士如云，我虽被众僧推为禅宗五祖，但在我当住持的东禅寺中画下这些长卷，来作自我宣扬，自我吹嘘，岂不令天下人耻笑？"

张别驾笑了起来："师祖历来悟性极高，无人可及，但这一回却是蒙了。"

五祖眨着老眼："我这回怎是蒙了？"

张别驾："你太着急了，这次是误会了我的意思。"

五祖:"我误会了你的意思?"

"是呀,"张别驾解释道,"我要画的五祖血脉图,并非是仅画祖师你一人,也不是画你的父辈。"

五祖:"那么,你要画什么呢?"

张别驾:"而是从初祖达摩画起,慧可、僧璨、道信,直至你五祖弘忍大师,传承佛灯,有多少惊心动魄的故事,可作图以明示禅宗传承的来龙去脉呀!"

五祖:"嗯,有道理。"

卢供奉:"该叫什么名字呢?"

"五祖血脉图。"张别驾解释道,"先祖达摩从天竺乘船而来,一苇渡江,九年面壁,经多少曲折才让世人信服;二祖慧可断臂,血染红雪,惊天地泣鬼神;三祖僧璨,萧然静坐,隐遁山野;四祖道信,昼夜常坐不卧,六十余年胁不至席,双峰传法;五祖你七岁随道信出家,几十年来,风风雨雨,大开东山法门。从初祖到师祖你,人人走过的都是坎坷之路,个个俱是潜心苦修、磨砺夙性的楷模。"

卢供奉表示赞同:"是呀,禅宗的代代相传,并非易事。将这些可歌可泣的故事,作为禅宗的嫡传世系谱,画成图像,留于壁上。通俗易懂,以此来纪念前者,警示后人,确实是件大好事呀!"

五祖想了想,点头道:"二位言之有理,就依你们所说的去办吧。"

张别驾与卢供奉异口同声:"好。"

五祖问道:"你们估计,拿出初稿大概要花费多长的时间?"

张别驾:"一个月吧。"

卢供奉:"我看也差不多了。"

五祖:"好。老衲就等着你们的好消息。"

回到方丈室,五祖感到格外气喘,知道自己心力逐渐枯竭了,决定在所有门徒之中来一次考试,看看谁人能最透彻地领悟佛理禅机。

翌日,五祖把全寺院的大小和尚与俗家居士都召集到大殿前的草坪上。

五祖穿着一件金红的袈裟,上面绣着描花金线,左手捧着一个金光灿灿的僧钵。这袈裟宝钵是初祖达摩从天竺带来,又经历代佛祖相传下来的。

这宝物,正如皇帝拥有那方至高无上的镇国玉玺一样,作为佛宗最高权力的象征。

站在前边的神秀看到这两件圣物,不禁怦然心动:自己到东禅寺那么多年,这圣物一直深藏在寺里的密室,五祖从来没有如此隆重地在众僧面前穿过那件袈裟,展示过那个宝钵。看来五祖已经老迈年高,坐化圆寂之日不远了。这些宝物一旦落在我神秀手中,我便会跃升为禅林第六代宗师。

就在神秀想入非非之时,五祖面色严肃,语气庄重地说:"世事沧桑,日月轮回,我现在已到了风烛残年、油枯灯灭之时了,想把禅法秘诀传授给你们,以延续禅宗的法脉。凡是我们东禅寺的人，无论他已经出家为僧，还是尚未剃度；也不论他如今在寺中的地位高低，都可以把自己修行多年领悟的心境，用禅的偈句写出来。如果谁的偈语最能说出佛的本性，最符合禅的精义，所至境界最高，我就把禅法秘诀传给他，禅宗历代相传的圣物袈裟衣钵也传授给他。他就会是我们禅宗的第六代宗师。"

五祖的这番话，确实令东禅寺内的所有和尚与俗人都兴奋不已。多少个风吹老树、雪打寒窗的冬夜，多少个酷暑逼人、炎热难熬的夏日，面对着红鱼青磬，青灯黄卷，面对着辛苦的劳作，各人都励志向上，潜心苦修，为的是能具大器，修得正果。如今，机会来了，那平静如水的心湖激起层层涟漪。

在殿堂、在禅房、在僧舍、在磨房、在菜地、在菩提树下……在东禅寺的每一个角落，大小和尚各自有自己的想法。有的人觉得自己的文才低，怎样写也比不上"上座"大师兄神秀，也懒得去动脑筋了；有的人却在翻卷掀书，冥思苦想，搜索枯肠也不成一字；那些平日懒读书的，只有枉自空叹；那些稍有文才的，为自己写不出洞悉禅机的偈语而苦恼。

而大师兄神秀，本来已是才华横溢的儒雅之士，入空门后成了五祖的首徒，经常代师执行职务，悟性很高。他知道这是自己人生的最关键的时刻，便将几个最为知己的寺僧召集到后山的大岩石后。

神秀挑选这个地方是有眼光的：这大岩石高有两三丈，四周是高大的樟木树环绕着，在偏僻中更显幽静。

神秀说："各位，你们是我在东禅寺里最为友好的师弟，也是我最知心的朋友。今天，五祖作出以偈语求传灯之人的决定，大家都知道将意味着什么。"

惠明："大师兄大可放心，你文才足可压倒众人，非你莫属、舍你其谁？全寺八百多人，谁敢争雄？"

张行昌及永德等人也附和。

"不怕一万，就怕万一。"神秀的眼里闪着狡黠的光芒，"东禅寺那么多僧人，来自世间各地，各怀心思，龙蛇混杂。我们还是谨慎为好，多几个心眼。"

惠明："大师兄的意思是……"

神秀："我们对寺中平日显露才华的一些长老及僧人要多作监视，留心他们的动向。"

永德："大师兄处事细心也是好事。不知大师兄认为哪些人是潜在的竞争对手？"

神秀数着手指，点着名："我看，华清长老、了空禅师、德发禅师、善信、善全……还有慧能。"

惠明："什么，你是不是指在舂米房中干苦力活的那个獦獠？"

神秀点了点头："嗯。正是此人。"

惠明："大师兄，你太杞人忧天了。"

神秀："此话何解？"

惠明不以为然："他是个目不识丁的俗人，他来东禅寺前在岭南只不过是一个打柴仔。他怎么能写得出偈语来？"

"你可不能如此轻看他。"神秀的话音里带着几分的警惕，"诸位，你们还记得八个月前，慧能刚进东禅寺那天的情景吗？"

永德："记得，他当众说五祖讲错话，我当场打了他一巴掌，给了他一个下马威。"

张行昌："我说永德师兄打得好。"

神秀回忆道："永德，我记得你打他的一巴掌，用力甚猛，我见他的牙龈处已渗出血来，可见多么的疼痛，但他却忍受住了，并无半点反抗和不满的神色，可见他的定性和内敛之功非凡。"

永德："他一开始就胆敢说师父错，如此无礼，我看，师父早就记恨于心了。"

神秀："师父一向大度，虚怀若谷，礼贤下士，举贤用能，并不是那种因小事而记恨在心的小人。"

永德："这……"

神秀："你们还记得吗？他在反驳师父时的那番话确实有非凡之见。还有从他以梨打钟、饼垫碗底的几件事来看，他的悟性并非寻常之辈可比！"

惠明："写偈语并不像挑水砍柴那样，仅靠力气靠勤快就可以。它需要的是才学和智慧，可不是打钟、吃粥那么简单的事！"

永德："大师兄，你防备他，是必要的。但不可踩着芋莱当作蛇，弄得自己寝食不安。"

神秀："总之，我们多留意就是了。来，我们作作分工，对华清、了空等人作监视。"

神秀等人就在大石块后面密谋起来……

几天以后，惠明、永德及张行昌等人向神秀禀告：华清、了空、慧能等人并没有什么动静，神秀悬起的心逐渐放了下来。

为偈语神秀苦恼不堪。他私下作过几首偈语，经再三推敲，总觉得不甚理想，令他忐忑不安。

月夜，焦躁不安的神秀在床上无法安睡，望着窗外高悬的月亮，是那么的苍白而高远，他再也睡不着了，起床开了门，独自走出僧房，双手向上做了几个伸屈动作，再沿着双峰山的石磴拾级而上，一边呼吸着夜晚的新鲜空气，一边在搜索枯肠企望揣摩出惊世骇俗的偈语，来迎接即将到来的一场命运抉择。走着，走着，不知不觉来到半山的白莲池。白莲花正在默默地绽开，夜风送来了阵阵莲花的清香。

神秀感到双腿有点疲累，躺在白莲池旁的那棵高大菩提树下，双手枕在脑袋后边,仰望着茫茫夜空。

墨蓝墨蓝的苍穹,皓月高悬,没有一丝浮云。

"啊,多么美好的月夜,多么美好的天空!这洁净如洗的夜空像什么呢?"神秀睹景生情,感慨万千、思绪浮生。忽然,灵犀所至,猛然顿悟:"啊,一尘不染,有如朗朗的明镜!我们禅的境界也该达到这个臻境!"神秀觉得,思维里的云翳逐渐被拂拭而去,显露出的是一片空明。猛地,诗思泉涌,他高兴得直拍大腿,终于得到一偈语。神秀快步如飞地奔回寺里去,径直来到南廊方丈室前,将食指屈曲,刚想敲五祖的门,却又僵住了:五祖的城府深不可测,究竟他最为钟爱的偈语是什么样子呢?目前尚未有一件参照物。自己作出的这偈语虽然自我感觉很完美,但这毕竟是自己个人的意愿。怕的是,一旦呈上去了,五祖不满意,那时已是开弓没有回头箭了,要想挽救这残局将会十分艰难。

这偈语的轻与重,关系到自己毕生的前途和命运。如果过于鲁莽,可能只会适得其反。想到这里,神秀又返身折回自己的僧舍里,连忙将偈语记了下来。

这偈语该以什么样的方式,该在什么时候面呈五祖呢?

犹豫彷徨的心境一直在折磨着神秀,令他欲吐不得,欲吞不能。

有时,一种冲动似魔力般驱使他奔向南廊,欲向五祖直抒胸臆,但到了五祖方丈室的门口,却又戛然而止。那道深红色的门犹如不可逾越的高墙将他与五祖隔开成两个世界。神秀只有暗自叹气,颓丧地离开。

如此反复,神秀在南廊的五祖方丈室前徘徊。来了又去,去了又来,足足四日四夜,一共往返十余次,但他始终没有勇气敲开方丈室的门,向五祖直诉心曲。

直到第四天的深夜,蟋蟀停止了鸣叫。守更寺僧的梆子敲过四更,神秀在床上无法再按捺住内心奔腾的浪潮,皆因五祖专程聘请来的大画师卢珍明天早上就要开笔,在南廊十多丈长的粉墙上,画下《楞伽变相图》与《五祖血脉图》。那初稿,神秀昨日已经与五祖一起审定好了。时不我待,唯有一搏了。于是,神秀起了床,走到案桌前,在龙形端砚上研磨好徽墨,将湖笔连同端砚一起用布包裹着,悄悄地来到五祖方丈室前南廊的粉壁上,环顾一番,确认四下无人,这才举笔挥毫,一气呵成,在南廊的粉壁上,写下了一首偈语。

偈曰:

身是菩提树,

心如明镜台。

时时勤拂拭,

莫使惹尘埃。

偈语的墨迹尚未干,神秀就连忙收拾好笔砚,如夜猫般快步离去,返回自己下榻的僧房。

十六、聪明反自误

翌日清晨。

双峰山，东禅寺的大小寺院全都笼罩在一片苍茫的晨雾岚霭之中，一切显得迷迷蒙蒙，难辨真面目。

神秀自从深夜在南廊用笔悄悄地写了偈语后，永德等人便放出话来，说今天东禅寺里发生了大事。

众僧人不知发生了什么事情，互相打听，后来听说南廊本是雪白的粉壁上写有几行字，是有人写出了不同凡响的偈语。这件事即刻在禅院内引起了轰动，全寺僧人闻声，蜂拥而至，争相诵看，议论纷纷。

惠明是个草莽和尚，读书不多，问身旁的卢供奉："这首偈语是什么意思？"

按照日程的安排，卢供奉今天早上就要来开工作画。他已带齐了画笔与各色颜料，准备在南廊墙壁画下《楞伽变相图》与《五祖血脉图》。

想不到已有人捷足先登，在墙上写下了这么一首偈语来。卢供奉阅后，觉得这偈语总的来说，算是不错，但里面似乎仍然欠缺了一些什么东西。况且，这是在佛门之内，他早闻东禅寺里的僧众分帮分派的，自己不便随意作什么评价，以免惹来麻烦。于是，他推却道："你们也知道，我不过是一个画师，对于诗词歌赋理解不深，对于佛门里的偈语与佛道更如牛食牡丹，不知所谓。你倒不如问一问这位老师父吧。"他随手指了指在旁边的一位老和尚。

那位年逾花甲的老和尚名叫化宇禅师，他在出家前是个见识广博的进士，在寺院里算是最有文化的僧人之一。他来东禅寺投奔五祖近二十年了，在五祖的十大弟子中排行第四，平日，以为人厚道得到众僧的拥戴。

于是，惠明便来到了化宇禅师的面前，道："化宇师兄，你给我们解释解释吧。"

化宇禅师指着墙壁上的偈语，作了最为浅俗的解释："身体有如宿有悟道的树，心有如清净美丽的镜子，所以要经常擦拭，不让烦恼的尘埃留在镜子上。"

永德放大喉咙，叫道："哎哟，这偈语写得真好！"其意在为神秀溜须拍马、推波助澜。

惠明的目光灼灼逼人："化宇师兄，你说这偈语写得好不好？"

"好！好呀！"化宇禅师钦佩地点头称赞，"短短四句话，把修行的重要性和参禅的精神表达得淋漓尽致。我读佛经几百卷，尚未见过能用这样少的文字就将禅机阐释得如此精辟透彻的偈语。"

化宇禅师文才好，在东禅寺里是公认的，听他这么解释，不少人也得到领悟，惊叹不已，更有人在大声叫好，为神秀吹喇叭抬轿子。

有些已写成偈语的师弟们，早已将自己的偈语藏到怀里，想伺机贴到南廊上来。如今，跟神秀这副偈语相比，觉得如同山鸡见了凤凰，根本不在一个层面上。那颗躁动的心平复下来了，不敢把自己的偈语拿出来。

有位小和尚止不住好奇心问道："这首偈语没有签上姓名，你们猜一猜，它会是谁人所作呢？"

有位粗莽和尚名叫天宏，用手掌拍了拍小和尚光滑得发青的秃顶，道："当然是寺里有学问的人写的啦，难道你这个又小又蠢的脑瓜会想得出这么高深的偈语来吗？"

"这也是，这也是，"小和尚咧开小嘴，天真地笑过之后，反嘲粗莽和尚，"师兄，你别只顾讥笑我，你的个头那么大，叫你挑水扛木你就行，如果叫你写这样的偈语，你写得出来吗？"

天宏和尚大大咧咧地拍了拍胸脯说："我这个粗人，叫我一个人挑四桶水我敢答应。但叫我写这样的偈语，可比上青天还要难哪！"

两人的对话，引起了众人一阵大笑。

五祖在禅房里听到外边人声鼎沸，随之传来了阵阵喝彩声，他感到奇怪：这南廊平日清静，缘何今天人声如此嘈杂？

五祖拄着禅杖，走了出来。

五祖："各位徒儿，究竟发生了什么事情？"

众门徒见是五祖到来，马上闪开一条路，让五祖来到粉墙前。

五祖抬头望见粉墙上写的偈语，字体遒劲有力，在草书的龙飞凤舞中，略带点隶书的敦厚沉稳成分。这偈语虽然没有写上作者的名字，但细细品味这偈语的内容，再细观这些字迹，五祖判断出："这偈语是神秀所写。"

五祖的目光从粉墙上移开，向四周搜寻。感到奇怪，此刻怎么不见神秀的影子呢？平日，无论发生什么事情，只要自己在众人面前出现，神秀定会及时赶到，并且一定会站在自己身旁。这是作为首徒对上座教授师应尽的职责，也是神秀在众寺僧面前表现自己的绝佳机会。但这一次，神秀并没有出现在自己的身边。"他到哪里去了呢？难道寺中发生如此轰动的事情，他竟无动于衷？"

此时的五祖，虽年逾花甲，但仍是锐目如鹰。忽然，他从人丛的间隙中发现了神秀的身影，不错，正是神秀！此时的神秀神色憔悴，眸子里失去了往日咄咄逼人的光泽，显然是近日思虑过度所致。此刻他不像往日一样出头露面，反而躲在不远处的地方，不时伸出头窥望，显然，他是在观察这里的动向以确定下一步应采取的措施，为自己所做的事情留点后路。

突然，神秀与五祖的目光相碰撞，这回神秀并不像往常那样坦然地迎上来，反而畏葸地急忙把目光移开。

"不错，这偈语肯定是神秀所写！"五祖从神秀惶惑的反常神态中证实了自己的看法。

五祖的分析是鞭辟入里，直指人心的。

但五祖没有在众人面前把自己的心境表达出来，却连声大叫："好！这是难得的好偈。尽管它没有署名，但有一点是不容置疑的，它是出于我东禅寺僧人之手。"

卢供奉指着偈语，问："五祖，今天我是将这偈语涂掉，继续开工画画，还是……"

五祖摆了摆手："卢供奉，你不用再画那画了。但工钱我照付与你。"

卢供奉："为了画这些画我放下手中要活，专程来到你东禅寺，花费了不少心血呀！怎么说不画就不画了呢？"

五祖带着歉意的神态对他说："劳驾你从如此遥远的地方而来，实在对不起。佛经上说，凡是形状相貌都是虚妄不实的。且留下这首警世偈语，让人们诵读学习，根据这首偈语来修行，可以避免坠入邪门恶道之中。如此说来，这首偈语比画幅画的作用更大了。"

卢供奉听后，没有再做声。

五祖："如旦，快拿香烛来。"

小沙弥应声离去，很快拿来了香烛。

五祖亲自对着那偈语装上了三炷长香，点燃蜡烛，神色庄重地领头吟诵起这偈语来：

"身是菩提树，

心如明镜台。

时时勤拂拭，

莫使惹尘埃。"

众僧人也随着五祖的话音，跟着吟诵起来。

神秀虽然也混杂在众僧里面跟着吟偈，但他并不是一个傻子，反而觉得今天五祖对这偈如此快就表态，举动过于隆重，有悖常理。他的眼前似乎弥漫着层层的迷雾。

当天夜晚，五祖派人悄悄地传神秀到他的禅房里来。

神秀朝五祖禅房走着，那颗心似有十五个吊桶七上八下，穿过南廊时，涔涔冷汗，从额角直泻而下。他来到五祖的方丈室前，用袍袖使劲地抹去脸颊上的汗水。

刚推开五祖的门，那双本已颤巍巍的脚就再也支持不住了，扑地往前倒下，他顺势趴在地面跪拜施礼道："师父有礼。"

夜晚时分，四周静谧。

五祖在蒲团上闭目打坐，早已听到极其轻微的脚步声在自己的方丈室前戛然而止，如今见到进房来的神秀脸上憋得通红，袍袖又湿了一大片，知是刚刚抹过大汗，不禁在心底暗叹，良久，才开腔道："神秀徒儿，你起来吧。"

要是往常，神秀定然会马上站立起来，眉飞色舞地侃侃而谈。但这一回，他深知事关重大，加上双脚还在发软，故此仍匍匐于地面，内心的激动使他的身躯在微微地战栗："弟子聆听师训。"

五祖望着匍匐在地面的大弟子，于心不忍，知道神秀误会了自己意思，以为今晚招他来受自己私嘱，将衣钵传授与他。五祖深知神秀对于禅宗无比信奉崇敬，倾毕生之精力，参悟修禅，勤学苦练，平日对师祖尊敬有加。从个人感情上，五祖极其不愿意将这个谜底揭穿，这会伤害了他的自尊心。但是五祖更加明白，自己作为当今的禅林领袖，要独具慧眼挑选英才，以续佛灯，传授衣钵绍隆祖业，这事关禅宗的千秋大业，并非私人感情可以左右的。

五祖："你还是起来，为师慢慢地与你谈吧。"

神秀双手支撑着地面，颤巍巍地站了起来，垂手而立。

五祖示意神秀在他的左边坐了下来，缓声问："神秀，南廊墙壁上的那首偈语是你写的吗？"

"这……这……"神秀不置可否，恭谦地说，"弟子愚钝，请师父钦加点化。"

五祖手捋白髯："你这偈语文采飞扬，比喻贴切。如果是前往京城应试，定当才压群贤，昂首挺胸进入前三甲，即使是在金銮殿对着圣上面试，也是无懈可击。"

神秀听到五祖的夸赞，心中高悬的大石蓦地放了下来，代之以一阵惊喜："多谢师祖的褒奖。"

五祖继续说："这偈语的内涵颇深，一滴水珠可见阳光，反映出你对修禅的领悟已到了一个相当高的境界。"

神秀仍然是那么的谦虚："历代师祖都是教导我们要勤力修禅嘛。"

五祖将白髯一甩，拖长了声调："但是……"

神秀的心一阵的紧缩："但是什么呢？"

五祖一言中的："你的偈语尚未从佛的本性上洞悉禅机。"

神秀顿觉头脑轰鸣，耳畔呜呜作响，冷汗又蓦然涌出："弟子愚迷，谨望师祖开示。"

五祖正色地说："慢慢地把迷惑拂拭，以达到原来所期望的领悟，你这种修禅的方法，只不过是因袭前人的'渐悟'，毫无创新之意，只到达一个小山峰，却未达到禅理至高无上的巅峰。你写好偈语后曾先后到过我门外十多次，是吗？"

神秀的脸颊刷地红了起来："是。"

五祖:"你既然已写出了偈语,诉出了心声,为什么不敢马上呈与老衲我呢?"

神秀:"我恐此偈写得有失,就……"

"就留有进退,以备左右回旋,是吗?"五祖直视着神秀。

神秀的目光与五祖相碰,又惶然地闪开了:"是……是……"

五祖:"这表明你心性未明,并无自信,又不敢直言感觉,直表本心。这种取巧试探的做法,实际上是患得患失、优柔寡断,离禅学中四大皆空的臻善之境尚有遥远之距。"

"我……"神秀的脸颊红一阵青一阵,耳朵嗡嗡作响。

五祖严肃地问道:"我问你,你对六波罗蜜中的'戒'、'慧'、'定'有何见解?"

神秀庄严地回答:"诸恶莫作名为'戒',诸善奉行名为'慧',自净其意名为'定'。"

五祖:"倘若以后由你执掌东禅寺,你会怎么做?"

神秀一本正经地答道:"倘若由我执掌东禅寺,定然要肃整山门,严守寺规,要众僧人清晨念佛,夜晚修禅,论经说法,勤修苦炼。在禅定中寻找开悟的契机,由外进内,由浅入深,让东禅寺成为天下第一名刹。"

五祖摇了摇头,坦言指出:"你如今修禅所至的地步尚未认识佛的本性,仍是隔岸观火,未得超度。或以浅俗的言语来作譬喻,只到门外,未入门内。至高无上的佛道,必须在当下认识自己的本心,看到自己的本性。无生无死,在任何时候,于每一个念头中都能认识到这一点。万种法则是相通无阻无碍的,一样真了,则样样都真。万种境界,都相同如一。相同如一的本质,就是真实的。如果有这样的认识,那就是至高无上的佛道的本性。"

神秀颤声问:"祈盼师父点化,如何才能进得门来?"

五祖叹了口气,道:"世间是学佛易,参禅难;参禅易,见性难!须知,修禅的至高境地靠的是自己的悟性,而并非可以靠人作点化。这样吧,你回去再好好想一两天,想到了新的偈语再呈来给我看看。如果你新作的偈语能够真正认识佛的本性,我就将衣钵交付给你。"

"嗯。"神秀点头应诺时,已是伤崩五内,泪光盈盈。

神秀咬紧牙关,走出五祖方丈室后,双脚已无法继续再支持了,只好用手扶摸着南廊的墙壁,一步一步地艰难挪着,朝自己的僧房走去。

五祖站在方丈室的门槛向外望去,心如刀剜,唯有长叹一声,百般无奈地摇摆着脑袋。

这一晚,神秀的心在滴血,思潮乱涌,躺在床上的竹席上,犹如躺在烧红的铁板之上。

"那偈语不行,那就再作一首出来吧。横竖有两三天的时间。"神秀是这么想的。

一连三天,神秀绞尽脑汁,人也消瘦了许多,但他无法将新的偈语想出来。南廊上所作的偈语已是他心迹的升华与悟性至高的表达了。

十七、菩提本无树

慧能正在舂米房里舂米。

在一旁筛着米糠的神清,一边摇着筛子一边摇头晃脑地念诵着:

"身是菩提树,

心如明镜台。

时时勤拂拭,

莫使惹尘埃。"

慧能听到神清念诵偈语,心弦被拨动了,他顺着神清所念的偈语认真地琢磨着,突然,离开了踏着的碓石,走到神清身旁,一把拉住了他的衣袖,问:"神清师兄,你刚才所念的偈语是谁人所作的?"

神清:"那偈语虽然暂时没有人站出来承认。但许多人都猜测是神秀大师兄作的。"

慧能:"啊,是神秀所作?"

神清盯住慧能:"你认为这偈语写得怎么样?"

慧能:"你也知道,我斗大的字认不得半箩,对禅机领悟也不深,怎分辨得出这偈语的好与坏呢?"

神清用手搔着脑瓜,喃喃地说:"这也是。"

慧能:"这偈语如今写在哪里呢?"

神清手指南边:"在南廊那边的墙壁上。"

慧能:"南廊?你带我去吧?"

"叫我带你去?"神清皱起了眉头,脸有怯色,"寺里有规定,你们这些俗家弟子不可以随意到那边去。神秀大师兄若知道,会怪罪我的。"

慧能朗声道:"师父叫大家都作偈语,并声言不分僧与俗,不分地位的高与低。

如今,大师兄写出了偈语,就是让人看的嘛。我过去看看,这不算是随意去吧。有什么事情,由我一人承担,不关你的事。"

神清见慧能如此真诚与急切,想了想,道:"好,我带你到那边去,不过,我声明一句,你不要乱跑。"

慧能满口答应:"行。"

南廊的墙壁下,围着不少人,对着神秀所作的偈语在指指画画点评着,大都是溢美之词。

慧能与神清挤上前去,在人丛里听着各位僧人对墙壁上偈语的评价。

人群里有一位高瘦的人,穿着鲜艳的官服,格外显眼,与穿清一色瓦灰色服的和尚在一起,如同鹤立鸡群。

慧能小声地问:"他是什么人?"

神清说:"我听人称他'张别驾',在江州是个不小的官。他可是满腹经纶哩。连师祖也对他敬佩三分。听说师祖叫他和那个卢供奉一道商议,准备画什么《楞伽变相图》与《五祖血脉图》。"

"啊,原来他是一个大才子,"慧能挤了上去,向张别驾行了一个礼,然后指着神秀所作偈语旁边的空白粉壁,说,"张大人,劳烦你替我写下我所作的偈语。"

张别驾打量着慧能,没好气地说:"你的偈语当然是要你自己写。"

慧能:"我是迫不得已的呀!"

张别驾:"此言何解?"

慧能坦言:"我是目不识丁的呀。"

有些认识慧能的和尚插上嘴来:"是呀,西瓜大的字,他也认不得半箩筐。"

那位永德和尚见慧能要写偈语,并且要写在神秀的偈语旁边,认为他是不知天高地厚,挖苦道:"听说这个獦獠进东禅寺前是个打柴仔,来到这里是个舂米的杂役。"

"啊,原来是这样。"张别驾说。

永德和尚:"这獦獠是个下下人。"

"下下人有上上智,上上人有没意智。"慧能理直气壮地说,"欲学无上菩提,不可轻于初学。"

张别驾听到慧能出口不凡,心中一怔,但仍感奇怪:"你不识字,如何作得出偈语来呢?"

慧能用食指抵住自己的心胸,答道:"你别见笑,我是用这来作偈语的。"

张别驾:"你用心来作偈语的?"

慧能点头:"正是。"

有一些爱看热闹的和尚便出来怂恿:"张别驾,既然这个獦獠要作偈语,你就替他写在墙壁上吧。"

"这……"慧能尚未启齿,纵横官场多年,见识广博的张别驾已经预感到东禅寺不久将会卷起一场禅祖之争的狂风暴雨，就将手中的毛笔与砚墨放下了。

慧能："张别驾，你不替我写了？"

张别驾："写，写，不过不是用毛笔蘸墨去写，就先用灰去写吧。"

慧能心想，既然你能将我的偈语写出来，让大家知道，这便行了，"用灰写就用灰写吧。"

张别驾语带含蓄："好，你讲吧。你如果得了佛法，应该先超度我，不要忘了我这句话。"

"嗯，"慧能一字一音地念出了他心中的偈语："菩提本无树。"

张别驾听后，用手抠了抠自己的耳朵："你再说一遍，说慢点。"

慧能大声地念道："菩提本无树。"

张别驾琢磨着："菩提树，菩提树，菩提本来就是树嘛，你怎么说菩提本无树呢？"

这一来，引得围观的众僧都哄堂大笑。

永德和尚挤到慧能面前，指着南廊外面高高的菩提树，挖苦道："你说菩提不是树，难道是人？是猪？还是狗？"

永德和尚这番话又引来了一阵阵嘲笑。

有位年轻的和尚说："如果说这是偈语，那么，我这个只读过两年书，进寺修了两年禅的小师兄也可以作偈语了？"

"如此说来，我们人人都可以作偈了。"

"这样，还有什么高低之分呢？"

"这样的偈语跟大师兄神秀的偈语根本没法比。"

"根本不同于一个档次。"

对于众人的冷嘲热讽，慧能并不为之动容："你们先听我将偈语念完吧。"

"獦獠就是獦獠，没文化就是没文化，还要嘴硬干吗？"

"狗尾续貂，没什么看头的。"

有一位老和尚一直没有做声，他就是化宇禅师。八个月前，慧能初会五祖时，他也在场，慧能出言相答，那石破天惊般的哲理令他记忆犹新。及后，以梨打钟，用饼贴碗底吃粥等等事情，令他对这个在北院当杂役的獦獠刮目相看。如今，见慧能要张别驾替他写下所作的偈语，他双眉紧蹙，那花白的眉梢翘得高高的，他似乎从中嗅出了什么来，便挤上前来："慧能的偈语尚未说完，难定优劣，大家别急着评判。反正偈语不长，你们就让慧能把偈语说完吧。"

见化宇禅师开腔，神清也说："是呀，待慧能把偈语讲完了，大家再作评论也不迟。"

有一些僧人也附和着说："让他说完，让他说完。"

"好，我替你将偈语的第一句写上，"张别驾边说边用灰在墙壁上写下了一行字：

"菩提本无树。"

这行偈语，就写在神秀的偈语旁边。

化宇禅师向慧能问道："你的第二句偈呢？"

慧能把念偈的节奏放慢："明镜亦非台。"

永德和尚又斥道："明镜本身就是台嘛。你硬要说它不是台，你这是胡言乱语。"

这时，张别驾也似乎从中感觉到了什么，劝阻住永德和尚："你先别在这里嚷嚷，让人家把偈语念完。"又用灰在墙壁上写下了第二行字："明镜亦非台。"

慧能继续念出第三句："本来无一物。"

张别驾："第四句呢？"

慧能："何处惹尘埃。"

张别驾用灰写完了第四句偈后，将灰扔在地上，往后倒退了两步，放眼望去，将那四句偈语连起来大声地朗读起来：

"菩提本无树，

明镜亦非台。

本来无一物，

何处惹尘埃。"

显然，慧能是按照自己对禅机佛理的认识，步着神秀的偈韵，作出了这首偈语。

有一些和尚，看了这偈语后，捧腹大笑："我们的身与心明明在这里，我们天天静坐修禅，为的是天天都在清扫里面的尘埃。怎么睁着眼睛说瞎话，说什么都没有呢？"

另一些和尚也在附和："就是嘛，如果按照这偈语的讲法，我们无须坐禅，也无须净心修行了。"

"对，那么，我们念经诵佛还有什么用呢？倒不如回家耕田种地去！"

你一言，我一语，又是一片攻击诋毁之声。

站在偈下的张别驾的心海此时却如煮沸了的水：这文采飞扬，禅机透彻的偈语竟然会是一位目不识丁的打柴仔当场作出来的？这简直是不可思议，不可思议！

慧能没有理会那些和尚的讥嘲，却向着张别驾问道："我这偈作得如何？"

"这……这……"仍在怔忡的张别驾，突然结巴起来，末了，挤出了一句话，"真是人不可貌相呀！"

化宇禅师在反复地将这偈语诵读后，感慨欷歔地说："此偈别有见地，不错！人不可貌相，人不可貌相！"

原来一味斥责慧能的和尚听到张别驾与化宇禅师都这么说，便对慧能的偈语反复诵读着，琢磨着，有些聪颖的僧人已经感知到了什么，以惊愕的目光望着这位极不显眼、地位卑微的舂米杂役。

慧能见张别驾这个模样，施礼道："还望张大人指教。"

"我是佛门外的人,还是让你的师父与师兄们去作评价吧。"身临这个场合,在官场上打滚多年的张别驾并没有直抒胸臆,反而将自己的想法隐藏起来了,只是含糊地推却了事。

众人的嘈杂声惊动了五祖,他开门走出来,见到一堆人围在南廊的墙壁之下,便快步走上前去。

众人见师父到来,纷纷让开一条路来,并且安静了下来。

"啊,此偈如此言简意赅,超脱不羁,却又直指本性。"五祖诵读过偈语后,脸上的肌肉猛然地抖了抖。

众和尚:"师父,这首偈语写得怎么样?"

五祖此时心潮起伏,他没有直接回答众和尚的疑问,只是指着那偈语,淡淡地问:"这是谁人写的?"

众人一直在注视着五祖,没有人出声作答。

五祖再提高声调:"这偈究竟是谁人所作?"

化宇禅师指了指慧能,答道:"是他作的。"

五祖的心咯噔了一下,眼神现出一片迷惘,"不对呀,慧能识字不多,写下的字更无章法。而这壁上的字虽然用灰所写,却是铁画银钩,遒劲有力。倒很像是张别驾的字迹哩。"

"墙上的字正是我所写。"张别驾一口承认,转过身来指着慧能,"这偈语是他所作。"

五祖问慧能:"这偈是你作的吗?"

"嗯。"慧能点了点头。

五祖不解地问:"这是怎么一回事?"

于是,张别驾便将事情的前因后果讲述了一遍。

五祖转向了站在人群中的慧能,淡淡地问:"你用什么来写偈语?"

慧能用手指了指自己的心:"用这里。"

五祖对着墙壁,再细声地念诵着:

"菩提本无树,

明镜亦非台。

本来无一物,

何处惹尘埃。"

念罢偈语,五祖沉默了好一会,见众僧都以探询的目光望着他,便扬了扬手,问众僧:"你们试着解释一下,这首偈语说的是什么意思?"

永德和尚见五祖发问,这回先缩躲到人丛后边去了。

有些稍为大胆的和尚出来作解释,但五祖听完后都摇了摇头。

五祖见化宇禅师在场,道:"化宇,平日你对佛理禅机参悟得比较深,还是你向

众人作解释吧。"

被五祖点了"将",化宇禅师只好走上前来,清了清沙哑的嗓子,解释道:"这偈语是说,菩提树和明镜台都是空虚的,没有菩提没有烦恼,本来无一物体,哪来的尘埃呢?所以,也不必去拂拭了。此偈言自本心,自悟超证,可见天赋慧根呀!"

"这两首偈语,哪首高,哪首低?"惠明和尚指着神秀与慧能并排着的两首偈语,向化宇禅师追问道。

"这首——"化宇禅师正想讲出自己的看法,忽然,他从人丛的那边,看到神秀一双眼睛正如鹰隼般盯住自己,心里不禁一惊,牙齿也打起颤来,讷讷而答:"这,我也分不出。"

五祖见了慧能的偈语,心中一阵狂喜:这是能参透原来禅心的"顿悟",它把身和心,迷惑和领悟,尘埃和拂拭,这些对立的东西,从本来无一物的观念去否定,而把一切拘束,完全去掉,以恢复人生的本来面目。在传统的禅学基础上有新的发展。慧能的佛门境界已在神秀之上,无妄无我,万虑俱空,如雨后的一轮朗月,不染纤尘,联想到日前"以梨敲钟"、"垫饼吃粥"等事情,五祖深知这个慧能宿具慧根,大彻大悟,确是禅宗的继承人。

五祖瞥见神秀也躲在人丛的那边,眼神诡谲。

五祖弯下腰来,脱下僧鞋,用鞋底把慧能的偈语擦去,摇首叹道:"尚未全明佛性。"

五祖穿好僧鞋,拄着禅杖,走回自己的方丈室,把大门关上了。

化宇禅师阅历广,见识多,早就观察过五祖神态的变化,明白了是怎么一回事,他没有再多做声,先行离去了。

弟子们面面相觑,个个都噤若寒蝉,不知该说什么才好,陆陆续续地散去了。

慧能呆站着,牙齿紧咬着嘴唇,没有做声,也没有什么表情。

神清拉了拉慧能的衣袖:"我们该回去了。"

"好。"慧能与神清离开南廊,返回北院的僧房去了。

待众人散尽,神秀才从那边闪了出来,慢步走到南廊,抬头看着墙壁。壁上的字虽然已被五祖用鞋底擦过,但留有的痕迹尚依稀可见。他没有将慧能的偈语读出声来,只是在心中默默地念读,思索。蓦地,感到一支无形的利箭正朝着他的心窝射了过来……

十八、五祖传圣物

翌日，天刚破晓。

干杂差的和尚已经忙开了。

五祖拄着禅杖，照例到东禅寺各处走了一遍。

五祖趁早来到北院舂米房时，见慧能腰间缚着垫腰石，正在使劲地踩着石杵，舂着米。

其他和尚也正忙碌着，舂米的舂米，摇筛的摇筛。和尚们纷纷向五祖问好，五祖点头还礼，径直来到慧能的面前，问道："慧能，米舂好没有？"

往日，五祖前来视察，前呼后拥地跟着一批大弟子，如今，他却是只身前来，慧能预感到将会有什么事情发生。听到五祖刚才这样问他，已悟到了什么，不假思索地答道："米快舂好，但还欠筛（师）。"

"筛（师）在此，可筛也。"五祖说完了这一句话后，见慧能微微地点了点头，即用禅杖轻轻地在石杵头敲了三下，不再说什么，持着禅杖快步离去了。

心有灵犀一点通。

聪颖过人的慧能马上就领悟：这是五祖约我三更去见他。

慧能此时心潮澎湃。

神清走过来问慧能："师父说的话是什么意思呀？"

"没有说什么。"慧能随口而答，装着若无其事，仍与其他和尚一道，在舂米房舂米、过筛，干得汗流浃背，直至傍晚大家才一齐收工……

夜色覆盖着东禅寺。

月亮在浩瀚的夜空中偷窥着人世间发生的一切。疏星点点，在茫茫的银河里闪着微弱的冷光。

白天，慧能妥善地做完了所有的活。晚上，洗过澡后，躺在床上，等候着时光在夜色中无声流逝。

另一边的床上，劳累了整天的神清酣然大睡，打着呼噜。

窗外石阶下蟋蟀的"嚁嚁"声与远处传来的虫吟声汇成了一支悠扬轻灵的小夜曲。

慧能不时地望着月亮渐渐西移，只感觉时间过得太慢。

"笃、笃、笃"巡夜值更僧敲响了三更梆子。

"啊，时辰终于到了！"慧能心中一热，马上掀开被子，从床上起来，穿上僧鞋，轻轻地拉开房门，走了出去。

长长的走廊上，月光穿过窗棂，在地上投下了银白色的光影。

慧能蹑手蹑脚地走过长廊，转过半圆拱门。突然，前边出现两个人影！慧能知道那是值更僧。慧能闪身，匿伏在菊花丛中。

两位值更僧打着灯笼，持着梆子走了过来。

一个身材高大的值更僧说："木哥，刚才我好像看见有人影在晃动。"

另一位值更僧却说："不会吧。这个时候，大家都睡着了，怎有什么人影呢？你是看花了眼吧。"

高大的值更僧："我们还是去查一查吧。现在山贼土匪猖獗，就怕有什么闪失，你和我都负不起责任。"

另一值更僧："既然你说要去查，那就去查吧。"

于是，两个值更僧打着灯笼到菊花丛附近巡查了一番。

藏在菊花丛里的慧能一动也不敢动，大气不敢出，生怕让他们听到了声息。

两个值更僧随意搜查了一下，没有发现什么。

值更僧阿木站在离慧能藏身处仅三尺远的地方，埋怨那个高的值更僧："老兄，我刚才已经说过，这个时候怎会有人影，你定是踩了芋荚当作蛇。你想想，住在北院的都是全寺干活最辛苦而又最穷的，盗贼也不会光顾这些穷地方啦。"

高值更僧被对方说得红了脸："就算我刚才眼花看错了，行不行？难道还要我跪地向你赔礼道歉不成？"

两个值更僧打着灯笼离开了菊花丛，朝膳堂走去，很快，两个身影消失在黑暗之中。

听到四周一片寂静，慧能才从菊花丛中闪出，快捷地走过南廊，来到了五祖方丈室的后门。

后门紧闭着。

慧能走到门前，伸手正要敲门，猛然想到了什么，就没有敲，转而用手贴着房门，轻轻一推。

原来方丈室后门只是虚掩并没有闩上。慧能把门轻轻推开，进去转身把门带上。

墙壁上两盏油灯正"吱吱"地燃烧着。

借着摇曳跳荡的亮光望去，慧能见五祖正结跏端坐，垂目入定，急忙向五祖施了一个礼:"师父。"

五祖眼帘轻掀,见慧能这个举动,内心已明白了几分,却把脸一沉:"你是一个俗家弟子,懂不懂寺里的严明规矩,这南廊不是你来的地方?怎敢深夜私闯方丈室?"

慧能:"是师父约我来的。"

五祖装作不明白:"我什么时候约你的?"

慧能:"白天,师父你到舂米房里,用禅杖在石碓上敲了三下,便是约我三更前来。"

五祖寿眉微微一展,再责问:"即使是我约你,你为什么不走前门,而要从后面而入呢?"

慧能:"你的禅杖并不是敲在石碓的前面,而是在后面敲的。"

"你果然领悟我的意思。"五祖展眉一笑。的确,天下梵刹如林,世间僧众似海,但真正的见性者又有几何?

慧能恭敬地问:"我该坐在哪一个方向?"

"坐这里。"五祖做了个手势,示意慧能坐到他跟前的另一个蒲团上。

慧能毕恭毕敬地在蒲团上坐了下来,与五祖面对着面:"师父约弟子三更到来,有何教诲?"

五祖:"我问你,你对六波罗蜜中的'戒'、'慧'、'定'有何见解?"

慧能答道:"心地无非自性'戒',心地无痴自性'慧',心地无乱自性'定'。"

五祖:"倘若有朝一日,由你掌管东禅寺,你会怎么做?"

慧能谦逊道:"徒儿目不识丁,更是无德无才,怎能掌管东禅寺呢?"

五祖慈目明净,凝视着慧能:"我这是一个假定,你心里怎么想,你就怎么答吧,无须隐瞒。"

慧能:"随有随空,即心即性,头头显佛,事事通禅,直指人心,或曰直澈心源,顿悟成佛。"

五祖:"你这种是顿禅之法。"

慧能:"禅是自然的生活,是人的精神。是一种直接进入事物本身,超越物我的修行方法。从而去把握生命与生活的真实与全部,一句话,是一种大彻大悟的心灵境界。"

"好!慧能虽对佛义的知见方面不及神秀,但在慧心自悟方面却优于神秀。慧能这种从心灵的根本上求取解脱,乃老衲所冀求呀!"五祖内心一阵喜悦,"我有正法眼藏,涅槃妙心,实相无相,嘱咐于你。"

慧能:"祈望师父点化。"

五祖正色道:"待为师送你一副偈语。"

慧能:"徒儿洗耳恭听。"

五祖念偈道:

"有情来下种，

因地果还生。

无情既无种，

无性亦无生。"

慧能："徒儿明白了，我当铭记于心。"

五祖随后站了起来，张开了那件金红色镶金线的袈裟，把慧能围住，以防他人偷窥，这才坐回蒲团之上，脸色十分庄重严肃："徒儿，我选定你为我法灯心印的传承之人。"

慧能一怔，摆手不受，说："慧能本是草野之人，东禅寺僧众近千，其中大有龙象之才。我何德何能，承受这法灯心印。"

弘忍叹了口气："此间确实有许多龙象之才，但深浅钝利，我全知晓。佛法重担，只能付与象王之才。我曾对你多次明考暗察，才作出这决定的。你不要再推辞了，以免伤了我的心。"

慧能："多谢师父栽培。"

"不用谢我，这是你苦修的结果，也是天数的注定。不过，我在授法之前，须向你讲一个'拈花微笑'的故事。"

"拈花微笑？"

"嗯。"五祖把头一点，就讲开了，"一天，佛祖释迦牟尼在灵鹫山给他的'十大弟子'说佛法，有人送来一朵花，释迦牟尼把花给众人看，不发一言。

"这是什么意思呢？悟道最强的须菩提，智慧超主的舍利弗，能言善辩的富楼那，神通广大的目莲以及随侍释迦左右的阿难，谁也无法了解，大家面面相觑，只有摩诃迦叶在微笑。

"释迦牟尼见此情景，说道，'我有正法眼藏，涅槃妙心，实相无相之微妙法门，现在已经传给了迦叶。'"

说到这里，五祖探询地问慧能："你知道释迦是如何传法的吗？"

慧能的眼里闪耀出睿智的光芒，答道："人生的真谛，从释迦的心，意会传到迦叶的心，无需语言累赘。"

"好！好！"五祖为慧能的悟性感到高兴，他当即向慧能解说《金刚经》。当讲到"应无所住而生其心"时，慧能当下就彻底地明白了任何佛法都离不开人自己的本性，于是就问五祖："我没有想到，自己的本性原是不垢不染，本来就是清净的；我没有想到，自己的本性原来是无生无死的；我没有想到，自己的本性原来就是自足圆满，不增不减的；我没有想到，自己的本性原来就是不动不摇，平等无别的；我没有想到，任何佛法都是从人自己的本性中产生出来的。"

"啊，你算是真正认识了佛法之本性。不认识本质问题，学习佛法没有什么好处。如果认识了自己的本质，认识到自己的本来面貌，这就叫大丈夫、天上的导师、人间

的导师,也就是佛了。"随后五祖把顿教法门及地五宗——云门、沩仰、临济、曹洞、法眼等秘诀一一传授给慧能。

慧能听着,听着,似乎全身升腾飘忽,游移到一个金轮万道、红光遍地的佛门境界,一切混沌愚蒙全被扫光……

"三更授法,人尽不知,便传顿教",此后成了佛教禅门中脍炙人口的故事。

五祖把秘诀传授给慧能后,捧出袈裟宝钵,递到慧能面前:"你到东禅寺来,为的是净诸身心,求证菩提,短短八个月的考察,你虽然尚未开具足戒,未在佛门落发,但种种迹象已表明,你法缘已合,功果圆满,已登至彼岸。从前,菩提达摩从天竺初来,人们不信他,所以传授袈裟、宝钵这些圣物,作为我佛真传的证据信物。先后传经慧可、僧璨、道信,再到我弘忍,已时历五代。顿教的方法是以心与心来作交流,都要让他们来认识理解,自古以来诸佛所传授的只有本性,每代祖师密付的就是本心。今夜,为师将这圣物传授给你。以后,你就是我们佛教禅林的第六代宗师了。"

慧能接过袈裟、宝钵,跪拜于地:"谢师父!"

五祖语重心长地说:"你要明白你如今的身份,已不再是一般的佛门弟子了,肩承着包前孕后,继往开来的重任。你要广度一切众生,使本门佛法流传后代,不要让它中断失传。"

慧能:"师父今夜释经指授,我当谨记于心。"

五祖将着长髯:"神秀掌握东禅寺大权,随从甚众,加上他的忌才妒贤心很严重。你身份低微,暂时难于服众。故此,再留在此,恐怕会有血腥之灾。"

慧能:"听师父之言,我要离开东禅寺了?"

五祖点了点头:"嗯。"

"该往哪里去呢?谨望师父指点。"慧能跪在五祖面前。

"你还是夤夜南归吧!"

"南归?"慧能有点茫然,"我回南方,到哪里安身呢?"

五祖年轻时曾经多次到过岭南,熟悉那里的山川地貌,即取过一幅黄绸,以狼毫蘸墨,在上面疾书,说道:"这是我送给你的临行偈语。"

慧能望去,五祖写的是"逢怀则止,遇会则藏"八个字。

慧能有点不解:"师父,这是什么意思?"

"天机不可泄露。时机未到,时候一到,那时你自会知晓。"五祖说着,取出一块大青布,与慧能一道,将袈裟、宝钵包裹好。

想到今夜与五祖将是生离死别,慧能的心一酸,眼泪簌簌而下,他"扑通"一声跪在五祖面前,声音哽咽:"恕弟子不能侍奉左右,望师父多多保重。"

"衣为争端,可不必往下传。代代相承法则,以心传心,自悟自解。"五祖边说边扶起了慧能。平时,五祖在表面上对这个徒儿没有特别的热情,但内心上对慧能却是格外留意与爱护。

五祖道："我将袈裟宝钵传与你，你今后便是禅宗六祖了，你该高兴才对，怎么还流眼泪呢？"

慧能知道，今宵一别，与五祖将是再无后会之期了。虽说已修炼得心如止水，但这毕竟是人生诀别呀！

五祖把行囊背带套到慧能的脖子上，催促道："天快亮了，你从速离去吧！"

慧能强忍悲酸，跪在地面上，再三叩谢了五祖，才背起盛有袈裟宝钵的行囊，拉开了五祖方丈室的门，站在门口，犹豫再三。

五祖："慧能，你是不是还有什么心事？"

慧能："我从岭南来到黄梅，今夜又是天如墨黑，我对附近地形不熟，怕迷了路，下山后，我该向左走，还是向右行？"

五祖从蒲团上站了起来："我送你一程。"

慧能摆手推却："不，不，你这么大的年纪，夜晚送我，多不方便。"

五祖："我穷毕生之心血，向佛修禅，唯一的心愿是找到合适的继承人，作禅宗六祖，以使我禅宗后继有人，将禅学发扬光大，化度神州。如今，我已如愿以偿。唯一剩下的就是要让我们禅宗六祖，安然无恙地离开这充满凶险的地方，找一个合适的地方先匿藏起来。这样，我示灭也死而无憾了。别再推却了，走吧。"

慧能还想说什么话，五祖已走到了他的面前，拉着他的手，穿过南廊。

五祖侧耳细听，四周静悄悄的，东禅寺的僧人都已进入梦乡。

五祖与慧能两人经过树影斑驳的院子，出到寺门口。

守门的武僧名唤宏彪，他见有两个黑影匆匆而来，上前拦截，走近前看，原来是五祖，便向五祖施礼："啊，师父连夜出寺而去？"

"嗯，"五祖点了点头，站在宏彪面前，严肃地说，"为师连夜与慧能出山门之事，全寺上下，如今仅有你一个人知道。如果天亮之后，其他人问起，你就说江州刺史邀请我独自前去讲学，两三天之内便会回还，至于慧能离去的事，你要装作什么也不知道。"

守门武僧宏彪是个尽忠职守的僧人，来到东禅寺后，跟随五祖已经6年，尚未见过五祖的神色如此的严肃，知道他今夜的这番嘱咐非同小可，点头道："徒儿知道。我定会严守秘密。师父，你们放心去吧。"

出了山门，慧能回首望着在墨蓝色天幕上巍然屹立的双峰山，不禁百感交集。那熟悉而亲切的禅院晨钟暮鼓之声，那宏伟的东禅寺，高大的菩提树，低矮的磨房，峥嵘的石岩，潺潺的山溪……这是自己洒过汗水的居所，这是自己苦练修行的圣地，这里的一山一水，一草一木，都凝聚着自己多少憧憬，多少真情！

"走吧。"五祖催促着。

慧能恋恋不舍地一步一回头。

五祖下了双峰山后，一直将慧能送到了九江浔阳驿。

夜色沉沉，长江波浪滚滚而去。

"哦，对岸就是九江城了。"五祖指着对岸。

南岸城里的万家灯火隐隐约约，闪闪烁烁。

江风阵阵，令人心旷神怡。

五祖指着大江的滔滔波浪，感触良多："竹林新叶催陈叶，长江后浪逐前波！"

那边的石岩下，有一点朦胧的船火，显然，江边泊着一叶小舟。

五祖与慧能上了小舟后，向艄公讲了几句，艄公点了点头，将手中的木橹交给了五祖。

五祖站在船尾处，将橹往江岸一点，小舟离开江岸，朝江中悠然荡去。

五祖正想摇橹，慧能连忙抢步上去，手按着船橹，道："这等粗重的力气活，还是让徒儿我来干吧。师父，你应当在船上坐着休息呀！"

五祖笑了笑："你出生在新州山中，只是在密林里打柴砍薪，来到东禅寺又是干春米种菜等活，从来没有摇过橹；而我出生在浔阳江边，傍水而居，熟悉桨橹之技。"

慧能笑道："如此说来，我与师父今生相会，亦算是山水相逢了？"

"正是，正是。我俩是奇缘已合，"五祖拍了拍木橹，说，"我从小就在江中纵横，对于划桨摇橹等水上功夫，是再熟悉不过了。"

慧能执意说："即使我桨橹功夫比不上你，按理还是应由我来摇橹渡你的。"

五祖说："慧能徒儿，我作为师祖，应该是由我渡你到彼岸，岂有由你来渡我之理？"

慧能小声地："师父，这一次你又错了。"

五祖边摇橹边说："八个月前，你刚到东禅寺，跟我甫一见面就说我讲错了。如今，看来也是我们毕生最后的一次见面，怎么你又说我错了呢？"

慧能神色庄严地说："迷误的时候，由师父度我；如今，我开悟了就要自己度自己。"

慧能说"度"字的时候，声音特别重。

五祖："啊，你自己度？"

慧能："我所讲的'度'名称虽然一样，但它所包含的意义就不一样了。我出生在南方，长大在边远而又闭塞的山区，讲话时语音不正。承蒙师父传授心法，现在我已经开悟。就不应该光依赖师父，而要自己度自己了。你常常教导我们，人生苦海，八苦粘连。芸芸众生，难于自度。你又反复跟我们讲过，佛度众生，俱是众生自度呀！"

"言之有理，言之有理！"五祖见慧能的禅语玄机，隐志深远。知道他的修禅已到了至高之境，脸庞上露出了少见的笑容，频频点头，主动把木橹交给了慧能。

慧能从来没有摇过橹，但刚才他见过五祖摇橹的动作，心中一下子就记住了。他年轻，力气大，摇起橹来，小船前进的速度就快。

小舟载着禅宗的五祖与六祖,迎着猎猎江风,劈开汹涌的波涛,飞也似地朝着长江南岸驶去。对岸九江城里闪烁的灯火越来越近了。

五祖称赞道:"慧能,你的橹也摇得不错。"

慧能:"刚才看着你摇橹的动作,我就记在心里。就这样学会了。"

五祖笑道:"想不到你这个獦獠摇起橹来,小舟竟似飞一样朝前而去。"

慧能:"从你手中接过橹,我就担起了劈波斩浪,让小舟前进的重任。"

五祖深情地说:"的确,以后弘扬佛法与禅宗的重任,就由你去承担了。须知弘法路上风云变幻,浪涛凶猛呀!"

慧能:"徒儿明白肩上的责任了。"

小舟破浪前行,五祖忽然想到了什么,便揶揄道:"昔日,达摩先祖是一苇渡江,今夜可是两祖渡江哩。"

慧能:"两祖渡江?"

"我是五祖,你是六祖。小舟载着我俩,这不是两祖渡江又是什么呢?"五祖说完,哈哈大笑。

慧能从来没有见过五祖有过如此灿烂的笑容。

挑选到称心的贤达,承继佛印心灯,心中的大石终于放下,怎不令五祖开怀大笑呢?

一路谈笑,不知不觉,小船已到达了彼岸。

上岸后,慧能跪地,向五祖再三辞谢。

五祖深情地说:"我有一个预感,在这江边分别不久,我便会离开人世。你现在朝着南方,好好地往前走。但有一点你一定要记住。"

慧能:"哪一点?"

五祖语重心长地说:"你要先找个地方匿藏起来,远避尘嚣,养性山中,净心修悟,不要过早地出来宣扬佛法,因为佛法是在艰难中兴起来的,越艰难越好。记住,对于你来说,大展宏图的时机尚未到。"

慧能:"师父之金玉良言,徒儿当铭记于心。"

两人分别后,慧能伫立江边,迎着江风,放眼眺望着五祖所乘的渡船返回对岸,五祖上岸后朝双峰山而去,身影被黎明前的浓浓夜色吞没。

慧能这才放开大步,向着南方,飞奔而去。未来的路布满了荆棘,布满了风雨……

十九、禅义慑武僧

在送别慧能后，五祖赶回东禅寺去，推说身体不适，闭门不出。

又过了三天，五祖揣度慧能已经走得很远了，这才开门走出禅房，召集全寺院的和尚集中到大雄宝殿前的草坪上。

神秀所作的偈语被五祖否定了以后，他搜索枯肠也再难成一偈。日日地冥思苦想，夜夜地牵肠挂肚，短短十多天，眼睛明显地凹陷了下去，眼圈布满了黑晕。

当听到值日僧敲响了钟声，大声地叫全寺的僧众到大雄宝殿外的草坪集中时，神秀预感到决定自己在禅宗位置的历史时刻到来了。他表面上尽力显得平静，但心中有如鹿撞，像往常一样，肃立在五祖身旁。

五祖从南廊拄着锡杖出来，神秀便觉得他今天有些特别：平日那件绣着金线的红色袈裟不见了，代之以一件颜色已褪的红色旧袈裟。往日眼瞳里飘忽不定的亮光已消失，反而显得淡定无忧。

神秀心里的巨石，直往下沉："莫非……"

今天集会的气氛显得分外庄严肃穆，近千名和尚分行分列，屏息谛听，樟树上的乌髻鸟静静地蹲在树丫上，一声声地啼叫。

五祖双目凝神，表情严肃，轻轻地咳了几下，说道："天地玄黄，宇宙洪荒。江河日月，千古不变。释迦先祖，佛光普照。浩荡神州，禅林自达摩以来，至我已有五代，而今老衲自觉心力交瘁，故要再择贤人，继承衣钵。"

"请师父明示。"神秀此时提高声调，插上一句，目的是要引起五祖对自己的格外留意。

"这次选择法嗣之人，必须精通佛理禅机，德行超著，大彻大悟，才能真正学到祖传的法道。"五祖并不理会神秀的提示。

众和尚排列整齐，端坐静听。

五祖昂首向天，望着蓝天上的白云，好一会，才向着门徒扫巡了一番，郑重地宣布："吾道南矣！"说完把手一挥，示意散会，独自拄着锡杖走向南廊，返回禅房

去了。

"吾道南矣",这就是说,五祖的法道与衣钵已传给了南去的人。

神秀一直以第六代宗师当然继承人自居。如今,五祖突然作出"吾道南矣"的决定,对神秀来说,不啻晴天霹雳。他几乎站立不稳,幸得他身后的武僧惠明的扶掖,才没有失态瘫倒在地。

其实,前几天,神秀与他的同伙早已对东禅寺的所有僧众作过检查,发现北院干杂差的人群里少了一位早已令他头痛的舂米僧——慧能。他向当夜守山门的值日武僧宏彪问过,但武僧宏彪的回答是:"五祖应江州刺史之邀连夜下山去了。而那个南粤来的獦獠却未曾见过面。"

听到五祖"吾道南矣"的决定,严酷的现实摆在神秀的面前:慧能已经得了五祖的真传,往南粤方向逃走了。

那位黑痣和尚走到神秀面前,他就是昔日的卖武佬,今天的护寺武僧领班惠明。他愤愤不平地说:"师父怎么啦,那法道与袈裟不传与你,传给谁了?"

"那个舂米种菜的慧能。"神秀的嘴角露出了一丝轻蔑的神色。

"呵,是他?怎么会是他?"惠明摇头道。这个显贵出身的武夫,只看到慧能位卑职微的一面,而看不到他深藏不露、大彻大悟的另一面。

神秀用牙齿咬着嘴唇,眼睛定定地望着那边天空。

蓝天上,传来了一阵阵凄厉的叫声。一只黑褐的老鹰,抓着一只黄毛小鸡,从他的头顶飞过。

神秀把目光收回,转到惠明的脸上:"惠明,我对你如何?"

惠明答道:"我一进寺院,大师兄对我破格提携,可谓恩重如山。"

"我叫你帮我做一件事,你愿意吗?"

惠明双手一拱:"两肋插刀,赴汤蹈火,在所不辞。"惠明虽然踏入了空门,但仍常常残留着江湖武林中的习气,连施礼的手势也改得不彻底。

神秀笑了笑:"好!好!我看这是师父一时糊涂,受慧能花言巧语所骗,才将袈裟宝钵给了他。现在你替我追去,把衣钵夺回来。但切记,不可伤了他的性命。"

"好!"惠明点头应诺。

神秀下令护寺武僧和那些平日追随他的和尚,马上行动。

一向平静如水的佛家圣地东禅寺,大门一开,涌出了百多位手持刀枪棍棒的和尚,分兵两路,直扑南方。

惠明嫌步行时带大关刀太笨重,行动不便,就改持朴刀,带着一群武僧,日夜赶路,逢山翻山,遇水涉水。

前边就是江西与广东交界的大庾岭,山峦重叠,坡陡路险。烟霭瘴气在这蛮荒绝域的山谷中飘浮。一声声凄厉的猛兽叫声,为荒凉的山野平添了几分幽怆。

"呵,在那里!"惠明伸手往前一指。

众武僧抬眼望去，只见半山坡上，绿色的野草丛中，有一个黑色的身影在晃动。

"对，就是那个獦獠！"

"抓住他！"有人叫了起来，随即众僧也起哄地叫了起来。

在山中赶路的人确实是慧能。

慧能在东禅寺内由于身子单薄，为了增加体重，加快舂米速度，在腰间坠了一块重五十多斤的坠腰石，使腰腿留下了疾患。他往南赶路十多天，风雨兼程，不辞辛劳。

此刻，慧能突然听到山下闹哄哄的叫喊声，回首一看，大吃一惊。尽管隔得很远，但他仍可依稀认得出来，那位高人半截的大汉便是武僧领班惠明，他后边跟着一大批人，统一的光头，统一的瓦灰色僧服，在绿色的山野中十分抢眼。

慧能急忙正了正背上的行囊，向茂密的树丛逃奔，一会儿便不见了踪影。

惠明见状，大喝一声："你往哪里逃！"于是带领众武僧紧追而去。

经过多日的日夜兼程，众僧早已累得骨头散架了，浑身软乏，上山爬坡时，双腿酸软。不一会儿，慧能将众僧抛在后面，拉开了很远一段距离。

惠明曾是卖武出身，后来又投身军旅，如此赳赳武夫，当然是体力过人，爬山越岭，攀崖过壁，对他来说，只不过是小菜一碟。健步如飞的他很快就将同行的武僧远远抛在后面。

慧能从灌木丛里钻出来，正朝着一条羊肠小道奔逃。行至转弯处，突然间，一位大汉从旁边的土墩上跳了下来，双脚叉开把路拦住，吆喝之声如雷贯耳："站住！"

慧能定睛一看，心中叫苦。这个大汉便是惠明，就像一座小山横在路上。要是凭着蛮力硬冲过去，慧能岂是这个武夫的对手？这点慧能心里很明了。现在是前无去路，后有追兵，怎么办呢？

慧能略一思索，双手合十，上前施礼："惠明师兄，我虽然尚未落发，但向佛之心是一样的。换句话说，同是佛门中人，慈悲为怀，何必苦苦相逼？"

惠明把举起的朴刀收到前胸，冷冷地说："你为何卖弄唇舌，从弘忍师父那里骗走袈裟宝钵？"

"师父素来心静如水，心平如镜，对世间的美丑善恶明察秋毫，并非愚蒙混沌之人。如不深思熟虑，怎会将传世圣物授之于我呢？"

惠明蔑视道："能继承衣钵者，应是德高望重之人，而不是你这种舂米种菜的下等之辈。"

慧能正色道："我虽然舂米种菜，但并不等于是下等之人。须知下下人有上上智，上上人有没意智。"

"你别胡说！别为你出身寒微辩护。"

"俗语道，'英雄莫问出处'。韩信挂帅封侯，横扫四方，也曾是受过胯下之辱的市井草民。刘邦一统天下，开基创业，最初也是一介布衣凡夫。这袈裟宝钵，乃是由

历代的佛祖代代相传,传承者自当是由佛祖确认的有德有能者,而不是靠暴力去夺取。"慧能说着,取下行囊,把它打开,拿出袈裟宝钵。

惠明顿觉眼前掠过一朵红云,泛起万道金光。

不容惠明细思,慧能已把袈裟宝钵掷于路边大石上:"惠明师兄,如果你认为强权可夺公理,暴力能胜禅义,你就把这袈裟宝钵拿去吧!"说完,慧能双手合十,眼睛微闭,喃喃地诵经。

惠明走上前去,弯下腰来,左手拿着袈裟一角,想把袈裟扯起来。

奇怪,这袈裟好像有根深植于石头之上,惠明用力扯也扯不起来。他心中不服气:"我是堂堂四品大将军,膂力过人,怎会拿这衣服不动?"于是,他把右腿向旁一横,摆开马步,运足气力,再去扯那袈裟,还是扯不动。

惠明转向宝钵,要将宝钵拿起,但宝钵似与石头铜浇铁铸,连在一起。任凭他使出吃奶之力,仍不能动它分毫。

惠明至此时,那双如铜铃般的大眼睛泛出了惊诧的光芒:"这是怎么回事?"

慧能开启眼睛:"师兄,须知这并非寻常之物,是传法信物。冥冥之中,苍天有眼。佛家圣物,不可强取力夺。当年新州比武一事,你可忘了?"

"这……"慧能的话语勾起了惠明对往日的回忆,叹了口气,衷心地说:"师弟你德行高洁,虚怀若谷,有上天庇护,难怪五祖弘忍大师将袈裟宝钵传与你了。禅宗六祖非你莫属。"说完跪了下来,"希望师父你为我说法。"

慧能摆了摆手:"我如今不能为你说法。"

惠明:"我是诚心诚意的,为什么不能为我说法呢?"

慧能:"你动不动就要兵戈相向,杀孽太重,六根未净。既然是为求法而来,就应该摒除心境中的杂念,我才能为你说法。"

惠明静默了很久,没有答上话来。

慧能:"你不要思量善,也不要思量恶。这个时候,你知道,哪一个是惠明自己的自性,自己的本来面目呢?"

惠明听后,有所感悟:"除了你刚才说的密语外,还有更为深奥的密语妙意吗?请对我说一说。"

慧能:"既然我能够向你当面锣对面钹地讲了,就没有什么秘密了。如果要追溯自性的本源,秘密就在你自己的心中,而不在我这里。"

惠明听后,豁然开朗:"惠明我虽然身在黄梅,如今看来,实际上还没有得到佛法真谛,未识自己的本来面目。现在承蒙开示,禅理入心,就像是人饮水,冷暖只有自己知道。请你宽宏大度,饶恕我刚才冒犯之罪。现在,你就是我惠明的师父了。"

这个惠明,虽是个莽夫,但明白事理,转弯也快。

慧能连连摆手:"不,不,我不能收你为徒。"

惠明:"为什么?你是嫌弃我,还是对刚才的事耿耿于怀?"

"非也，我与你同投黄梅东禅寺，都是五祖弘忍大师门下的徒弟。我们还是以师兄弟相称更为合适。无须客气，请起来。"慧能伸手扶起惠明，"你比我年长。那么，该是你为师兄，我为师弟。"

"不，你道行比我高，应该你为师兄，我为师弟。"惠明口气坚决。

"这……"慧能听到了远处传来了喊杀之声，知道不能再多犹豫了，便说，"好吧，那么我就作师兄吧。惠明师弟，我们今后好好自行护念，不要使它在我们这一代手中断绝了。"

"师兄讲得在理。"惠明拍了拍手上的尘土问，"我自感东禅寺内杀机重重，我不打算回去了，我不知今后该往何处。"

慧能想起了五祖临别送给他自己的偈语，掐指一算，心中一热，道："逢袁则止，遇蒙则居。"

惠明向慧能再施一礼："多谢师兄训示。"

这时，山下边的灌木丛林传来了喧闹之声，并且越来越近，看来其他武僧快追上来了。

惠明催促慧能道："追兵快到，我来作掩护，你赶快南逃去吧！"

"好。"慧能马上抄起袈裟宝钵，包回行囊之中，向惠明施了一个礼，"望师弟多多保重。"

"也望师兄，不，不，应该说是，望佛祖多多珍重。"惠明回敬以礼。

慧能沿着羊肠小道继续前进，转过一个山坳，很快不见了踪影。

惠明转过身，朝山下走去，见到后面的追兵气喘吁吁地奔来。

有僧人问："追上了没有？"

惠明用手抹了抹额角的汗，脸上一副木然的表情："我刚才追去，但那个獦獠很快就逃进了树林不见踪影。我在树林里面来回搜索了几遍，也找不到。估计这狡猾的獦獠趁我们上山追去之际，又返身折回山下去了。"

"有这个可能。"有人附和道。

"我们快点返回山下去追吧。"有些攀山累得要命的人更是趁机打起退堂鼓来。

于是，惠明便与众武僧返回山下去了。显然是竹篮打水一场空。

在返回东禅寺的途中，趁着其他武僧不留意，惠明借故小解，闪进一个灌木丛中，直往树林的深处走去，藏了起来。

待其他武僧离去后，惠明即启程北上，来到江西袁州蒙山（今江西新余），想到慧能的训示，就在这一带藏了起来，后来入庐山峰顶寺修行，自有所得，弘扬佛法，在江西一带颇有声誉，成了一方化主。鉴于与六祖慧能的"慧"字同音，惠明改名为道明禅师。

二十、怀会显禅风

慧能与惠明分手以后,经过南岭的梅关,往南奔逃,翻山越岭历尽千辛万苦,来到了韶州的曹侯村。

曾被慧能从虎口中救回来的刘志略,见慧能到来,心中十分高兴。慧能向他谈论起在东禅寺的事,他知道慧能在东禅寺学佛大有成就。乡亲们得知慧能学佛有成,纷纷前来,在向他请教之余,都劝慧能留下来。

慧能一时间尚未觅到更好的栖身之所,便在曹侯村住了下来。

过了几天,刘志略对慧能道:"你既然洞悉禅机,就该找个更好的地方去弘扬佛法。如今在曹侯村这山旮旯里待着,消磨良才。你倒不如到宝林寺去。"

当时的宝林寺住持碧空大师年纪老迈,病魔缠身。碧空大师听到无尽藏比丘尼介绍,说曹侯村来了一位居士,所讲的佛理禅机十分精妙透彻,半信半疑,他亲自到曹侯村与慧能论了半天佛道,果然见这位姓卢的居士语出惊人,心中大喜,当场盛情邀请慧能大师前往宝林寺当住持。慧能极力推辞,见碧空大师声气微弱,却是真诚相邀。刘志略与无尽藏也极力劝说,慧能只好答应试一试。

于是,慧能跟随着碧空大师一起朝曹溪走去。

走着,走着,忽然山风吹来一阵清香。

这是什么香味?是野花香,还是梨花香?转过山坳,眼前豁然开朗,从山脚一直到山腰,白花花的一片,像天空降下了漫天香雪,又像遍地撒满了碎银。

碧空大师告诉他:"这是李花。"

慧能感叹道:"啊,这里的李树真多!"

在白色的世界里,远处隐约露出了绿色的飞檐和灰黑的瓦角。

慧能快步朝前走去,穿过茂密的李树林,踏着满地的白色落花,一座寺院屹立在面前。

"宝林寺"的横匾挂于大门正中,字迹遒劲有力。

一条溪水从寺旁流过,溪边花岗岩石碑上书"曹溪"二字。

宝林寺,就是现在的韶关南华寺,坐落在距离曲江四十多里远的曹溪。

宝林寺原是古寺,在隋朝末年被乱兵放火焚烧,成了一片瓦砾废墟。后来,人们发现这里灵气甚重,是佛门圣地。于是纷纷捐资,在原来的古寺废墟处,拆掉残垣,搬开瓦砾,重建了寺院。

宝林寺并没有依凭什么名山大川,周围不过是低矮的山坡,山坡上也是一般的树林。但附近李树成林成片,每到李花盛开的季节,漫山遍野,像铺上了一层皑皑白雪。这里的李子又大又爽甜。宝林寺后来易名为"南华寺"。这种岭南佳果也改名为"南华李"。

慧能来到了"宝林寺",一直没有暴露自己禅宗六祖的真实身份,他弘扬佛法,精辟妙旨,深入浅出,通俗易懂,没有多久,这里便成了宣扬佛法的宝坊圣地。

世间没有不透风的墙,神秀的门徒已知慧能逃到岭南,于是又派人前往追杀。

慧能在宝林寺讲法,不知不觉过了九个月。

一天晚上,夜色沉沉,冷风萧萧。

慧能正在禅房酣睡,突然被喊杀之声惊醒,从床上跃起,侧耳细听,听到来者全是北方人的口音的。

那帮从北方来的恶党,开口闭口都在查问"慧能在哪里?""那个獦獠在哪里?"

慧能贴着门缝往外窥看,见有外来的武僧,手持刀剑,前往僧房逐间搜查。

宝林寺的和尚回答说从未见过慧能,却遭到那些武僧的毒打。

慧能见这些夜来客是冲着自己来的,心想,如果自己不挺身而出,那些狂徒一把冲天大火,就会使宝林寺化为灰烬,连累寺内其他僧人受害。

想到这里,慧能拉开了禅房的门来到走廊上,朝着凶神恶煞的来者大叫一声:"我是慧能!"慧能说完拔腿便逃。

这些武僧来自黄梅东禅寺,全都是神秀的手下。尽管是黑夜,但在灯笼火把的亮光映照下,有人认出了慧能,便大声叫嚷:"慧能,他确是慧能!"

慧能在前面拼命逃奔,神秀派出的恶党在后面紧追不舍。

慧能凭着熟悉的地形,过回廊,穿佛殿,跃上围墙,逃出宝林寺外。

那些恶党也跟着爬过围墙,追赶着慧能,当追到前山时,不见了慧能的踪影。

恶党见这里林木茂密,树影婆娑。此时又是黑夜,要将慧能从这密林中搜出等于大海捞针。他们商量了一会儿,定下了毒计:放火烧山。于是,一把火,点燃了干枯的草丛,随着"啪啦、啪啦"的草木燃烧声音,前山很快就陷入熊熊火海之中。

冲天大火足足烧了一整夜。

翌日天明后,恶党见前山已烧成了一片焦土:原来茂密的树林变成一片热浪蒸腾的灰烬,树下躺着被烧焦的野猪野兔等残骸,满山飘荡着呛人的焦土味。

领头的恶党得意地指着满山的焦土说:"这场冲天大火,连真金也要烧熔,何况慧能这血肉之躯。可以肯定,慧能早已葬身火海了。"于是,打道北上,回黄梅东禅寺去复命了。

命中注定慧能没有被烧死，否则，中国佛教史又要重写。

恶党纵火烧山时，慧能确实躲在前山。他被火海包围着，正在走投无路之际，眼见那边有一块巨石，中间有条石缝，慧能便挤进去，结跏趺坐，双手合十，口念南无阿弥陀佛，求佛祖保佑。藏在石缝中的慧能就是靠此保住了性命。

如今，前山那条石缝仍在，被人们称作"避难石"。石缝里有两个稍为凹下的地方，人们说是六祖慧能打坐时膝盖顶住石壁留下的痕迹；而石壁上留下的皱褶，被人们视作六祖衣服的皱纹。

行踪既已暴露，慧能知道自己不可能在宝林寺再待下去，即离开了曹溪，继续往南逃难。

慧能一路上风餐露宿，日夜兼程，艰苦备尝。来到四会与清远交界的灯盏岭下，在龙甫镇营脚一条名叫"上林铺"的村庄落脚。

慧能为人真诚友善，经常替村民干活，任劳任怨，当地老百姓对这位外来者不但没有抗拒，反而与他相处得极其融洽，常常送一些谷物与番薯等东西给他。慧能在村民的帮助下，在半山腰平坦之处用坭墙杉瓦建起了一间小泥屋（后人称之为"六祖庵"）。这小泥屋在几棵粗壮的绿树环抱下，既阴凉，又隐蔽。慧能经常奔走于清塘、龙头、陶塘、罗湖等地，一方面了解民情，一方面宣传顿派的禅义。住了一些时间，慧能便乘了一支小竹筏，沿着河溪逆流而上，来到了一个小县城，时已黄昏，雀鸟归巢。即舍小筏，在河的南面登岸，来到一间茅舍前。这里是怀集县城镗盖旁。

正在门前侍弄铁锹农具的农夫见有陌生人到来，便起身招呼探问来由，当得知慧能欲在此寄宿，便热情地将他迎进茅屋内，关切地问慧能："看你满头大汗，嘴唇干裂，一定很口渴了。来，喝碗水。"说着，拿起大碗到水缸里舀了一碗水，递到慧能的面前。

劳累了整天的慧能接过大碗，呷了一口，觉得这水清甜无比，如饮甘露琼浆，便仰头将那碗水一饮而尽，问："这是哪里的水？"

农夫手指着外面那脉日夜不息的河水："这是南溪河里的水。"

"啊，这有如圣水一般。"慧能想起了在佛门里听到有关曹溪水的神奇传说：梁武帝天监元年（502），有位来自天竺的高僧智药禅师，往北途经曹溪口，掬水饮时觉得此水清甜如甘露，曰：此水与西天之水无异，源上必有胜地堪为兰若者。即溯流而上，行至宝林寺处见山水环绕，峰峦奇秀，感叹道："宛如沙门修道所。"并预言，建寺一百年后将有肉身菩萨在此大开法筵。

这南溪水与曹溪水一样的甘之如饴，饮着那清润心脾之水，慧能顿觉心潮起伏，意蕴澎湃。

细细倾谈，慧能方知农夫是在镗盖旁看管田水的，每天早晨未待天亮，就翻过后山去引水灌溉农田。如果遇到大旱，怀城河以南的田地就会龟裂，水稻就无法生长。

这里,已经一个多月没有下雨了,后山的水塘里水已不多,现在田垌里的土地已经开始干裂。

农夫脸带忧愁地说:"看来今年这附近的百姓都要挨饿了。"

慧能问道:"后山的水不多,在田园附近不能找到水源吗?"

农夫叹了口气:"如果能够在田垌里找到水源,这当然最好,但我看只不过是空想罢了。"

慧能听后,双眉紧锁,陷入了沉思。

慧能当晚在农夫家的小厅住了下来,整夜都听到睡不好的农夫的长吁短叹。

第二天,慧能跟着农夫来到田园,见田地泥土龟裂、枯焦的鱼虾身上爬满蚂蚁,禾苗的叶子焦黄卷缩。他爬到后山去引水,见山塘也干枯得见底了。

与老农同耕同住了近一个月后,一天晚上,农夫坐在茅屋前,仰头对着满天星斗在发呆,不时发出叹息,自言自语道:"老天爷,给我们下点雨吧,庄稼全干死了……"

慧能见此情景内心恻隐,他走上去用手拍了拍农夫的肩膀道:"你别再为没水灌溉发愁了。我看在田地里会找到水源的。"

农夫:"你别安慰我了。"

慧能:"我不是安慰你。近日,我有些新发现。"

老农:"你有什么新发现?"

慧能正色道:"每逢初一、十五,田地的西南与东北面就有光点闪烁。我去那里细看过,那地方的草特别青绿,草根下面的泥土特别潮湿。我以前在家乡时,跟着老一辈挖过井,听他们讲述过找水源的迹象。看来在那个地方往下挖去,必有泉水涌出。"

农夫听后大喜:"倘若真的像你所讲的那样,我就免了翻山引水之苦。今天正好是初一,我和你到外面看看,是否真的像你所讲的一样。"

"好。我们去看看。"慧能应诺道。

于是,慧能与农夫来到田园,朝着西南方向观望,果然看到有烁烁闪闪的白光,再转头朝东北的方向观察,同样见到白光闪烁。

农夫仍然有点疑惑:"到那个地方挖下去,就真的会有水源?"

慧能胸有成竹地说:"依我看,应该有。"

农夫道:"好,那我就认定那个位置,明天就去试一试。"

翌日,农夫与慧能扛着锹铲、锄镢,来到田园西南面原定的那个位置。

慧能先动手,操起铁锹往下挖去,仅挖了两锹,就见到草下面的土壤明显潮湿。农夫接过铁锹,奋力挖掘,越往下挖,泥土越潮湿。当挖到一丈深处,就有清泉汩汩地涌了出来。

农夫立时傻了眼,继而用手一拍脑瓜,欣喜若狂地叫了起来:"这回挖到宝了!

挖到宝了!"随即,把铁锹往田地里一扔,拔腿就跑,回到村里奔走相告。

村民们听到这个喜讯,带着农具,纷纷涌来。有的在东北面挖井,有的在开挖水渠,引水灌溉庄稼。

见到本是干裂的田地灌满了水,村民们围在慧能的身旁,纷纷竖起了大拇指,夸赞他为百姓们做了一件大好事。

从此以后,镗盖旁一带的农田,成了旱涝保收的良田。

人们将镗盖旁的那两口水井称为"六祖井",并且那井一直保留至今。

后人还在镗盖旁慧能寄宿的农夫茅屋旧址处,建起了"六祖庵",以作纪念。

慧能在农夫家寄宿了数月后,觉得栖息于这临近县城的喧闹之地,太多人来来往往,没有安全感。随身携带着五祖弘忍所传的袈裟宝钵,若久留于此,容易暴露自己的身份,招惹祸端。

于是慧能辞别了农夫,沿着南溪逆流而上,行至怀集高岭下的三江渡口,踏上蕉坪、石龙土地,慧能爬上一座大山,穿过荒坡,此时天色昏暗,蓬蒿野草被风吹得摇曳不止,草屑被风卷扬到半空中旋转,又被抛往远方。几只黄褐色的狐狸在草丛灌木中奔窜,不时发出阵阵的哀鸣,在这空旷荒凉的野外显得格外凄凉孤清,令人揪心。

乌云骤起,一道青白的闪电划过天幕,雷声如千万战车隆隆滚过天宇,大雨从天上倾泻下来。

这里前不着村,后不着店,慧能只好跑到一棵苦楝树下避雨,但苦楝树稀疏的树冠挡不住倾盆大雨,慧能正在愁苦之中,天边又劈下了一道闪电,把漆黑的天空撕裂,把大地照亮。此刻隐隐看见前方有一光环在熠熠闪烁,"难道是在给我指引前路?"慧能浑身一热,不由自主地朝着光环走去,上了一个小山坡,蓦地见到一条弯曲蜿蜒的古道向西延伸,没入茂密的树林之中。慧能沿着蓬蒿半掩的山中古道西行。走了许久,慧能见到旷野之中有座大山,山势峻峭,怪石嵯峨,古木参天,便沿着布满荆棘的山道,冒着滂沱大雨,奋力攀上峰峦,蓦地觉得眼前一亮:离他十丈开外的路边,有一座石屋。慧能急忙背着行囊奔了过去。

这座石屋,其实是由三块天然的巨大花岗石垒叠而成,上面那块巨石被下边两块巨石顶托住,形成一丈多宽的大飘檐。石屋高约两丈,宽有三丈,令他惊奇的是,石屋内有天然而成的石桌、石凳、石香炉,靠里壁的地方还有一块平坦宽阔的大石,好像一张石床。岩内的石钟乳有源源不断的清洌滴水。慧能上前接过滴水,细细品尝,清甜得宛若甘露一样。再细细观察,洞壁的石罅中不时有谷粒跌下来。显然,这是有老鼠将田里的谷粒搬到洞罅里囤积,以备不时之需。

慧能的心弦似被一只无形之手拨了一下,昔日在曹溪宝林寺,遭到北方来的寺僧追杀,放火烧山,靠寺后的那块巨石才有幸躲过一劫。经历了千辛万苦,如今眼前又兀现巨石,看来今生自己是与石有缘,此地堪当是"佛地洞天"!在苦难磨劫之际,冥冥之中又似乎得到佛祖神灵的庇护。

慧能脱下淋湿的衣服，拧干了水，晾在一边。环视四周后，慧能把袈裟钵盂藏在岩洞上的缝隙之中，再用石头堵住了缝隙，使之不留半点痕迹。

遭到连番追杀，接连不断的颠沛流离，长途跋涉，慧能太疲乏了，躺到石床上，伸展着四肢，思忆起五祖对他的教诲，回想起遁入空门后的一连串遭遇，他心潮起伏，心情久久不能平静。

石屋外，雷电交加，瓢泼大雨下个不停。慧能静静地谛听大自然的风雨雷电之声，思忖着自己坎坷的人生际遇，他看到自己驾着一叶命运之舟在风雨飘摇的江面上，毅然前行；看到一位老者在十里长堤挥手话别，看到家中的老母亲已是满头白发，在有滋有味吃着油煎饼……慧能在不知不觉中进入了梦乡。

蒙眬之中，慧能好像听到了什么响声，那是山雀的叫声将慧能从睡梦中唤醒。他睁开惺忪的眼睛，发现天地一碧如洗，阳光正暖洋洋地斜照进石屋，晾在飘檐下的衣服已经被温暖的阳光烘干了。

云收雨敛，山岚缭绕。山野经过一夜雨水的洗涤，显得明亮葱绿，空气格外清新，阵阵山花的芬芳顺风飘荡，沁人心脾。

远眺山下，两条碧绿的小河好似风中飘舞的玉带，蜿蜒曲折，迂回在丘陵沟壑之间。

河边，有十多间茅舍连成的村落，掩映在浓密的凤尾竹林之中。

隐隐传来"咔嚓、咔嚓"的声音，而且越来越近。慧能警觉地走出石屋观望动静，向右望去，只见山路上，有一位四十开外的樵夫，手持砍刀，扛着竹竿、篾条，踩着满地的落叶，上山来了。雨后路上的泥泞拌和着衰败的落叶，踩上去，发出"咔嚓"之声。

樵夫见一位行者从石屋内出来，以为是山贼歹人，不禁攥紧了手中的砍刀，质问道："大清早，你到这里来干什么？"

慧能上前施了一个礼："昨晚我路过这山岭，遇到风雨交加，在此避雨。请问这是什么地方？"

"这里叫龟嘴岩石屋。"樵夫见慧能和蔼慈祥，言谈举止有礼，不像凶狠之人，放下心来，"请问你尊姓大名？从何处来，到哪里去？"

慧能答道："我姓卢，名能，像一只飘零的鸿雁，浪迹天涯，四海为家。"

"啊，原来是位随意化缘的行者。"

慧能："请问，这是什么地方？"

樵夫指点着山野："这山岭叫做上爱岭，这岩洞叫龟嘴岩，山下的河流叫冷坑河、梁村河。"

"这里属什么地域？"

"怀集。"

"怀集?"慧能的心弦被猛地触动,不禁喃喃自语,"怀集,怀集……"

樵夫说:"你反复说着怀集干什么?"

原来,慧能猛然想起五祖临别时送给他的偈语:"逢怀则止,遇会则藏。"如今,来到"怀集",不正应了五祖的偈语吗?

这里,层峦叠嶂,杉木拔地而起,茂密葱茏,确是藏身之所。

慧能思索了好一会,问道:"这里的山民以什么为生?"

樵夫答道:"种杉砍樵,耕山打猎。"

慧能说:"我漂泊流浪已十多年,身心疲惫,想在这里蛰居下来。"

"这样吧,我兄长年前不幸病亡,留下草屋一间,如不嫌弃就请到我们村里住吧。"樵夫是个热心之人。

慧能道:"你的好意我领了。我不想给人增添麻烦,你看龟嘴岩的石屋如何?"

"这石屋坐北向南,夏无酷暑,冬无严寒,倒是个好地方。不过,你一人在此,未免过于清静。"

"我这个人就是喜欢清静。"

言谈之间,那樵夫连连打了几个喷嚏。

慧能:"啊,你是不是得了风寒了?"

樵夫答道:"前几天上山砍柴,突降大雨,我拖着淋湿的身子回到家中,当晚全身发烫。这山区小道崎岖难行,要到镇上去求医又太远。"

慧能:"你这病不能一拖再拖。"

樵夫:"那有什么办法?"

慧能在东禅寺跟随着师兄学过一些草医草药,便说:"这里满山都是宝。"

樵夫:"宝?这里满山都是草,哪里有什么宝呢?"

"你认识它就是宝,不认识它就是草,"慧能指着路边的一些野草,"你采摘那些草药回家去煎服,再用厚重的棉被盖压着,你的病很快就会好的。"

樵夫半信半疑地跟着慧能采摘山上的草药回家去。

第二天,那樵夫高兴地来告诉慧能,他的风寒真的治愈了。

樵夫名叫谭祥盛,为了感谢慧能,特意请他到自己家里。

开饭时,谭祥盛妻子捧出热气腾腾的汤和饭菜来,一股浓郁的香气扑鼻而来。

慧能问:"这是什么汤,什么菜?"

谭祥盛显得有点神秘:"这是我们山里人款待客人的名菜,叫'孤九寒'。"

慧能听出这是粤人讥嘲吝啬财主的话语,打了一个怔,大惑不解:"何为'孤九寒'呢?"

谭祥盛得意洋洋地解释道:"'孤'是指鹧鸪,'九'是简指斑鸠,'寒'是指白鹇。这顿汤和菜就是用这三种鸟儿做的,十分好吃。"

想到本是自由自在空中飞翔的鸟儿变成了桌上的珍馐，慧能阵阵心疼。

这一顿，慧能没有喝鸟汤，筷子也没有夹向鸟肉，净夹青菜来吃。

谭祥盛奇怪，问起缘由，慧能讲出了自己的看法，并劝谕他们不要杀生。

谭祥盛听罢，觉得慧能讲得颇有道理。

此后，谭祥盛除了自己少吃飞鸟外，还劝告其他的乡邻不要逮鸟杀生。

从此，慧能在上爱岭龟嘴岩石屋里住了下来。他在门前屋后开垦荒地种上五谷杂粮、蔬菜瓜果，用竹篱笆将庄稼围了起来，田垄、菜畦上竖起稻草人，以防鸟兽侵扰。

怀集冷坑一带有几个卢姓的大村。中国自古以来有"同姓三分亲"的传统思想。按那些传统俗例，卢姓的村民见慧能是同宗同族，对他视为兄弟，平日更加关心，大家情如手足。

慧能在家乡新州时是靠上山打柴来赡养母亲，现在也正值年轻力壮，有的是力气。在上爱岭，与村民上山砍柴他是驾轻就熟；下地耕种，他有丰富的经验。加上慧能干起活来，从不吝惜自己的力气，只是一个劲儿地埋头苦干。故此，大家都很喜欢慧能前来帮忙干活。

白天，慧能下山来，帮村民们干活，傍晚，才孤身一人，带着满身的汗水，攀爬返回龟嘴岩石屋。

寒冬炎酷，风雨无阻，从不间断。

慧能妙手治病的佳话传开后，附近村民和山民们有病就上山来找这位"卢居士"，而慧能则不分白天黑夜，不管刮风下雨，只要有人来求医问药，他都有求必应，义务给乡亲们诊病供药，解除病痛。

慧能和当地的乡亲们一起劳动，翻地垦荒、耕种五谷。他常常和山民一起吃饭，乡亲们都爱吃肉，慧能不吃肉，只吃青菜。当时慧能尚未剃度，大家并不知晓他是供奉三宝的修行之人。佛教五戒规定：一不杀生、二不偷盗、三不邪淫、四不妄语、五不饮酒。食肉当然犯了杀生，可是没有专门不沾荤腥的锅给他烹煮素食，怎么办？慧能就将青菜叶子放在人家的肉锅里煮，慧能把这个叫"肉边菜"。直到今天，怀集、四会一带的百姓，每逢年节，都会在家里做一桌"肉边菜"（又称"锅边菜"）以纪念慧能禅师。

上爱岭附近居住的山民，除了汉人，还有在半山腰筑寨而居的瑶族人。这里的山民民风淳朴，互相尊重，礼尚往来。大家对慧能这位友善而且无偿给人治病的外来人敬重有加，经常赠以米粟、木薯等食物给慧能。

慧能以石屋为住地，辗转于怀集、四会方圆数百里的大山之间，跟山民们一道种地、采药、观赏山林景色，聆听深谷流泉，领略大自然的天趣。

慧能为人正直善良，乐于助人，生活俭朴，不求奢侈荣华，只求宁静淡泊，与周围的山民相处得十分融洽。

平日,他继续修悟佛经,矢志不移;劝导山民摒除暴戾野蛮之习气,多做善事以积功德。慧能的劝善思想润物无声、潜移默化地影响和感染着附近的百姓,使当地的民风日渐淳朴,山民渐渐改变暴戾的性格与不良习俗,逐渐变得温良豁达、乐天知命。

在连绵不断的群山中,不少山民以狩猎为生,经常布网装夹、挖阱下套,以捕杀飞禽走兽。慧能上山采药,如果见到有猎物落网或被铁夹夹住,他就会前去解网松夹,放猎物逃生。

当地山民世世代代以狩猎为生,用猎获的野物到山外去换取粮食、布匹、针线等生活用品。慧能便将自己学到的耕种技术教授给附近的山民,劝大家多种五谷、蔬菜、瓜果,少杀猎物,弃恶从善。因此,周围的山民在慧能的带领下,垦荒翻地发展粮食生产,渐渐学会种植水稻、大豆、花生以及各种蔬菜,山民在粮食上逐步自给自足。大家对慧能都十分敬重。慧能在怀集、四会一带山林里,一住就是15个年头。慧能对那里的一山一水、一草一木都熟悉而亲切,寄予深情。

二十一、三载同修悟

有一天,慧能在山下帮村民干完农活返回上爱岭龟嘴岩石屋。在龟嘴岩不远处见有一位和尚昏倒在山路边,奄奄一息。

慧能连忙奔跑过去,替这和尚把过脉,知道此僧饥病交加。他环顾四周,采摘了一些草药,揉烂塞到和尚嘴巴里,用葫芦里的水给他灌了几口,又给他按揉人中及其他的经脉。

没有多久,那和尚渐渐从昏迷中苏醒过来,睁开眼睛,见到慧能慈善的面孔,感激地向他点了点头表示感谢。

慧能回过礼后,问道:"请问大师,你是何方游僧?"

和尚回答的声音仍然柔弱,答道:"贫僧名唤昙璀。"

慧能:"你跟哪一位师父学佛?"

昙璀(631—692)回答:"我是法融大师的徒弟。"

慧能在湖北东禅寺时曾听过一些老和尚讲历代师祖的轶事,他忽然想到了什么,

便问:"是不是四祖道信特许在他法脉下自立门户的'牛头宗'法融大师?"

四祖道信,在禅学思想史上是个承前启后的人物,其禅学思想内涵丰富,实践方法可行。其创立的应有的次第和入手的方便之渐修禅法对五祖弘忍等后人的思想有直接影响。而法融的牛头宗充满了顿悟思想,后人评价他所著的《心铭》不下于三祖僧璨的《信心铭》。

面前这个山野之人对佛门之事竟然了如指掌,昙璀觉得奇怪,眨巴着眼睛,问道:"啊,你是个俗人,对佛门之事怎么如此知晓?"

"这……"慧能支吾了一会儿道,"我笃信佛学禅宗,故此也略有知闻。"

昙璀沉思了一会儿,才开腔探询道:"你信的是哪一派系的禅法?"

慧能见他长相和蔼,直言而答:"顿修。"

昙璀喜出望外:"原来是同道中人。"

慧能:"不知你对此有何高见?"

昙璀打开了话匣子:"三祖僧璨大师在其所著的《信心铭》中提出'不用求真,唯须息见',这是最早建立的顿悟禅法的实践纲要,而四祖道信、五祖弘忍与此都是一脉相承的。只可惜五祖的传灯人六祖慧能南逃之后,如泥牛入海,杳无踪迹。"

昙璀越讲下去,声音越弱,显得有气无力。

慧能见昙璀太饿了,便拿出自己的干粮给他吃,再问道:"你怎么会来到怀岭这深山大密呢?"

昙璀吃过干粮,顿显精神许多,在犹豫了片刻后,见慧能面目慈爱,才直言道:"我在皖浙交界的山中弘扬佛法时,被官府通缉。"

慧能大惑不解:"弘扬佛法也会被官府通缉?"

昙璀叹了口气:"有恶人诬陷,说我与当地陈硕真的起义军有勾结。我如今是百口难辩,唯有急遁远引,躲避为上。"

"原来也是避祸的。"同是天涯沦落人,并且都是佛门中人却遭到了小人追杀。为了慎重起见,慧能并没有向昙璀表明自己的真正身份,只是问道:"你现打算到哪里去?"

昙璀一脸的虔诚:"来到这里,我什么地方都不想再去了。"

慧能:"为什么?"

昙璀站了起来,指着山下:"你看!"

昙璀这一动作,慧能已经有所领悟:"你是指这里的山山水水不同寻常。"

昙璀点了点头,反问道:"难道你也有类此的感受?"

慧能一本正经地指点着:"看,上爱岭下的圆形坡地如高僧垫膝之蒲团,水塘基围上的圆形大小石头,排列有序,酷似僧人手中的串串佛珠。那边的土岗,我看它形状扁中带圆,形似诵经之木鱼。"

昙璀脸露喜色:"呵,你讲的话句句都与佛门有关,有如我佛门中人。还有一点，好像……"

慧能未待昙璀把话讲完，又接上了话头："不远处的小岗状似八卦，当地人称它为八卦岗，我看它也酷似一本半开半闭的经书。远处屹立有序的山峰叫做花石十三峰，你看它烟雾缭绕，时隐时现，恰似佛地洞天。自有一番独特的意蕴。"

昙璀听着慧能的指点讲解，颇有同感地说："四周云蒸霞蔚，空灵缥缈，使人如在'般若三昧'、'不染万境'之处。远山在云海里飘浮，一似万佛来朝。看来是天公造物，上天赐给这里的山山水水有如此浓重的佛气。"

慧能："我也是这样看的。"

昙璀笑了起来："如此说来，你与贫僧所见略同？"

慧能："你不是说过，我们乃同道中人吗？"

昙璀和慧能两人相视而笑。

慧能手指着龟嘴岩，诚挚地邀请道："如不嫌弃，就到那里与我同住。"

昙璀连日来四处奔走，早已疲惫不堪，今听到慧能这样说，真是喜出望外，笑颜大开："在落泊之时，有幸与卢居士朝夕相处，贫僧正是求之不得。"

人生难得逢知己。

此后，慧能与昙璀在上爱岭龟嘴岩的石屋住了下来。

这两位在患难之中同住孤峰的同道中人，平时一起下山，去帮村民干活，耕田耙地，不辞艰辛。找到食物，一起分吃。找到泉水，共同品尝。遇到困难，齐心面对。

平时他们在一起时更多的是谈经论义，交流禅法。

时间似龟嘴岩下的溪流一样永不停息地流去，花开花落，不知不觉间，已经是三年过去，昙璀从往来的商旅处得到了消息：他所受牵连的冤案得以澄清，当地的官府已经撤销了对他的通缉令。

慧能听到这个消息，便问："你打算怎么办？"

昙璀口气沉缓地说："我想了很久，觉得还是应该回老家去。"

慧能："回老家去？"

昙璀讲出了他的心里话："这里作为避难之所实在是一个绝妙之处。但四周森林密布，地广人稀，我所弘扬的禅法在这里基础并不深厚，在这里拥戴自己的信众比不上北方那么多。"

慧能接过话头："所以，你便决意重返北方，弘扬佛法？"

昙璀点了点头："你算是看透了我的心思。"

慧能虽然舍不得这位与自己朝夕相处的佛门好友离开，但也知道人各有志，不可强求。如果昙璀重返北方，对于佛学的弘扬与广泛传播意义非凡，于是不再挽留。

昙璀在临行时将法融所著的《绝观论》、《心铭》等手抄本送给慧能，道："这些经书，是我多年的心血。现在我留给你，先祖的修禅心得对你是有好处的。我虽然不清楚你的过去；但跟你朝夕相处三载，每每与你谈禅论道，知道你的悟性潜质很

高，非寻常之辈可比。我有一种隐隐约约的预感，你在佛学上将有非同寻常的未来。"

在送别了昙璀之后，那些难得的经书伴随着慧能度过了无数的日日夜夜。

慧能的悟性本来已是极高，并且又得到五祖弘忍的真传。加上与法融弟子昙璀相处三年，切磋经义，研究佛道禅学，这对他修悟佛性、通晓法理起了很大的促进作用。

二十二、智避群杀手

怀会（怀集、四会）大地有着得天独厚的地理环境：是两广交界之地，为重峦大山所封闭，交通的不便使它成了一方极少有外来者涉足的净土。这里山高、林密、人稀，容易隐藏与逃逸，可进可退。换句话说，当时这里是"山高皇帝远"的蛮荒之地。而慧能栖身的龟嘴岩在高山之巅，岩里有长年不涸的山泉溪流，一望无涯、绵延不断的大山中有数不尽的山梨野果，真是天赐美食佳粮。

这里也有独特的人文环境：是瑶族与汉人杂居之地，人们友善相处，民风淳朴，人与人之间和睦关爱。这里的山民对佛教的顿悟禅学思想易于接受。

慧能为人正直善良，乐于助人，不求奢侈荣华，只求清远淡泊，生活俭朴，与周围的樵夫、猎人、药农相处得十分融洽。

村民与山民们有病就上山来找这位"卢居士"，而慧能则不分白天黑夜，刮风下雨，都是有求必应，经常采药替人治病。

有一天，慧能从龟嘴岩石屋下山来，与一位猎人卢九斤同行往村庄走去，准备和村民们相聚。忽然，望见村口处来了十多位手持刀剑的陌生人，一个个长相都是凶神恶煞，正在跟乡亲们说着什么。慧能离他们虽然有十多丈远，但从山风吹来的声音依稀听得出，他们说的是北方话。而被问话的乡亲用手指着自己的耳朵，继而猛地摆手，示意听不懂。

"啊，这些陌生人全都是秃顶和尚，人人手中都是执着明晃晃的兵器。难道他们是……"一种不祥之兆立即紧攫住慧能的心。警觉的慧能，立即从身边的猎人卢九斤处取过一条布围巾，戴在头顶上，操起狩猎的器械，然后扯了扯身边的猎人卢九斤，

"来者不善，善者不来。那一伙人气势汹汹而来，好像是在追杀什么人。我们还是躲避为上。"

猎人卢九斤听后点了点头，与慧能朝着另一边山坳快步走去，看上去好像是猎人在追击猎物。

那些陌生人是神秀的手下，他们对五祖弘忍将袈裟衣钵传给那位名不见经传的寺中杂役慧能之事很不服气，立志要除掉他，故此结伙南下。当他们发现不远处的慧能与卢九斤掉转方向，朝着另一边山坳走去，便呐喊着，撒腿从后面紧紧追赶而来，没有多久，已在山坳口追上了慧能与卢九斤。十多个僧人举起了寒光闪闪的刀剑，将慧能与卢九斤团团围住。

领头的和尚长得五大三粗，瞪起一对大牛眼，叱喝道："你们见到我们为什么要逃跑？"

卢九斤尽管听不懂那和尚操着北方口音的话，但从他们那副怒目圆瞪的神态已推测出对方质问的内容，便说："我们不是逃跑，而是发现山坳这边的荒草有狐狸出没，我们在追猎狐狸。"由于卢九斤回答时的话是当地冷坑、马宁一带的土话，因此，那群北方来的武僧听后一头雾水，有的搔着脑袋，有的来回摆着手，表示听不懂，都摆出一副气势汹汹的样子。有的挥舞着利刃在慧能和卢九斤的面前晃动着。他们七嘴八舌，吵吵嚷嚷，比画着手势，逼问着慧能和卢九斤。

慧能在黄梅东禅寺修行的八个月里，接触过来自天南地北的诸方人士，所以平日不仅听得懂他们所讲的话，而且还会学讲几句。现在，他从这些北方僧人的话中，知道了他们专程从北方南下的来意。

武僧发问："有没有见到名唤慧能的居士来过这里？若然告知线索，捉住慧能，就会有重赏。"

面对冲着自己而来的杀手，慧能镇定自若，脸上却是一副茫然不知的神态，用冷坑、马宁一带的土话，向北方的武僧作答。

那一伙北方来的和尚，只是听到卢九斤与慧能满口"叽里呱啦"不知所云的回答，简直是对牛弹琴。

这群杀手千里而来，为的是要追杀慧能。可笑的是，慧能就在他们面前都不知道。

实际上这并不奇怪，慧能当年在东禅寺是一个尚未落发的行者，而且是个偏于南院一隅专干舂米、种菜粗活的杂役，不像神秀那样出头露角、是人人尽知的寺中要人。平日，禅院高台上五祖身旁从没慧能的影子，寺里重大法事的念经诵佛也没有慧能的分。东禅寺近千人之多，寺里的和尚大多数互不认识，更何况这区区小杂役慧能？

这些武僧昔日在东禅寺与慧能从未谋面，只不过是奉神秀之命南下罢了。在他们的印象中，寺院里的和尚与杂役都没有被太阳直接照晒，故此皮肤一定是白皙的。而

五祖弘忍连夜传授禅法与袈裟衣钵给慧能,让他执掌禅宗权杖,非比寻常。这个人一定是英俊魁梧,相貌堂堂。而现在面前的这个人又黑又瘦小,与他们想象之中的禅宗祖师相差甚远。慧能因为长期与山民们一起劳动,一起上山伐林,一起下地耕种,所以无论是生活习惯,还是皮肤颜色,差不多已经和当地山民一样了。

所以,这些武僧做梦也想不到,在众目睽睽之下,面前这个瘦黑"土佬"竟然就是他们跋山涉水、踏破铁鞋、历尽艰辛要追杀的目标。

为首的武僧说:"他们说的是什么呀?!"杀手们面对着这些当地土话,你望着我,我望着你,大家都摇着头,一脸无奈。

机智的慧能故意装作听不懂,不断地说着俚语、做着手势,向杀手们示意:他俩是本地人,正要上山打猎。

卢九斤也做着手势,示意他和慧能是要去打猎。

慧能的口音、长相、穿着打扮与举止确实与当地的土人并无二致,将那些武僧糊弄了。

杀手们眼看着无济于事,只好灰溜溜地离开上爱岭,沿着山道往广西方向追去。

目睹着杀手们的身影消失在远处的山中,卢九斤向慧能喃喃地说:"这些和尚真怪,追杀什么慧能,怎么跑到我们上爱岭来了。"

慧能心中的一块石头稳稳落地了,他暗暗长吁了一口气,这次劫难不但有上天助我,还有乡亲们助我。

怀集冷坑上爱岭真乃佛家圣地。

慧能"智避杀手"的故事在怀岭大地广为流传。

二十三、救鹿劝人善

一日清晨,慧能上山采药,出门不远,忽然隐隐传来追杀声,声音越来越近。慧能当即预感不妙,我慧能已经隐居深山,大师兄神秀为何还能找到我,非得将我置于死地而后快呢?

"快快快,那边,朝那边去了!"

慧能听出了那伙人是在追逐着某人。渐渐地，可以看清追来的人都是布衣山民打扮，而非僧侣。而且，他们手里拿的都是虎叉、弓箭、长镖、砍刀等家伙，完全是猎户的行头。

猎户有什么可怕呢？我和猎户素来萍水相逢，并无睚眦，何来追杀我之理？慧能那颗提到嗓眼儿的心放下了。慧能稍加思忖，觉得把自己暴露给这些山民实为不妥，为了小心起见，还是躲避为妙。说不定神秀用赏银买通了山民来加害于我。

慧能当即往一块茂密的灌木丛里钻去，突然"嗖"地一声，慧能知道后面有人尾随而来，未等他回头，他感觉自己的屁股被踢了一脚。慧能回头一看，惊惧的目光中并非凶神恶煞的歹人，而是一只可怜兮兮的小山鹿，山鹿的脖颈上裂开一个口子，流着鲜血。慧能一见便动了恻隐之心，怜悯地抚摸着山鹿的头说："既然你投奔我了，那我就想办法救你。"慧能想采些止血药给山鹿止血，低头寻找，便见脚下的草丛里，长着野红花（别名枪刀菜、小蓟姆），他忍着上面长着的荆刺的蜇痛，抓起几片叶子放进嘴里嚼烂，敷在血口处，立见鲜血呈凝聚状不再外流，他从自己的衣服上撕下一块布给山鹿包扎好伤口。

此刻山中鸦雀无声，"快快，快搜！在这块儿，绝对没走远！"为首的猎人在不远处咋呼着，慧能听得一清二楚。

慧能想还是将那群猎人骗走为妙，不然的话，他们继续在这里搜查，山鹿性命难保。

慧能将山鹿安置在草丛里，用草掩盖好，叮嘱道："记住，你好好待着，千万别乱跑！"慧能说着立即钻进树丛里，从另一端走出来，一副若无其事的样子。

"喂，有没有看见一只山鹿啊？"一个猎人问道。

慧能说："什么山鹿？没看见什么山鹿啊！"

"一只被我们打伤的山鹿。"为首的猎人牛牯说，"怎么可能没见呢？我闻得气味就在这附近，没有走远！"

慧能转而一想，还是要说看见了，将猎人支开往别的地方去，于是手指北面，说："哦，记起来了，刚才，我来这里采药，就看见有一个形如小牛的野物，拼命地往北跑，朝那边的山里去了。"

牛牯将信将疑地走近慧能，耸了耸鼻翼，吸吸气说："你这个臭郎中，你一定把我们的山鹿藏起来了，我一闻就闻出了气味。"

"阿弥陀佛，罪过罪过！"慧能说，"不杀生，度众生，慈悲为怀！"

牛牯骂道："闭嘴！你告诉我，山鹿在哪儿！"

慧能说："不错，那野物就是从我这个地方跑来的，就是刚刚跑过去的。"

牛牯说："快追！"

四五个猎人，应声向北山追去。

"阿弥陀佛。"慧能双手合十，见猎人愈走愈远，最后翻过山梁消失在视野尽头。他这才回到掩藏山鹿的地方，山鹿一动不动地伏在草丛里。慧能把草撩开，轻轻地拍

了拍山鹿的身子，说："好啦，猎人都走了，你也可以走了。"

山鹿就像一个牙牙学语的孩子，怔怔地望着慧能，嘴里发出"呦呦"的微弱的叫声。慧能把山鹿抱起来，山鹿就像个听话的孩子，依偎在慧能的怀里，慧能明显感应到山鹿那颗突突跳动的心，在撞击着他的胸脯。

慧能抱着山鹿钻出树丛，放在一条羊肠小道上："走吧，你回去吧，你娘一定在找你呢？"

山鹿不走，慧能从山鹿那依依不舍的眼神里，读出了一些微妙的内容。慧能又蹲下身子给山鹿解开包扎伤口的布条，他发现止血药已经使山鹿的创口结痂了："走吧，现在可以走了。"

山鹿犹如一个迷途的孩子，依然望着慧能，那晶莹剔透的眼睛里，能清晰地照见慧能的面目。山鹿依然"呦呦"地叫着，声音微弱、压抑而哀怨。山鹿叫着还将舌头伸得长长的，试图舔舐自己脖子上的伤口，但是够不着，只好舔着滴在脚上的血迹。

慧能想，这山鹿可能要目送着我这个救命恩人走远了它才会离开。

于是，慧能转身就走，没走几步，再侧着头用眼睛的余光打量背后，发现那山鹿就像一条尾巴一样紧随于自己的后面。

慧能万万想不到会出现这么反常的一幕，朝山鹿说："你走吧，我要去采药。你跟着我去干吗？"

慧能说着快步走了一阵，回头一看，山鹿就像一个顽皮而执著的孩子，依然跟在后面，目不转睛地望着他。

慧能说："你再不走，那帮猎人回来了，发现你就麻烦了。"

任凭慧能怎么说，山鹿都紧跟不舍。慧能只得临时放弃去采药的计划，径直回家。

慧能回到自己居住的龟嘴岩石屋，坐在门口的石磴上，山鹿就像一只家猫一样温顺地团在慧能脚边，半瞑着困顿的眼睛"呦呦"直叫，就像一个撒娇的小孩，那么让人心疼。

慧能起身拉开不远处菜园的栅栏门，进去随手采了几片肥嫩的芥菜叶，放在山鹿的嘴边。山鹿先是试探性地用鼻子闻了闻，接着伸出粉红色的舌头舔了舔，继而一点一点地咀嚼起来，眨眼工夫，几片芥菜叶全吃光了。慧能摸了摸山鹿那渐渐胀鼓的肚子说："吃饱了吧？没吃饱我再给你拿点来。"

慧能说罢又去给山鹿摘了几片芥菜叶，可是山鹿不吃了。大概是吃饱了的缘故，山鹿开始闭上困顿的眼睛，打起盹来。

慧能说："多通人性的山鹿啊，它还知道留下几片芥菜给我吃。"

此后，山鹿就像慧能养着的一只家猫、一只小狗，常常离开龟嘴岩石屋上山觅食，回来和慧能绕膝而欢。

那年腊月，一个雨后的早晨，艳阳东升，那是蘑菇疯长的好时节。慧能踏着寒霜凝冻的草地，上山去采蘑菇。翻过后山之巅，慧能到一片林子里，扒开结满白霜的落叶，便见那些肥美的冬菇一簇一簇地紧挨着长在树根旁，他欣喜不已，欢快地采集这些美味山珍装进布袋里，山鹿站在布袋边看着慧能忙碌。

忽然，慧能听得不远处传来呼救声，慧能警觉地站起来，向四周张望了一番，四周又变得毫无声息，慧能以为自己是幻听，于是继续弯下腰来采蘑菇。

这时又隐隐传来呼救声，他立即站起来，山风呼呼地向他迎面吹来，呼救声越来越清晰。他断定一定有人在正前方不远处遭难了。

慧能循声往前走去，山鹿也紧跟其后。

"救命啊！救命啊——"呼救声越来越近了，慧能发现在离其百步之遥的地方，树丛里传出一个男人的呼救声。

慧能亮着嗓子喊道："我来了，你在哪里？"

对方说："我在树上——"

慧能说："你怎么，怎么在树上呢？你爬到树上去干吗？"

"我是被吊到树上的。"

"谁吊你到树上的？"

"我踩套了。"

"你踩了什么套？"

"拴野猪的套子！"

慧能这才明白有人不幸踩进了捕野猪的索套里，被吊到一棵栎树上去了，下不来，于是他使劲往前跑。

突然，慧能听到野兽的吼叫声，定睛一看，前面相距二十步远的下方山沟里，有两头大野猪，尾巴高翘、鬃毛耸起，对着树上被吊起的人吼叫。一头野猪屁股上还扎着一支箭，鲜血直流；另一头野猪在疯狂地啃咬着树干，企图将树干啃断，把树上的人咬死。作为被伤害的动物，出于复仇的本能，努力地啃撕着，发出"咔嚓、咔嚓"的响声。大有将其生吞活剥之势。

慧能想：如此凶险的情况，求救者居然不告知我一声，一旦我被伤害了，谁来救你呢？也许是出于求生的本能吧。慧能想到此便释然了。

两头野猪已经发现了慧能，虎视眈眈地望着他。慧能想野猪毕竟是野猪，而非虎狼，只要壮壮声势，它们就会逃走。山鹿似乎已经感觉到了某种危险，钻进慧能的两腿之间，不敢移步。

要救人就必须将野猪赶走，慧能在地上捡起一块石头，敲击着砍刀，"当当当……"野猪不叫了，也不啃树了，怔怔地望着慧能，颈脖子上的鬃毛不再耸起了，尾巴耷拉着。

慧能知道两头野猪已经胆怯了、心虚了，随时可能要落荒而逃了。

树上的人依然在有气无力地呻唤着："好心人，救救我吧……"

慧能继续猛敲起来，但是，两头野猪似乎渐渐恢复了自信，尾巴开始翘起、鬃毛开始倒立。

慧能知道不好了，野猪已经在和人玩心理战术了，于是他将地上的石头捡在一起，向野猪投掷过去。

这一招还真灵！

慧能举起一块大石头，向山下扔过去，石头像一条巨大的响尾蛇，"呼啦啦"地往下滚，两头野猪见此勇往直前滚滚而来的"怪物"，吓得疯也似地逃奔，转瞬间就不见踪影了。

慧能带着山鹿来到那棵栎树下，警惕的目光不停地注视着山猪逃走的方向，唯恐这两头报仇心切的山猪，卷土重来杀个回马枪，见那远远的山垭口没有动静才放心地走近那棵套着人的栎树。慧能见周围散落着长镖、弯弓、箭矢等狩猎的家当，就知道被套上树顶的人，一定是个猎人。

"想套野猪，结果把自己给套上了吧？"慧能看了看悬挂在树梢的男子，就像一头刚被宰好的生猪，倒挂在树上。

慧能来到树下，一股刺鼻的异味扑鼻而来，慧能知道那猎人踩进索套忽然像上钩的鱼一样被套住飞了起来，那一瞬间大小便失禁，撒在树下。

慧能挥起砍刀正要朝树干砍去，倒挂在树上的猎人突然大叫："啊——不不要——"

慧能说："什么不要？你说不要我就走了！"

猎人担心慧能一刀砍断了树，他就会倒栽葱，脑浆涂地，于是说："不要一刀砍断了。"

慧能说："一刀砍断？我可没这么好功夫！可是，我不砍断树，你怎么下得来？"

猎人说："你一点一点地砍吧，让树慢慢倒下来，这样我就不会受伤。"

慧能说："我本来就是打算这么做的，可是你不相信我的智慧。"

慧能说着挥起砍刀，试探性地一刀刀砍着，待树开始倾斜，慢慢倒下，把套在猎人脚上的绳索解开。两人相互对视的那一刹那，彼此都惊愕了：被套住的猎人竟是牛牯，牛牯也认出眼前这个救命恩人，就是上半年追赶那只受伤的山鹿时遇到的那个采药郎中。

牛牯正准备向慧能说一两句感谢的话语，可是一眼便看见慧能背后站着一只小山鹿，心中大喜，猛然一个飞跃，来一个螳螂捕蝉，扑在山鹿身上。

"阿弥陀佛，善哉善哉！" 慧能双手合十，"请你快快放开这山鹿。你一生行猎，滥杀无辜，罪孽深重！请不要再杀生，否则，不听劝告，必将横祸临头！你今能遇救，是不幸中的万幸，放下屠刀、回头是岸！"

山鹿在一旁"呦呦"地叫着，就像一个被欺侮的孩子，一直在抽泣或数落着。

慧能说："这只山鹿，正是你上半年杀伤过的那只，是我帮它治好伤。它就像我的儿子那样，一直跟着我。今天你见了还想把它杀死，太残忍了！要是你的儿子，遭人杀戮，你会何等伤心？"

牛牯歉意地说："对不起，我失礼了。感谢你的搭救！今天要不是遇上你这个救命恩人，我不是吊死在树上，就是死在那两只野猪的嘴里。"

慧能明知故问："你怎么会被吊到那树上去呢？"

牛牯说："我今天一大早去收套（猎人前一天在狩猎区设下索套或陷阱，翌日一早就去收获猎物），走到前面的山崖下，就看见两只山猪。"

牛牯朝山崖脚下指了指说，他一箭射过去，就在箭矢离弦之际，两头野猪突然受惊，往前直冲过去，一箭射在一头野猪的屁股上。牛牯见两头野猪朝他扑来，慌忙逃命，跑了将近百步之远，一脚踩进了自己设下的索套之中。本来想收获猎物，反过来自己竟成了索套的猎物。

"世间善恶是有报应的，你要尽快修善积德，赎罪悔孽。不然的话，你不日必将有血光之灾！"

牛牯一听吓得双膝跪地："师父，你救救我！救救我！"

"谁也救不了你，只有自己救自己。"慧能神色认真地说，"自己犯下的罪孽，只有自己以善行来救赎！你快起来吧！"

这时，山鹿在一旁叫唤着，似乎在催促慧能少管闲事，速速回家。

牛牯在慧能的再三催促下，战战兢兢地站了起来，但是两腿筛糠："你给我想想办法吧！"

"你只有从此不杀生，多行善多积德。别无他法！"慧能说，"回去吧，你的老婆孩子在等着你回家呢。"

牛牯眼含泪水地说："谢谢师父相救！不知师父家住何方？"

慧能说："我以四海为家，眼下暂居在上爱岭龟嘴岩的石屋里。"

"改日我定来谢恩！"牛牯说着收拾散落在地上的裤裆、砍刀、箭矢、弯弓等工具，准备回家。

"既然再也不杀生了，你还要这些杀害过无数生命的屠刀干什么？"慧能双手合十，"阿弥陀佛，罪过罪过！"

牛牯说："我要将这些东西保存下来，教育我的后代不要杀生。我就是用这些屠刀，犯下深重罪孽的。"

慧能和牛牯面对面默立良久，慧能认真地审视着牛牯的眼神："走吧，回去吧！记住别杀生，杀生即杀己。"

牛牯家住岭北的油桐坳村，这个村清一色的姓梁。牛牯回家后将自己命悬一线幸遇慧能搭救的经过讲给村人听，村人无一相信，都说是神话故事。他劝大家不要再狩猎杀生了。大家都说他一大清早上山收套，一定是撞见山鬼中了邪。

村里梁氏家族的族长说："我们梁家在这油桐坳村，世世代代都是靠打猎伐薪卖

树为生,只有你这个逆子说不要打猎。不打猎,你叫我们梁家老老少少上百口人,吃什么?喝西北风去啊!"

牛牯说:"不要再打猎了,打猎要遭报应的!我今天早上差点就没命了!"

族长乜斜着眼对牛牯说:"我看你胡言乱语,一定是撞见了山鬼,邪气附身了。要请道士来给你作法驱鬼!"

牛牯苦苦哀求族长,希望大家不要捕杀猎物,修善积德。却被村民认为撞见了妖魔鬼怪。

"赶快把牛牯关起来,不要让他到处胡说八道,妖言惑众。"族长说着,立即安排村里几个精壮的后生,将牛牯五花大绑,关在梁家祠堂里,不让出来。同时,派人到山外请来了一个跑江湖的,自称是茅山大师嫡传弟子的伪道士,来给牛牯做驱邪消灾的法事。

牛牯的妻子给牛牯送来午饭,一口一口地喂给丈夫吃。牛牯一边吃着一边叮嘱妻子说:"你赶快去上爱岭龟嘴岩石屋里,请那位郎中师父过来救我。我好心劝大家不要再打猎了,大家都说我撞鬼了。只有那个师父最清楚我是怎样遭到报应的,因为我就是他救下来的。"

"老公,你放心,我这就去请那个师父过来,让他向大家说清楚,你是正常人,并没有撞见什么野鬼山妖。"牛牯的妻子给丈夫喂过茶饭,就吩咐弟弟去上爱岭龟嘴岩石屋找慧能。

慧能是断黑时分赶到油桐坳村的。

此刻位于村子中央的梁家祠堂已是灯火通明,人头攒动。厅堂里左右两个大桐油火把在熊熊燃烧,闪烁恍惚的火光照耀着一张张好奇的脸庞。厅堂中央摆着一张八仙桌,桌上放着一个野牛的头颅,还有煮熟的鸡、鸭、猪肉等供品。

牛牯虔诚地跪在八仙桌前,双手支地,罪人般地低着头。

在一片缭绕的香烟中,一位头扎黑布带的道士,手举火把大吼一声:"临兵斗者皆阵列在前,诛邪!恶灵退散!"

继而道士猛然一挥手,将手中的硫黄撒向火把,"轰"的一声火光冲天,就像火山爆发,遽然间祠堂里杀气腾腾、硝烟弥漫,气味呛人蜇眼。

接着,道士挥舞着大刀,朝着东南西北乾坤六合一阵狂砍乱劈。刀柄上的红缨子在烟横雾绕中,犹如飞溅的血浆飘拂游弋。道士手舞足蹈,口里念着驱鬼咒语:"我是天目,与天相逐。睛如雷电,光耀八极。彻见表里,无物不伏。急急如律令。太上老君教我杀鬼,与我神方。上呼玉女,收摄不祥。登山石裂,佩带印章。头戴华盖,足蹑魁罡,左扶六甲,右卫六丁。前有黄神,后有越章。神师杀伐,不避豪强,先杀恶鬼,后斩夜光。何神不伏,何鬼敢当?急急如律令……"

慧能走进梁家祠,一眼就认出了族长,因为半年前,族长上龟嘴岩石屋找慧能治过病。

慧能双手合十招呼道："族长公，好久不见了，身体可好？"

族长迟疑了片刻，恍然记起那是慧能，便拱手回应道："好好好，托您的福，身体尚好。"

慧能指着那正在装神弄鬼的伪道士说："那是在做什么法事？"

族长说："哦，是这样，我们村的牛牯，今天一大早上山打猎，撞上了邪气，现在做道场给他做驱邪法事。"

牛牯的弟弟说："我哥哥没有撞邪，他的确好好的，只是劝大家不要打猎、不要杀生，大家都说他……"

族长厉声喝道："闭嘴，没你说话的分！"

慧能说："族长，牛牯确实没有撞见什么鬼和邪的，倒是撞见两只山猪。差点要了他的命！"

族长生气地说："你听他瞎说！"

"我亲眼看见的，"慧能说，"他今天早晨去收套，碰上两只大山猪，一箭射过去，射在一只山猪的屁股上，两只山猪就向牛牯扑过去，牛牯吓得拼命跑，不小心踩进了他自己下的套子里，被吊在树上，我上山采山珍，看见了他，才把他救下来。"

道士身为江湖人士，对场面上的动静十分警觉而敏感，便挥着大刀冲过来，在慧能面前狂舞了几下："谁说他没撞上鬼？！我看他就撞上了你这个活鬼！"

慧能被这意想不到的一幕吓了一跳，这个道士的耳朵怎么这么灵？这乱哄哄的，他做着法事还能听清楚我说话。

慧能说："大师，你误会了。心中有鬼，自有鬼。我是将我今天早上遇上牛牯的经过给族长说一说。"

"你才心中有鬼！"伪道士认为慧能一定是来和他抢饭碗、砸场子、拆台的，"你说他没撞见鬼，那你来这里干吗？"

族长见这样吵下去也不是个办法，于是清了清嗓子说："大家静一静，我来说几句。"族长说完顿了顿，显示自己的尊严与权威。

此刻，全场鸦雀无声，都静静等着族长发话。

"这位大师姓卢，是个妙手郎中，上半年我打摆子，就是他给我治好的。"族长说："有鬼没鬼我们就不去争了，我的看法是有鬼就杀鬼，没鬼就吓鬼！今天，牛牯说他自己死中逃生的故事是真的，救命恩人就是这位卢郎中，我可以不相信牛牯，但我们要相信卢郎中，他是我最信任的朋友。"

村长说着转过身来对慧能说："你和大家说说，你是怎么救牛牯的。"

慧能于是将他救下牛牯的经过详详细细地向全村的父老乡亲讲了一遍。

山鹿吓得钻进慧能的双腿之间瑟瑟发抖，慧能说："大家看看，这只山鹿，就是上半年被牛牯这猎人打伤的。当时，我在山上采药，这只鹿逃到我身边，我把它救活过来，从此，它就一直没有离开我。唉！牲口也通人性，有感情哪！"

这时，所有的人都争相观看山鹿，山鹿被吓得将头躲进慧能两腿之间，浑身颤抖。

"啧啧，还真是一只山鹿呢。"

"我还以为是一只狗呢。"

"这山鹿比狗还听话。"

慧能接着说："伤害它的人，不是别人，就是牛牯和你们村里的几个猎人。"

这时，几个猎人上来辨认。

"哦，记起来了，那次在上爱岭……"

"你看看，那山鹿的脖子上还有一个疤呢？"

"那一箭就是牛牯射的。"

……

慧能说："善恶自有报应的，恶有恶报，善有善报，不是不报，而是时机未到，时机一到，一切必报。所以，大家都不要再打猎杀生了，牛牯今天如果不是碰上我，他不是死在自己的索套里，就是死在两只山猪的嘴里。"

乡亲们一听慧能说不要打猎，顿时一片哗然。

"喂，郎中先生，你有没有搞错啊，我们世世代代都是靠打猎采木为生，你说不要打猎？那不是叫我们不要活了？"

"不要打猎？不打猎，叫我们喝西北风啊？！"

"卢郎中，不要我打猎，你来养我们一家老少啊？"

族长重重地干咳了两声，大家都不敢吱声了。

族长说："卢郎中是劝我们向善、不要杀生，而不是不准我们杀生。我看是这样，尊重个人信仰吧，有的人想修善积德，那就别杀生、别吃荤腥，只吃五谷蔬果，斋素一生；当然，不想这么做也可以，我们的祖祖辈辈都是这么过来的，没见过像牛牯这样的报应。各自请便吧！"

族长说完问道士："你说是不是啊，茅山大师？"

道士连连附和着说："对对对，言之有理，言之有理！"

慧能把跪在地上的牛牯拉起来："你回家吧，没事了，我给大家说清楚了，你好好的，没中邪……"

"谁说他没中邪？"道士牛眼圆瞪，"刚才那么多鬼怪被我赶走了……"

"我是说，他现在没事了，有邪也被你这个茅山大师降逐走了。"慧能这么一幽默，引起哄堂大笑。

二十四、杀生与报应

　　第二年的十月十五，油桐坳村的族长召集村里的精壮男子开会，族长说："明天就是盘王节，我们赶快上山打猎，多打些新鲜的獐麂鹿兔回来，好好庆祝庆祝！"

　　盘王节是瑶族人民的节日，作为汉族人的梁氏族长为何庆祝盘王节呢？说来并不奇怪，油桐坳村附近的山麓居住着大量的过山瑶（瑶族的一个支系），这里的汉族人和瑶族人杂居在一起，许多生活习惯、民风民俗都已同化。所以汉人也和瑶民一起过盘王节，瑶民也跟着汉人一道过端午、中秋和春节。

　　盘王节是瑶家人纪念祖先盘王的节日。盘王带领瑶人漂洋过海，从南京七宝洞会稽山出发逃生。那时"寅卯二年大大旱，天下万物都枯焦"。瑶人捕鱼失火，被迫背井离乡。十二姓瑶人砍倒门前相思树，做成十二只船，举族逃难。面对着茫茫大海，向着不可知的海域，漂海求生。广东南海岸，以宽阔的胸怀最先接纳了这个苦难的过山瑶民族。从此，瑶家的祖祖辈辈在此扎根、繁衍生息。

　　为了庆祝盘王节，油桐坳村的精壮劳动力都上山打猎去了，剩下妇女老幼在梁家祠堂里洒扫屋舍、打糍粑、做炸果，张罗着合族大餐的酒菜。

　　附近的瑶家乡亲携糍粑、茶油、橡子糕、油豆腐等山货来到油桐坳村串门，和油桐坳村人互赠礼物，共同迎接盘王节的到来，大家乐也融融。

　　这里的汉人过盘王节，只是备以美酒佳肴宴请亲友宾客，没有任何祭祀活动。

　　而这一带的瑶族同胞过盘王节，则十分隆重。除了大宴宾客之外，还要举行祭盘王、还盘王愿等祭祀活动。

　　油桐坳村的族长会被作为瑶家人的尊贵的客人，邀请到瑶寨的祭祀现场，和瑶族的酋长并排而坐观看祭祀节目。

　　这个时候，油桐坳村的猎手们将猎获的猎物（最好是活的）送到祭祀现场展示，进而供奉盘王先祖。

　　瑶民和汉人各派一名猎技最高的"头箭"和尊贵的酋长同桌共饮，品馐尽欢。

　　油桐坳村的头箭，过去是牛牯，可是牛牯已经彻底金盆洗手，放下屠刀不再狩猎。村里的头箭自然是族长的长子金狗，那天，作为头箭的金狗，带着村里的猎人，向着深山老林进发。

这些猎人进入广袤而博大的山林里，就像一望无垠的稻田里潜入了一些饥饿的蝗虫，狼奔豕突。

大家都分头行动寻找猎物。身为头箭的金狗心里一直在想，此行出猎要逮几个活物回去向族长父亲和瑶民酋长报喜。

事实果然让金狗如愿以偿，金狗翻过两道山梁，跨过一道深涧，钻进一片竹林。金狗猛地吸了吸鼻子，发现那充满酽醇的野果芬芳之中，夹杂着浓浓的山猪、野牛的气息。

凭着经验，金狗断定这里隐藏着野物。他掏出一支箭搭在弦上，踮起脚尖前行。忽然听到前方有异样的声响，他就像幽灵般悄无声息地溜到前面的一棵大树下，朝前窥视，发现一只母山猪带着一群小猪崽，在竹子根基下刨食竹笋。小猪崽在争抢着吸吮母猪的奶汁。

金狗见此情景，心跳突然加快。他想先将母山猪射死，再活捉这群小猪崽。于是端起弓箭，屏住呼吸瞄准母山猪的心脏部位，一箭过去。

母山猪正埋头翻土，突然扭动了一下身子，箭射在了母山猪的腹部。母山猪被突如其来一袭，哧溜往荆棘丛里一钻，就不见影子了。

小猪崽子嘴里的奶子忽然间就不见了，它们"唧唧唧"地叫了起来，就像一群嗷嗷待哺的婴儿。

金狗明明看见自己那支箭插进了母山猪的心脏部位，就在箭头嵌入母山猪皮肉的那一瞬间，金狗听见了母山猪发出沉闷的"哼哼"声。金狗想，那母山猪必死无疑。于是从腰间掏出绳索，冲上去活捉那些小猪崽，每捉一只就用绳子绑住拴在树上，他一连逮住了三只小猪崽。那些小猪崽吓得四处逃散。

正在金狗扑向第四只小猪崽的时候，"嚯"地一声，金狗看见一团黑色的旋风从其裆里穿过，他立刻感觉自己胯下凉飕飕地锥心地生疼，似乎五脏六腑都被掏空，继而发现自己脚下的地在移动，身边的竹林树木和被枝叶掩映的天空也在飞速地旋转，"哎哟——救命啦！救命啦……"惨叫声在神秘的莽山深处回旋……

慧能和族长都被邀请到瑶寨参加盘王节的祭祀盘古王的活动，和酋长一道坐在前排观赏大师公朗读《盘王歌》，副师公跳《小长鼓舞》，吹鼓手奏乐，童男童女频频朝天行屈膝礼请求盘王降福人间……

"卢郎中，我四代单传，现在我的孙辈只有五个孙女，我做梦都想有个孙子。"梁氏族长问慧能，"不知卢郎中有何妙法，让我梁家香火传下去。"

由于慧能一直在躲避大师兄神秀的党翼爪牙的追杀，埋名蛰居在四会与怀集一带的深山老林里十五年，一直不敢暴露身份。所以，族长只知道慧能是个乐善好施、慈悲为怀的好郎中。

慧能回答道:"子嗣,乃前世今生修来的,而非随心所欲而成的。"

族长说:"你给我指点迷津,如何修来子孙满堂?"

慧能说:"首先,你自己不要杀生,还要劝你的儿女、亲人、村里的人都不要杀生。你要是做到了,今生你必将有子嗣传续香火。"

"哦,我自己不杀生可以做到,但是要劝别人不杀生,恐怕办不到。"

"你只要自己弃恶从善,同时劝告他人不杀生,你的劝善心意尽了,就可以了。就会有福报。"

此时,油桐坳村的猎人挑着猎获的野生动物来到祭祀现场,族长十分欣喜,红光满面地站起来望着梁家的猎手献上猎物,他对酋长说:"这是我们梁家的一点小礼,不成敬意,望您笑纳。"

酋长说:"谢谢您多年来对我们瑶家人的关爱,真是仁义值千金哪!"

族长那搜寻的眼光在努力地寻找儿子金狗,可是一直没见金狗的影子,本来酋长身边有个席位是留给头箭金狗坐的。

族长显得有些焦躁不安。忽然,他看见远处有人用竹杠和藤条做成的担架抬着一个人走来。

一种不祥的预感袭上族长的心头,他正想离席走上前去看个究竟,突然一个汉子横在了族长跟前,"大公公,我金狗叔出事了!"

"啊!出事了?出什么事?"

"金狗叔的下身,被山猪咬去了!"

"说说清楚点,下身被山猪咬去了?"

"就是,就是子孙根被咬掉去了!"

族长一听,眼前爆迸出满天的金星,身子立马像泄了气的皮球,摇晃了两下就倒下去了。

"不好!"慧能见状,立即吩咐人给族长喂姜汤,同时自己跟着梁家猎手来到金狗身边着手抢救。经过慧能的全力救治,金狗虽无生命之虞,但是永远失去了繁衍子嗣的能力。

经历了这一场浩劫以后,族长自己力戒狩猎杀生之恶习,同时劝诫自己的族人不要杀生。族长常常对大家说:"不杀生,积阴德。不修今生,修来世。"

二十五、修悟在怀会

  慧能靠着非凡的毅力与坚定的信仰，在怀集、四会那一带的深山密林里，虽是幽遁山林，木食草衣，却是在韬光养晦，自我修禅。他的禅学思想的创立，大大地受惠于这一带的山水灵气、世情文化。在这里，他以矢志不渝之精神，修悟了整整十五个年头。

  无论是三伏炎夏，还是数九严冬，慧能或面对闲适恬静的绿水青山，或仰望浩渺迷离的星汉银河，思路在有形的物与无形的心之间徘徊，苦苦地思索着五祖所传顿教与西方《金刚经》中"应无所住而生其心"的妙旨与转承关系。世间万物都在变，西方的佛法来到大唐中土也该变。恒河之水如何融汇到中土的江河之中？这是佛门中的大问题。达摩祖师所传的如来禅，万变不离其宗，其要旨是"借教悟宗"，修行开悟的特点。而祖传的"直指人心，见性成佛，不立文字，教外别传"的法门，强调的是直指心源，应机接物，当下默契，即心是佛，这当是佛法的源头活水。

  慧能在怀集与四会山林清净之地十五年的隐遁修悟，开始构思体现中国化、平民化的《坛经》，立志创立禅学"南宗"。"众妙会心"，使慧能的佛理禅机升华到了一个新高度，他修悟出的心性之学，在贯通大乘佛法基础上无形中融摄了中国传统文化的儒道之学，实现了天竺禅在中国的彻底转换，形成了一个"适合中国国情"的禅宗思想体系。这为他日后在曹溪大开法门，张扬中国化的佛教——曹溪禅，奠定了坚实无比的思想基础。

  《怀集县志》记载："六祖岩，唐神龙年间，五祖传衣钵慧能，密嘱能逃去，恐人害之。乃潜至上爱岭石室栖迟。《传灯录》谓其'逢怀则止，岩其驻锡处也。至今岁旱，乡民祈雨辄应'。"

  清光绪三十三年（1907），当时的怀集县令蒋航登六祖岩，感慨赋诗，其中有"峭壁悬崖叩上宫，慈悲救世释儒同。如何十载修真地，一任嚣尘历劫红。"此诗刻在六祖岩壁上，长140厘米，现仍清晰可见。

  古人将慧能在怀城南溪饮水之事与智药饮曹溪水之事相联，称："南溪与曹溪何分高下，则顿悟之门已可近取。"古怀阳十六景之一就有"南溪古渡"一景。而上爱岭被后人称为"六祖岭"，岭上的龟嘴岩被后人称为"六祖岩"。后来，冷坑的人们知道曾在龟嘴岩上避难的竟是禅宗六祖慧能，在深感荣幸之余，在熔炉村东面，也就是慧能经常帮村民干农活的地方建起了一座寺院——双禄寺。人们在慧能西行时闪现红黄光环的山岗上建起了谷神庙，附近村庄赐名为"佛灯村"。当地的村民，逢年过节，家家都挂起"走马灯"，来纪念这位禅林宗师。盏盏花灯，装点着夜色下的山庄，蔚为壮观，成了当地一道亮丽的风景线。引来了不少文人雅士的造访，甚至连县令大人也专程前往观赏。如明朝举人、怀集县令林春茂在观看了花灯夜景后情思泉涌，挥毫泼墨，写下了一首著名的七言诗《晚游佛灯》："竹外禅关色界空，青莲趺坐一灯红。在天月色长如水，共照迷人暗宅中。"

家家挂佛灯的民间习俗，在怀城附近流传了一千多年。明崇祯年间，被命名为"佛灯晚晴"，成了古怀阳八景之一。遗存于冷坑六祖岩壁的清代石刻，六祖岩右侧的"杵米穴"，六祖岭下的"无字碑"（也称"别传石"）以及六祖禅院旧址，梁村华光寺设六祖禅室的记述，还有怀城河南的六祖庵、六祖井遗址……大量的历史遗迹，都是六祖慧能"逢怀则止"的历史见证。

在六祖慧能的思想影响下，怀会大地，禅风颇盛。近年发现，曹溪禅门历代粤籍僧尼名册中，282名序列上就记载有6位怀集籍人氏，分别是泰祥（665—734）、深师（905—966）、道远（907—967）、宝华（912—972）、宋升（1015—1086）、怀殊（1042—1120）。

慧能圆寂后，他的弟子从国恩寺来到六祖慧能曾蛰居多时的四会灯盏岭扶卢山下，建起了六祖寺，传言昔日香火极盛。经千年风侵雨打，旧址如今石柱瓦顶犹存。

清光绪二十二年（1896）所修的《四会县志》记载："扶卢山在上林铺清塘陶塘龙头罗湖四铺界，高千余丈，上有石池。池沿石以撞击之，其声如鼓……昔六祖卢慧能尝避难于此。故以扶卢山名。下有六祖庵"，慧能"乃于四会避难，逐猎人队中，凡一十五载，今扶卢山卢峰寺、六祖庵，皆能遗迹也"，"六祖寺在龙头铺扶卢山下六祖慧能尝隐于此，后人建庵祀之，庵久废，国朝仁宗嘉庆十四年已重建"。村民将寺前的那条村易名为"寺前村"。这些都是慧能"遇会则藏"的确证。

在四会广泛流传着慧能点化阮公成为"阮公佛"的故事。

四会贞山重修的"六祖寺"规模宏大，环山而抱，状如坐莲，四周林木苍翠。巍峨的山门上两副对联分别是："山藏祖迹千年禅宗意，门纳善信万众护法心"，"开般若门应是明心见性，入菩提地还需色相皆空"。

怀集与四会的文化积淀是厚重的，中华民族优秀文化在怀会大地源远流长。

史学家从六祖慧能的人生轨迹早已概括出：广东新兴县是他的出生地、圆寂地，湖北黄梅县是他的求法地，广州光孝寺是他的剃度地，广东韶关南华寺是他的弘法地。现在，佛教史上该庄严地补上一笔了：广东的怀集与四会是他的修悟地。

二十六、语惊法性寺

时间是万事万物最强大的敌人,它能够将沧海转为桑田,有形变为无形,永恒化为乌有,将大千万象变得面目全非。

自从慧能携带着五祖所传的袈裟宝钵南逃后,身为东禅寺首徒与上座教授师的神秀,因未得到五祖的真传,常常黯然神伤,触景生情,天天对着这些熟悉的景物,只会唤起自己的悲伤记忆,留下累累的心灵创伤。

在一个风雨交加之夜,神秀独自离开双峰山,遁往荆南当阳山(今湖北江陵),在玉泉寺里易姓换名,潜修苦悟,十多年后,才公开复出,传授神法,济世度人。五祖原来的门徒,有不少人一直景仰神秀,他们散落在大江南北、黄河两岸。如今,得知神秀在玉泉寺开示法门,弘扬禅学,纷纷涌去,归之如云。

玉泉寺盛极一时,在北方地域自成"渐悟"一派。神秀被门徒拥立为佛教北宗。一时间声名大震,朝野皆闻。

五祖将袈裟宝钵传给慧能以后,继续在东禅寺讲解佛法禅机,随着年岁的增加,身体每况愈下,于唐高宗李治咸亨五年(674)圆寂,寿年75岁。

弘忍示灭后,神秀也逐渐开悟到自己所推崇的渐悟与慧能所提倡的顿悟是同一源头而不同派别而已,正是"本是同根生";故此,他自己对慧能的敌对情绪也渐渐变得缓和了。

唐仪凤元年(676),心里一直惦记着弘法传教的慧能自知身膺重任,今见追杀他的风声渐渐没有以前那么紧了,下决心走出四会、怀集的丛林深谷,高扬顿法禅旗,一展宏图,四处出游去了。

正月初八那天,慧能来到广州城(当时属南海郡),这里街道纵横交错,车水马龙,游人如鲫,一片繁华景象。

慧能向路人询问:"这城里哪座寺院最大、高僧最多?"

"法性寺。"

"法性寺。"

"法性寺!"

尽管路上行人的衣着表明他们是属于不同的阶层,但他们的回答都是一致的。

慧能从中推知法性寺在广州人心目中有多高的位置,于是一路询问而去。

在一条大青砖铺就的街道旁,有一所规模宏大的寺院——法性寺。

当时的法性寺,就是如今的广州光孝寺,是岭南有名的寺院之一。

法性寺原来并不是寺院,而是西汉南越王赵德的王府,亭园层叠,草木葱茏,锁住无限春光。西汉末年,三国争雄,东吴孙仲谋御下谋士虞翻,因开罪而被贬至岭南,他见这里地方宽敞,林木荟郁,就将这里作为讲学的场所。虞翻才气纵横,独有见解,门徒众多,声誉鹊起。世人将这里称作"虞苑",虞翻在里面广种稀有树木柯子树,茂密成林,别有一番景致,故此世人又将这里叫做"柯林"。虞翻病亡后,他的子孙笃信佛教,改苑为寺,名叫"制旨",请和尚数十人入居,常年念佛诵经,超度亡灵。后来,虞家败落,和尚留居在此,此地变成佛门圣地。至东晋隆安元年(397),来自克什米尔的高僧昙摩耶舍在此建成"王园寺",广传佛经,声名传播。其后,凡从外国来的高僧都喜欢来到这里歇脚,这里成了岭南重要的名刹。梁武帝普通元年(520),禅宗初祖达摩从天竺来广州,就曾在此寺驻锡。陈武帝永定元年(557),西印度的真谛法师也曾居于此寺,翻译经论四十多部。

今天,慧能的到来,注定这座古寺又将在佛教的史册上翻开崭新的一页。

慧能来到法性寺山门前,一眼望去,心中惊叹:"哟,果然是气势不凡!"

慧能略为犹豫了一下,跨步迈进了寺门高高的门槛。

慧能这一步,成了他迈向佛祖殿堂巍巍宝座上的关键一步。

而其后在寺里的充满禅机的对答,不仅成了慧能人生的一个转折,也是佛法禅理得以快速弘扬的一个契机。

慧能走进法性寺后,纵目望去,柯树苍苍,回廊曲折,环境幽雅。天王殿、伽蓝殿、千佛殿、睡佛阁、风幡堂、钟楼、鼓楼都是斗拱飞檐,红墙青瓦,在宏伟之中溢出庄重。

慧能在心里暗暗惊叹:"这佛门圣地,可算得上是梵界冠首,无与伦比!"

筑于高台的大雄宝殿,更显气势雄伟。

大殿内外,人头汹涌,黑压压的一片,连大殿外也站立着数百名信众。粗略估计,听众不下三千。

一位慈祥的中年法师端坐在高高的法坛之上,讲着《涅槃经》。

慧能问坐在门口的一位小和尚:"请问,法座上讲学的是什么人?"

小和尚转过头来,望了慧能一眼,没好气地回答:"你一介俗客,连我们的师父也不认识?"

小和尚身旁的那个老和尚见此情形,向慧能问道:"你是初次进法性寺来的吗?"

"是。"慧能点了点头。

老和尚的口气充满了无限崇敬:"他是我们法性寺的住持印宗大师。"

印宗大师,江东吴国人氏,从小笃信佛学,幼小出家,诵经礼佛,参禅论义,对《涅槃经》的研究特别精深。他聪颖好学,悟性很高,精通戒律,因此,很快在禅林中脱颖而出。他曾在京都长安的大敬爱寺修行,盛扬佛法,声誉日隆。唐高宗诏请他进皇宫的内道场去讲法。本来这是富贵荣华、飞黄腾达的绝好良机,印宗大师却一口拒绝,反而转到黄梅东禅寺,参谒五祖弘忍大师。得到五祖的点化后,辗转到广州法性寺,开坛讲义,雄辩之才,驰誉四方。

"印宗论义,无人可匹。"这成了方圆数百里僧众信服的口头禅。

今天,印宗大师又升座讲法,阐释《涅槃经》。

慧能在大门口石阶处的僧众中坐了下来,听印宗大师阐释经义。

印宗大师高高地坐在庄严法座之上,说道:"我们学佛的目的,在于坚持五戒十善,来断恶修善,净化自己;广修六度四摄,来庄严国土,利乐有情,转化烦恼习气,彻证常住真心,彻底解脱生死流转和世间的一切苦厄。为此,我们要发上求佛道、下化众生的菩提心,精进修学戒、定、慧三无漏学,消除惑、业、苦这三障……"

一阵大风掠过珠江河,吹进法性寺,把大殿前高悬的佛幡吹得左摇右晃,飘忽不定。

印宗大师心中一动,指着佛幡说道:"《涅槃经》我已讲了不少,现在大风吹来,佛幡飘动,大家不妨以风来论经,借幡来阐义。"

听众交头接耳,议论纷纷。

一位老和尚站了起来,说道:"幡是无情物,它因风而动。"

"对,是幡在动!"不少人附和着。

印宗大师用手轻捋下巴翘出的胡子,没有做声。

老和尚刚坐下,那边一位年青的和尚站了起来,提高了声音:"我认为不是幡在动,而是风在动。"

"对,是风在动!"认同这一观点的信徒也高声地附和,叫了起来。

印宗大师眉头皱起,嘴唇紧闭,也没有做声。

"是幡在动!"

"不,是风在动!"

"幡动!"

"风动!"

双方你引《金刚经》为据,我用《法华经》作典,争吵的声音越来越高,甚至到了声嘶力竭的地步。大家互不相让,相持不下。有的人还指戳到对方的鼻尖上,气氛变得十分紧张,大有剑拔弩张的势头。

慧能觉得争辩的双方都没有点中关键之处,积郁在心中多年的见解像奔突的岩浆喷溅出来。他霍然站了起来,信步前去,插到争吵的两派之间,大声地说:"你们全都说错了!"

众僧人望着这位不速之客:"什么?我们讲的全错了?"

"错了!"慧能的声音仍然是那么的高,"我说,既不是幡动,也不是风动!"

这位衣衫褴褛的留发行者的举动,在那位老僧眼中看来,实属狂妄之徒。于是趋步上前,指着头顶摆来摆去的佛幡:"你看看,明明是佛幡在飘动,你却硬是睁眼说瞎话,说什么不是幡动。哼,看清楚点,那又是什么在动?"

年轻和尚也看不起这位陌生的外来者,以质问的口吻逼着慧能:"很明显,是珠江吹来的风将佛幡掀动,你却说不是风动。我问你,那究竟是什么在动?"

几千僧众的目光焦点齐刷刷地集中在慧能的身上。

慧能不慌不忙地,再走到高一级的台阶上,提高声调,节奏放慢道:"是心动。"

印宗大师坐的位置离慧能不远,在争吵的声浪之中,他好像听到了一种不同凡响的声音,大声喝道:"大家静一静,大家静一静!"

大殿的声浪像退潮的潮水一般遽然消退,变得鸦雀无声。

此刻,劲风把佛幡吹得上下翻飞,猎猎而飘,哗啦作响。

印宗大师把手指向慧能道:"请你再讲一遍。"

慧能神色严肃,一字一顿地回答:"是心动!"

印宗大师一震,一种莫名的情愫驱使他快步走了过来,抑制不住内心的激动,问:"这位居士,请讲讲你的见解,何谓心动?"

慧能用手正了正背上的行囊,然后举起右手,指着头顶的佛幡:"你看,哪里是幡在自动?也不是风在动,而是仁者心动。"说完他把右手收下,按向心窝。

一语令在座的人都震惊了。

印宗大师惊愕了。

印宗大师在法性寺传经授道已有许多年,从未听过对"顿悟"之道阐述得如此精辟透彻的见解。

再看这语出惊人的来者,头发浓黑,全身缁衣黑裤,一副山里人的打扮。他长得面目清癯,额角前隆,长眉之下,眸光烁烁,蕴涵无穷的睿智,玉树临风般站在那里,颇具仙风道骨。

印宗大师心想:这人出语不凡,身背行囊,风尘仆仆,想必是来历不凡的高人。

印宗大师向众人宣布:"今天讲经到此为止。"

众僧人哗然散去。

此时,印宗大师从讲坛上走下来,径直走到慧能面前,施了一礼:"这位居士,贫僧想约你到内殿,单独倾谈一下,不知施主是否赏脸?"

慧能稍作思忖道:"好,我正想向大师请教一二。"

二十七、菩提下落发

印宗大师领着慧能进入法性寺内殿小厅,印宗大师示意慧能坐下。

小和尚奉上了香茗。

印宗大师与慧能呷着香茶。

印宗大师说:"刚才以风论经,以幡阐义,三千听众,可谓济济一堂,但全都是皮毛之见。唯有居士字字珠玑,鞭辟入里。你对佛学可有研究?"

慧能谦逊地答道:"卑人对佛学谈不上有研究,亦曾学过一二。"

"那么我们就谈谈佛法,好吗?"

"好。"

印宗大师用手捋着胡子:"佛学里,以善为本。不知居士对善根有何见解呢?"

慧能答:"善根有两种。一种是变的,一种是不变的。但佛性是超乎变和不变、善和不善的。"

印宗大师问:"什么是佛法的不二之法呢?"

慧能滔滔而谈:"法师,你向诸位僧众讲授《涅槃经》,若明了佛的本性,这就是佛法的不二之法。如高贵德王菩萨对佛请问,如果有人犯了'淫、杀、盗、妄'这四重禁戒根本罪,不通忏悔,而且还犯了'杀父、杀母、杀阿罗汉、破坏三宝、出佛身血'这五逆罪,这些人应当断除他们的善根和佛性吗?佛回答说,善根有二种,一是常,二是无常。可见佛性没有常与无常之分,所以不会断绝,这就叫不二之法。一是善,二是不善。佛性既非善也非不善,所以不断,这也叫做不二之法。再说五蕴(色、受、想、行、识)与十八界。十八界包含着六根(眼、耳、鼻、舌、身、意),六尘(色、声、香、味、触、法),六识(眼识、耳识、鼻识、舌识、身识、意识)五戒十善这是善,五逆十恶这是恶。佛性并没有善恶的分别,这就称为不二的法门。蕴与界,平庸的人认为是两个。而有智慧的人明了其本质是一回事,没有分别可言。如此无二的真性,就是佛性。"

印宗大师长叹了一口气:"唉,相比之下,我的见解好似地面上的瓦砾那么肤浅，而居士的阐释好似深藏地下的纯金。"

慧能双手合十施礼道："大师自谦了。"

印宗大师端详了慧能一会，心中不禁怦然乱跳，问道："居士才学渊博，悟性超人，出言便是金玉纶音，想来并非凡夫俗子，市井庸人。"

慧能摆了摆手："大师过奖了。我乃一介平庸居士，并无高德。刚才不过直抒胸臆而已。"

印宗大师："请问居士从何处来？"

慧能淡然而答："这些年来，我一直居住在深山老林，寄语苍山，溺志林泉。"

"蛰居山野的居士语出惊人，能直指心性，彻悟禅机？"印宗大师把身子探前了一些，"请问，居士高姓大名？"

"我姓……"慧能突然犹豫不定支吾其词。

印宗大师见慧能说话吞吞吐吐、遮遮掩掩，更证实自己原先的推想，直言不讳地说："世间早有传说，十五年前，五祖衣钵传人乃是一位未曾落发的居士，为躲避大师兄神秀的迫害，只身从蕲州黄梅县东禅寺逃到南粤，隐姓埋名，至今仍似泥牛入海，未见踪迹。我想居士乃属龙象之辈，必定是——"

"不，不，我不是！大师高抬了！"慧能连连摆手。在人地生疏之处，他不敢贸然公开自己的真正身份。

印宗大师知道慧能心存戒备，诚挚地说："居士，你不必多疑，我一直是'顿悟'学说的崇拜者，也曾到过黄梅东禅寺参谒过五祖弘忍大师。多年来，我在法性寺也是宣扬五祖推崇的顿教学说。你放心，我不会加害你的。"

慧能支吾着："这……"

印宗大师道："潜龙终有腾云日。如果你真的是五祖衣钵的传人，贫僧祈盼你能够重返禅林，弘扬佛法，绍隆祖业。勿似被泥沙深埋的珍珠，不显其绚丽之光泽。如今，天下升平，佛风频吹，正是有志之士大开法门之绝妙良机。肩负着续佛心灯、弘扬禅学重任的承传之人，倘若再不肯出山，又如何对得住在九泉之下祈盼的五祖呢？"

慧能仍在犹豫："我……"

印宗大师见状，加重了口气道："我已看出，你果真是接续法灯之人。这个时候，你该挺身而出。须知，此事并非你个人之私事，而是事关禅宗兴衰的千秋大业呀！"

对法性寺历来播道的旨向，慧能是早有所闻的。如今，见印宗大师慈眉善目，不像是凶狠奸诈之人，又是言词真挚，情恳意切。于是，慧能长叹了一声："唉，人世沧桑，浮云难掩皓月，看来现在是我重返禅林、弘扬佛法的时候了。"说罢就取下行囊，打开包裹，拿出了两样圣物来。

那就是五祖传下的袈裟和宝钵。

十五年了，时光悠悠，路途漫漫，多少名花已经凋谢，多少树木已呈老态。

但这些年来,无论身处何种逆境,慧能都将这些圣物视作心肝宝贝,珍藏爱护,所以这些圣物风采依然。大红袈裟红得醒目,上面绣的金线如新一般;宝钵金光灿灿,耀眼炫目。

印宗大师是个识宝之人,又是五祖的虔诚信徒。如今,见是先祖的传世宝物,来者是先祖的传承之人,不禁肃然起敬,向着祖传的圣物再三叩头行礼,然后向慧能问道:"五祖弘忍大师在嘱咐衣法时,是怎样向你指示传授的呢?"

慧能回忆道:"若说指示传授则没有。只讲如何明心见性,不讲修禅定得解脱。"

印宗大师问:"为什么不讲修禅定得解脱呢?"

慧能:"因为修禅定得解脱是包含能求或所求两种方法。这就不是佛法了。佛法是无彼此无分别对待的不二之法。"

印宗大师"扑通"一声跪在地上,行了一个大礼:"师父在上,受弟子一拜。"

慧能急忙上前,把印宗大师搀起:"大师,此地以你为长,我落泊江湖,怎能不分尊卑。"

印宗大师把头一摇:"佛教禅机,光耀四海。禅林宗师,以悟性高、德行高者居之。师父你昔日的偈语'菩提本无树,明镜亦非台;本来无一物,何处惹尘埃'已广为流传,四海皆知。师父你的偈语直指人心,悟性之高,佛法之广,弟子实在难于相比。我愿退居一位,把这法性寺住持之位拱让给你。"

"使不得,使不得,千万使不得!须知如今我仍身处俗家,况且你还是长辈哩。"慧能频频摆手。

"弟子斗胆冒犯一言,师父此言差矣,"印宗大师虔诚地说,"佛门仪规,是谁先悟道,谁则为尊为师。师父你暂时身在俗家,然而心早已在佛家,并得正果,是禅宗正传的六祖;而我虽早已出家,但在你的面前,只不过是一介小僧。万望师父勿再推却。"

慧能仍谦让道:"大师德高望重,南海一带,信众如云。这里正需要你继续传经授徒,弘扬禅学。今天我能够从深山老林中安然无恙地重出,五祖师父在天之灵得知,谅也心足了,何必提及让位一事呢?"

印宗大师见勉强他不得,只好支吾起来。

慧能说:"不过,这些年来,我倒有一桩心愿未得了却。"

印宗大师问道:"你有什么心愿?"

慧能:"我自入佛门以来,苦学经道,大张禅机,都是带发修行,只是佛门一居士。今日我从山林复出,重入禅林,望大师替我剃度受戒。"

听慧能这么说,印宗大师眉毛一挑,跪倒在地上:"剃度受戒,这有何难。我乞请师父在剃度之后,收我为门下弟子。师父若然恩准,我才敢在师父头上动发。"

慧能:"大师请起。"

印宗大师:"过几天是十五上元佳节,我定令师父得遂心愿。"

印宗大师定于正月十五那天，替慧能剃度落发。

当时的南海郡广州城是岭南的交通中枢，听闻在法性寺给六祖慧能举行落发仪式，附近有名的寺院如海幢寺、六榕寺的住持及数十名高僧也应邀前来。

各地的信众听闻六祖慧能曾得弘忍五祖的真传，如今在法性寺举行如此隆重的剃度仪式，便如潮水般涌来。

大雄宝殿里，数百盏明灯齐放，红烛高燃，香火袅袅，檀香氤氲，光华灿烂如缥缈的佛国天界。

法性寺和尚全都穿戴整齐，立于两旁，庄严肃穆。

慧能沐浴更衣，跪在佛祖释迦牟尼像前面的蒲团之上。

印宗大师半披猩红袈裟，挂着念珠，由两个小沙弥护着，步入宝殿，在释迦牟尼佛像前诵念"南无本师释迦牟尼佛"。

殿内的和尚一同加入念诵行列。

红鱼笃笃，青磬当当，诵经念佛，禅音绕梁。

宝殿上的释迦牟尼鎏金神像金碧辉煌。

仪礼过后，印宗大师带着慧能来到了殿外百年菩提树下。

殿外鲜艳夺目的佛幡高挂，寺内结彩飘幢，气氛热烈而又庄严肃穆。

170年前，天竺高僧智药三藏所种下的菩提树傲然挺拔，翠绿欲滴。

印宗大师先合十至诚，礼佛三过，然后合掌，直面对着慧能敬礼三遍，正色向跪在地面的慧能问："今日在菩提树下，贫僧为你剃度，你会不会生懊悔之心？"

慧能目不斜视，朗声而答："弟子矢心向佛，意诚如铁，绝无反悔！"

印宗大师趋步走到慧能的背后，右手伸出，抖了抖。

在一旁端着法盘的小沙弥立即捧盘上前。

印宗大师右手执剃刀，置于额前察看了一下，再将剃刀放在嘴唇边，轻轻吹了吹。在万众的注视下，他的手扬了起来。

法性寺内的每一个角落，梵声顿起，此起彼落，浩荡澎湃，汇成禅的海洋。

剃刀洁净，一无尘秽，闪烁着幽蓝色的光辉，贴着慧能头顶的发根，轻轻一刮。

一缕青丝被轻风吹起，飘然落地。

在这样异常隆重的氛围中，慧能面前浮现出一幅庄严的五祖血脉图来：达摩、慧可、僧璨、道信、弘忍，个个佛祖，经历了千磨万劫，沐浴着万道绚丽霞光，朝他缓步走来，向他招着手……

剃刀飞舞，清风过处，缕缕青丝纷纷落地。

慧能的头发全部被剃光，露出了青青的秃顶后，印宗大师再为其剃去两腮与下颔的须根，六根清净，一尘不染，心性明净。

法性寺内外，遽然响起一阵阵波涛般的欢呼声。

寺中高僧法才知道慧能剃落的头发属佛门之法宝，将它埋在寺内的菩提树下，在上面建成了八角形的砖塔，后来历代都有募修者。时至今日，在瘗发塔旁边还有元代刻制的六祖像碑和达摩像碑。当年法才撰写的《光孝寺瘗发塔记》仍有保存。

二月八日，本来是慧能的生日，今天法性寺张灯结彩，披红挂绿，又迎来了另一个大喜日子。

全国各地极具名望的高僧云集于此。他们接到了印宗大师的邀请，日夜兼程，来到法性寺，为的是，要替佛门的六祖慧能举行隆重而盛大的法会——受具足戒。

西京总持寺智光律师为六祖的授戒师（专指善于背诵讲解律藏的高僧）。

苏州灵光寺的慧静律师为羯磨师（授戒时的办事高僧）。

荆州天皇寺通应律师为教授师（传授经典的高僧）。

中天耆多罗律师为说戒师。

西国蜜多三藏为证戒师。

在万众的诵经声中，印宗大师在慧能的头顶上用笔画了几个小黑圈，对天祈祷一番，才依次将约一厘米长、底部点了蜡的香，固定在慧能头顶的小黑圈处，一一点着。

慧能跪在地上，双手合十，口中不停地诵念，思潮却翻腾起伏，遁入空门这么多年，今日才得真正成其正果，风霜雪雨，何其多呀！

成千上万的信众在念着佛经，也为这位出山的师祖祈祷。

香火慢慢燃烧，缕缕青烟在慧能的头顶上空飘然而去。

香火一直燃至慧能的头顶然后自行熄灭，慧能头顶留下了出家人的"戒疤"。

隆重的"燃香"典礼在万众欢腾声中结束。

从此以后，慧能结束了漂泊流浪的生活，踏上了一条大开东山法门的康庄大道。

当天，印宗大师要六祖慧能在法性寺里当住持，但慧能坚拒不受。

印宗大师见他态度坚决，无奈之下不再勉强，但暗下里，印宗大师称慧能为师父。

慧能在法性寺里协助印宗大师，在菩提树下讲授东山法门。

慧能受戒的菩提老树，历经了无数次的狂风暴雨，天火雷灾，一千多年过去，至今仍枝繁叶茂，如亭如盖。

慧能在法性寺落发一年后，岭南的另一座名寺——韶州宝林寺的住持圆寂，需要一位道行高深的和尚前去当住持。

慧能听闻这消息就想北上，印宗大师多次挽留他，但无法使他变心，只好写了一封推荐信，派了两位贴身弟子护送他，北上韶州宝林寺。

二十八、大梵寺讲法

落发剃度后的慧能与两位随从僧人，经过近十多天的长途跋涉，终于来到了韶州宝林寺。

进了巍峨的山门，迎面是一棵巨大的香樟，树下设有香案铜炉。有人把这香樟当作神灵供奉，香火甚为鼎盛。

再往前走，小路夹在树丛之中，右侧还有一棵大枫树，前边有一水池，池水决决，波光潋滟，一座小桥架于其中，上有一小亭，过得桥来，便是宝林道场。

这寺院的建筑不算华丽，但古拙质朴之气，与周围的山野环境十分协调。

早已有僧人报入大殿，知广州法性寺印宗大师派人前来，大殿内已布置了一番。一位年逾花甲的老和尚领着寺院和尚，在大殿前列队相迎。

慧能向老和尚送上印宗大师的推荐信。

老和尚展开信笺，看罢大惊，连忙跪下，连叫："佛祖有礼。"

原来，印宗大师在信中道明了慧能的禅宗六祖身份。

众和尚闻声也随之跪下："佛祖有礼。"

慧能见自己的真正身份已经公开，心想大庾岭追杀的事已经过去了16年，谅往日之恩怨已随时光流逝而泯灭。

于是，慧能唤起跪地的和尚，又从行囊中取出五祖传授的袈裟和宝钵。

和尚们见此先祖宝物，欢欣雀跃、振奋不已。

面对着群情沸腾的场面，在深山老林里蛰居了多年的慧能激动起来，觉得如今自己似龙归大海，虎返深山，决心要大干一番事业。

驻锡之后，六祖大开法门，设坛讲经，尽播其"顿悟"之道。

韶州宝林寺从此名声大振、香火日渐鼎盛。

"五祖弘忍的继承人——六祖慧能在宝林寺传经。"消息传开，四方龙象，闻声奔来。

上门求经学法之人，云聚雨凑，四方来朝，通往曹溪的山路被踩踏得光光滑滑，

日渐宽敞。

唐仪凤二年（677）春天，曹溪之畔，李花雪白，似在绿坡上覆盖了一层瑞雪。

当时的皇帝笃信佛教，故此，全国各地的官吏向佛之心也异常迫切。

韶州刺史韦璩信佛，得知禅宗六祖慧能就在自己的辖区内，心中大喜，亲自率领部属三十余人，儒宗学士三十余人，入山前往宝林寺，请求慧能到韶州讲堂，为众人开缘说法。

慧能觉得这是一个宣扬顿悟禅机的好机会，一口答应。

明媚的阳光，将金色的光华撒落在曲江县河西边的大梵寺。

今天，这里热闹非常，各地官绅、僧尼道俗合计有3000多人，将大梵寺塞得满满的，门外还围着许多进不了寺的信众。

韦刺史为六祖慧能准备了大会餐。

餐宴之后，韦刺史请六祖慧能升座讲法。

当身披着绣金大红袈裟的六祖慧能出现在讲台时，韦刺史和其他官僚、学者、黎民百姓齐声欢呼，郑重严肃地向六祖慧能行礼叩拜。

韦刺史先发问："弟子曾听大师讲解佛法，真是不可思议。现在有点小疑问，请大师为我们解说。"

六祖慧能："有疑难问题你们就发问，贫僧是应该为你们解释的。"

韦刺史："大师讲的，是不是达摩大师的宗旨呢？"

六祖慧能："正是。"

韦刺史："弟子听说达摩大师最初从广州到南京，度化梁武帝时，武帝问他，我一生兴建寺庙，剃度了很多和尚出家为僧，以钱财布施，救济穷人百姓，供养僧人吃饭生活。这有什么功德呢？达摩大师说，没有功德。弟子不明白这是什么道理，请大师你能够为我解说。"

六祖慧能："的确没有功德，千万不要怀疑先辈圣人的话。梁武帝自己的见解不对，他不懂得真正的佛法。须知，修建寺庙，剃度僧人，布施救济，这叫做求福报，不能将求福报误认为功德。功德在自己的身上，不在于修德。"

韦刺史："为什么这样说呢？"

六祖慧能解释道："认识到佛的本性，平等待人待物是德，时时不被现象所影响，而能常常认识结论佛的本性，实实在在发挥妙用，这叫做功德。内心谦虚不自满是功，在外礼敬他人是德。由自己的本性中建立万种佛法是功，自心本体离开尘俗妄念是德。不离开自己的本性是功，不受尘俗的污染是德。如果想要寻求功德法身，只要根据这个原则来运作，这就是真正的功德。那些修习功德的人，心里是很谦虚的。常常对别人十分尊敬。如果心中常常轻视别人，总考虑自己，那就没有功。如果自己的本性虚妄不实，那就是无德。那是因为骄傲自大，唯我独尊，蔑视一切的缘故。诸位，功是必须能够从自己的本性之中来认识。不是靠布施救济、供养礼敬所能求得到

的。这就是福报与功德的区别。梁武帝不懂得这个意思,并非是我们祖师说错了。"

韦刺史:"弟子常常看到一些僧人百姓,口中念阿弥陀佛,希望能在下辈子生到西方极乐世界去,经文上也说得很明白,说西方极乐世界离这里不远。请大师说一说,他们能够到西方极乐世界去吗?希望你为我们解释这个疑惑。"

六祖慧能:"释迦牟尼佛在舍卫城中,讲佛经经文能引渡教化众生而可以生到西方极乐世界去,经文上也说得很明白,说西方极乐世界离这里不远。如果按一般的道路里程来计算,大约有十万八千里,但如果从自己的本性来讲,那就是有十恶八邪,这是讲西方极乐世界离我们有多么远。说它很远很远,它是相对于那些悟性较差的人来说的。说它很近,这是相对于那些具有超常智慧的人而说的。人有糊涂人与明白人两种,而佛法并无两样。由于糊涂人与明白人有差别,认识理解有快有慢。糊涂的人口念佛法希望求生于西方极乐世界,明白的人在清净自己的心。所以佛说,随着人的心清净了,也就是佛土清净了。"

韦刺史:"我希望你对清净这问题再说得详细一些。"

六祖慧能:"例如韦刺史你是生活在东方的人,只要心里干净就无罪过,虽是生活在西方极乐世界的人,如果心里不清净也是有罪过的。东方人有了罪过,可以念佛转生到西方极乐世界去。西方人有了罪过,就是念了佛又能够转生到什么国家去呢?"

韦刺史点头赞同:"你讲得确有道理。"

六祖慧能:"糊涂的老百姓不明白自己的本性,不认识自己身上的净土,只是想求生东方,想求生西方,明白的人无论在哪里都是一样的。所以佛说,随你所在永远安乐。韦刺史,你心中只要没有邪恶之念,西方极乐世界便离此不远。如果怀有不善的心,就是再念佛求法也难到达西方极乐世界。现在打个比方来规劝大家,先消除自己身上的十恶,就是走了十万里路,铲除自己身上的八邪,就如同走过了八千里路,只要时时认识到佛的本性,处处平等待人,到达西方极乐世界那只是弹指一挥间的事情,便可见到阿弥陀佛。"

韦刺史:"我们怎样才可到西方极乐世界去呢?"

六祖慧能:"韦刺史,只要常行十善,何必非要求到西方极乐世界去呢?如果自己不斩断十恶之心,什么佛会来邀请你到西方极乐世界去呢?如果明白了无生无灭的顿教法门,看到西方极乐世界只是一刹那间的功夫。不明白真正的佛性,而希望通过念佛转生到西方极乐世界,又怎能走完漫漫遥远之路到达目的地呢?"

韦刺史:"西方极乐世界可以见得到吗?"

六祖慧能:"我现在就可以将西方极乐世界移到这里来,大家在刹那之间就可看到,各位愿意不愿意看一看呢?"

众人都兴奋起来,行礼道:"如果能够在这里看见,何必非发愿求生到西方极乐世界去呢?希望大师显示法力,让西方极乐世界显现出来,让我们大家都能看一看。"

六祖慧能:"诸位,世人自己的血肉之身,就像一座城池。眼、耳、鼻、舌是

门,外面有五个门,里面有一个意门,人的心如同土地,人的本性就是国王。国王住在土地上,本性在则国王在,本性离开了国王也没有了。如果本性在,身心就存在;如果本性离开了,身心也就毁灭了。佛是从本性中产生的,千万不要在身外去寻求。不认识自己的本性,就是沉沦苦海的众生;正确认识了自己的本性,就是脱离了生死苦海的佛。拯救众生就是观音菩萨,布施度化的就是大势至菩萨,净化自心就是释迦牟尼佛,公平正直者就是阿弥陀佛。人的自我似须弥山一样大,虚妄的心念就如鬼神有碍解脱,迷恋尘事的种种念头就似鱼鳖在水中一样来去不停,人的贪欲就是地狱。

"诸位有智慧有知识的人们,常行十善,天堂便在眼前。除却唯我至上的观念,就如同推倒须弥山,抛弃偏见,海水自然枯竭,烦恼全无,波浪无影无踪;忘却毒害,鱼龙绝迹。从自己的心地之上体验本性佛,使发自本性的智慧之光照亮人的六种感官,让眼、耳、鼻、舌、身、意六门都清净而不受尘俗的污染,消除六欲诸天所作的孽,自己本性地返观内照,就可以消除三毒——贪欲、愤怒、愚昧,坠进地狱等罪过也就顷刻消除殆尽。这样内外明白通彻,与西方极乐世界并没有差别。如果不这样来修行,怎么能够到达西方极乐世界去呢?"

众人听了六祖慧能这番话,认识了自己的本性,明白了禅学的释义,恭敬地向他行礼,热烈地叫好。

六祖慧能:"诸位,如果要真心修行,在家也能修得佛法,不一定非要出家为僧在寺庙里才能得到。在家如果能这样修行,就像东方人心怀善良,自是佛土,在寺庙里不这样修行,就如西方人心怀恶意,亦是罪孽,只要心里干净清白,就是自己本性中的西方极乐世界。"

韦刺史又问道:"在家怎么修行,希望大师教导我们。"

六祖慧能说:"我给大家念一首《无相颂》,只要根据这颂来修行,就像是和我常在一起一样。如果不这样来修行,就是剃发出家当了和尚,于学习佛法也是无益的。"

众人道:"请大师赐教。"

六祖慧能念诵:

"心平何劳持戒,

行直何用修禅。

恩则孝养父母,

义则上下相怜。

让则尊卑和睦,

忍则众恶无喧。

若能钻木出火,

淤泥定生红莲。

苦口的是良药,

逆耳必是忠言。
改过必生智慧，
护短心内非贤。
日用常行饶益，
成道非由施钱。
菩提只向心觅，
何劳向外求玄。
听说依次修行，
天堂只在目前。"

六祖慧能："诸位有智慧有认识的人，总要根据这偈颂来修行，认识明白自己的本性，直接成就佛道。佛法不能互相代替。大家就先散会吧。我也要回曹溪。大家如果再有疑问，再来相问。"

这时，韦刺史和众官员，参加法会的善男信女，各自都明白开悟，赞叹道："想不到岭南这偏僻之地，有佛祖出世。"

六祖慧能在大梵寺的说法，由他的贴身弟子法海禅师用文字记录了下来，后经发展，成了佛教界的瑰宝——《法宝坛经》。

法海禅师（650—730），俗姓张，字文允，韶州曲江县人，少年时本是一介儒生，才气纵横，长习佛典，最初于鹤林寺出家。他第一次参拜六祖慧能时，谦虚地问："我有个问题十分迷惘，什么叫做即心即佛？"

六祖慧能答道："没有生起正念以前的念，叫真心；正念生起以后不断灭，这就是佛。能变成万法一切相的，是真心；能远离万法一切相的，就是佛。若要我将全部说出来，那就花费多少时间也做不到。你还是听我的偈颂吧：

即心名慧，
即佛乃定。
定慧等持，
意中清净。
悟此法门，
由汝习性。
用本无生，
双修是正。"

法海禅师听了六祖慧能的开示后，双眼露出了希望的芒彩，面前的层层迷雾被一只无形之手拂开，露出了一片光明。

法海禅师似乎踏进了一个大彻大悟别有洞天的境地，其后，他写了一首偈语，抒发自己对这次参谒的深切感受：

即心元是佛,

不悟而自屈。

我知定慧因,

双修离诸物。

法海禅师剃度落发前读过不少书,入空门后勤奋好学,有一定文字功底,其书法娟秀有力。每一次六祖慧能向信众讲述佛经与禅法,都是法海禅师作记录。这一次,法海禅师将六祖在大梵寺讲堂的法语记录下来,成了初具规模的《六祖语录》。

韶州刺史韦璩文采洋溢,仔细看过法海记录的《六祖语录》后,心潮澎湃:"法海大师,师祖讲的自性本身清净,力扬明心见性,实际将天竺的禅学与我们的教义糅合在一起。这种将佛、道、儒三教统一归化的观点是前所未有的。而里面所述的禅法深入浅出,妙解物语,令人如醍醐灌顶,茅塞顿开。但下官看来,你这样数碗是碗,数碟是碟的记录,似乎单调了些。"

法海禅师眼睛眨着问道:"韦刺史,你的意思是?"

韦刺史:"师祖的成就堪比巍巍泰山,他又是一个多么平凡的人。他的生平,如同长河那么曲折,又极具哲理性,你将此整理,留予世人,定然有不少警示作用。"

法海禅师:"韦刺史所言极是,只是贫僧已尽力了,可谓江郎才尽、力不从心。"

韦刺史:"既然你自认为已江郎才尽,大可再觅才人,和你一起补充、丰富嘛。"

"宝林寺里,僧众虽多,但他们一致公认我的才华最好,但我自问也不过如此而已。"法海禅师脸有难色,"你叫我在寺里找什么人呢?"

韦刺史笑道:"寺里不行,就在寺外找嘛。"

法海禅师:"寺外?寺外的人不懂佛理禅机,写出来的东西不是对牛弹琴吗?"

韦刺史:"那也未必,这样吧,我向你推荐一个人"。

法海禅师:"谁?"

韦刺史用手指了指自己的心胸:"我。"

"你?"法海禅师以惊异的目光盯住韦璩好一会,摇了摇头,"不行,不行。"

韦刺史:"为什么不行,是不是嫌弃下官一没有文才,二不懂佛理禅机?"

法海禅师:"非也。"

韦刺史:"那是为哪般呢?"

法海禅师:"你身为韶州刺史,乃一州之长,衙务繁多。农林牧渔,样样都要管,哪有什么闲暇去干佛门的事呢?你不怕人家讥嘲你不务正业吗?"

韦刺史笑着回答:"这并非不务正业,而是在干堂堂正正的大业。"

这下子,轮到法海禅师大惑不解了,眨巴着迷茫的眼睛:"你越讲,贫僧越是糊涂。为官之人去管佛家闲事,还是干堂堂正正的大业?你不妨把道理向我细细道来。"

"好。"韦刺史朗声道,"佛门提倡惩恶扬善,这正符合我们做人的宗旨,摒弃暴戾,弘扬正气,民风淳朴,社会秩序才好,这于社会于民众都是有益的事。"

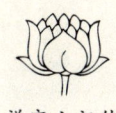

韦刺史将《六祖语录》带回府去后,在管治州府的同时,挑灯夜战,花了不少时日将《六祖语录》从文句上梳理通顺,在内容上充实丰富,自己反复审阅,认为满意了,再交还给法海禅师。

法海禅师接到韦刺史的修改稿,在其后的日子里,再将六祖的生平及进东禅寺学禅法的前前后后的内容添加上去,还补充了不少法语,在庄严的法理里面,充满了机智与幽默,几番修改,最后定稿,名为《法宝坛经》,又称《六祖坛经》。

法海后来出主广州宝庄严寺(今六榕寺),按谱系为禅宗第七代,南宗第二代。

二十九、法达来求法

一天,有位长得矮胖的和尚名叫法达(668—740),俗姓李,江西丰城人,七岁即出家。法达从洪州(今江西南昌)来到韶州宝林寺求法。

法达来到六祖慧能面前,道:"大师有礼。"言毕,趴在地上,叩头。

六祖慧能见他叩头行礼的样子古怪,认真察看后,禁不住皱起了眉头,呵斥道:"世间有你这样的人吗?行礼叩头却不触地。"

法达反驳道:"我七岁时已经学佛,自感佛性不低。平生我可没有向任何人行过叩头礼哩。我今天向你叩头,已是给足面子了。"

六祖慧能有感触地:"你这人,禀性真是与常人不同。"

法达昂起头颅,带着几分骄傲:"弟子我确实是与常人不同。大师,不讲出来你不知道,若讲出来你定会吓一跳。平日,我常常诵读《法华经》,七年来已读了三千部。"

六祖慧能:"七年来读了三千部,一天读一部,你诵《法华经》的勤奋程度可谓是举世无双呀!你现在自恃诵读了《法华经》三千部而目中无人,竟不知其罪过深重,且听我送给你的一首偈语。"

法达:"你送给我什么偈语?"

六祖慧能念偈道:

"礼本折慢幢,

头奚不至地。
有我罪即生，
亡功福无比。"

法达："这……"

六祖慧能："你从哪里来？"

法达："我从洪州专程赶来。"

六祖慧能问道："你叫什么名字？"

"法达。"

六祖慧能幽默地说："你名叫法达，但法实未达。"

法达："此话何解？"

六祖慧能口吻严肃："法达，法本来就是很通达的，只是因为你的心迷悟以致未能明白通达。你虽然勤奋苦学，夜以继日地去读《法华经》，但也不能以此作为骄傲呀，你知晓《法华经》的佛经义理吗？若然不知晓此经的佛经义理，别说读经读了三千部，就是读了一万部经书，你的法也难于达啊！你且听我再送你一偈。"

法达这回是垂手而立，侧耳恭听。

六祖慧能念偈：

"汝今名法达，
勤诵未休歇。
空诵但循声，
明心号菩萨。
汝今有缘故，
吾今为汝说。
但信佛无言，
莲花从口发。"

法达听了这偈语后，心窍大开，有了忏悔谢罪之意，道："从今以后，我一定在任何时候，任何地方，对任何人都要虚心谦让恭敬。弟子平日读《法华经》，只知句句朗诵，篇篇熟记，却从未真正领会到其中的佛经义理，望师父指点。"

六祖慧能说："佛经本来是没有什么疑虑的，而是你的心存有疑虑。你诵读这部《法华经》，是以什么为宗旨的呢？"

法达坦言道："学生天生愚笨迟钝，从来只是根据经文字句通读，哪里知道什么宗旨呢。"

六祖慧能也坦言："我不认识文字，你试着取出一卷经文诵读一遍，我一定为你解说经文妙义。"

"我无须拿着经卷来诵读。我站着就可以将经文背诵出来。"法达倒背着双手，昂起头颅，高声背诵起《法华经》来。

当他背诵到《譬喻品》时，六祖慧能摆手将他叫住："我为你解说这一段经义，如何？"

法达："弟子洗耳恭听。"

六祖慧能释义道："《法华经》说，所有的佛，以一件大事的缘故而出现在世上。即使用了许多寓言来比喻说明，也没有超出这个范围。大事因缘，都是佛的智慧。世间之人外受一切事物与现象的迷惑，在内又受虚幻的迷惑。如果能接触外在事物和现象又远离于它们，经历内心的空幻而又能远离于它，那么，就是内外两方面都不会有迷惑了。如果能认识到这一法门，于一念之中就会消除心中所有迷惑，就是认识了佛的智慧。"

法达略有领悟："大师说的是譬喻因缘。"

六祖慧能："《法华经》十卷二十八品，尽在'譬喻因缘'四个字；世间万物的生灭，也都离不开这四个字。过去是现在之因，现在是过去之果；现在又是将来之因，将来又是现在之果。因因果果，果果因因，无限循环，不断发展，便是世界。知此，你便是读通了《法华经》；不知此，便是《法华经》迷住了你！"

法达眨巴着眼睛："大师讲得非常有理，但我还有点想不通，如果只须了解经文的义理，就不必再辛苦地诵读经文了吗？"

六祖慧能："经文有什么过错，岂能影响你来诵念。只是因为迷失和开悟全在人自己，损失收益亦由人自己。口里诵念着经文，心中也真正要在修行。你的心在迷悟时就会被《法华经》拖着转，你若心性明悟就会驾驭《法华经》了。待我再送一首偈语给你吧。"

法达："好。"

六祖慧能念诵道：

"心迷法华转，

心悟转法华。

诵经久不明，

与义作雠家。

无念念即正，

有念念成邪。

有无俱不计，

长御白牛车。"

法达听着听着，不知不觉涕泪纵横，用僧袍揩了揩盈溢在眼眶的泪液，感慨万分地说："听到了师祖的训示，法达我才知道，从过去到现在，我未曾主动地驾驭过《法华经》的宗义，而像牛拖犁般一直被《法华经》拖着走而已。"

六祖慧能定定地望着他。

法达继续说："《法华经》上说，所有佛的大弟子声闻，罗汉乃至大菩萨，都曾

尽力思考一起去度量佛的智慧,虽用了许多方法,但也无法测度得出佛的智慧。现在只有让一般的凡夫俗子去觉悟自己的心性,也就是说佛的知见。如果不是上等根性的人,他就难免发生疑惑与诽谤。再如,《法华经》中所说的三种车乘,即羊车、鹿车、牛车与大白牛车,它们究竟有什么区别呢?我一直对此不明,祈盼师祖训示。"

六祖慧能道:"本来,经文上的释义是清清楚楚的,只不过是你自己执迷不悟,与之相背罢了。那些三乘人,之所以不能量度出佛的智慧,最根本的是在他们所用的度量上。尽管他们费尽心机去共同猜测量度,好比是南辕北辙一样,只能是离佛的智慧越来越远。佛经的初衷本来是为那些凡夫俗子而设的,而不是为量度佛的智慧而设的。倘若他不相信这个基本的道理,那么就叫他离得远远的吧。"

法达恳求道:"请师父再从羊、鹿、牛三车的角度给我说说法。"

六祖慧能释义说:"那些人是懵然不知道自己已经坐在白牛车上,反而到门外去找什么羊车、鹿车、牛车。何况,经文已明白无误地说,只有一佛乘,并无其他的教乘。平常所说的什么二乘或三乘,以及种种因缘譬喻等等言词,其实统统都是为那一种佛乘而设的。你为什么不注意观察与省悟呢?羊、鹿、牛三车是佛假设的,是佛为过去迷失实相的众生设施的方便法。这要靠你去掉假的,而归落实的。归实以后,连实的名也不立,应该知道所有的财物,全部都属于你自己受用。既不要想,这是父亲的财物,也不要想,这是儿子的财物。更不要去想,这是财产与宝藏。这才叫做真正的持诵《法华经》,从前劫到后劫,永远都不要放下手中经卷;从白天到黑夜,时时刻刻都是在念诵着《法华经》。"

法达猛然省悟,眼前迷雾尽数散去,用手猛地拍着脑袋,连声说:"经诵三千部,曹溪一句明。今天,我算是学到了顿悟方法。师父,听你这样讲来,我如今马上有了一偈。"

六祖:"你有什么偈?念来听听。"

法达正向着六祖,神色庄重地念诵道:

"诵经三千部,

曹溪一句亡。

未明出世旨,

宁歇累生狂。

羊鹿牛权设,

初中后善扬。

谁知火宅内,

元是法中王。"

六祖慧能捋着须笑了。

法达诵完偈后,揖礼恳求:"师父,以后我法达就留在这里,跟随你学法,希望你收下我。"

六祖慧能见他悟性很高,是可造之材,点了点头:"我对你有一个要求,如答应,方能同意将你收下为徒。"

法达:"有什么要求?"

六祖慧能:"你如果要留在宝林寺做我的徒弟,你要配称一个真正的念经僧人。"

"行、行、行!"已领悟了《法华经》深奥玄妙要旨的法达,此时连声答应。

从此,法达便留在曹溪,跟随在六祖的身边,念经修行,成了六祖慧能的得力弟子。

三十、智通与智常

僧人智通(662—738),俗姓唐,是寿州(今安徽六安市寿县)安丰人,他先看的是《楞伽经》,看了大约一千多遍,一目十行,背得滚瓜烂熟,可是不懂得什么叫三身四智,于是来礼拜六祖:"我看了那么多的《楞伽经》,但未明什么是三身。请求六祖向我讲解《楞伽经》的义理。"

六祖慧能说:"三身指的是清净的法身,这是你先天具有的本性;圆满的报身,这是你与生俱来的智慧;千百亿的化身,这是你的应具有的一切所作所为。如果脱离开了自己的本性来另外谈三身,这叫做有身而无智慧。如果认识到三身而没有自己本性,这叫做四智菩提。且听我说一首偈:

自性具三身,

发明成四智。

不离见闻缘,

超然登佛地。

吾今为汝说,

谛信永无迷。

莫学驰求者,

终日说菩提。"

智通又问道:"四智的意义,我能听一听吗?"

六祖慧能："你既然已领会了三身之义,也就明白了什么叫四智。何必再问呢?如果离开了三身之义,单独谈论四智,这叫做有智慧而无身。那就算有了智慧也等于没有智慧一样。你再听我说一首偈:

大圆镜智性清净,
平等性智心无病。
妙观察智见非功,
成所作智同圆镜。
五八六七果因转,
但用名言无实性。
若于转处不留情,
繁兴永处那伽定。"

智通听了,豁然开朗,明白了本性的智慧,于是向六祖慧能说："我也得了一偈,如今呈与你。"

六祖慧能："念来听听。"

智通念偈道:

"三身元我体,
四智本心明。
身智融无碍,
应物任随形。
起修皆妄动,
守住非真精。
妙旨因师晓,
终亡染污名。"

僧人智常(680—750),俗姓俞,是信州(今江西上饶)贵溪人,小时候就出家了,希望认识佛的本性。一天,他来参见六祖慧能。

六祖慧能问道："你从哪里来?"

智常一见面就十分坦然地将自己的来龙去脉道了出来："近日,我到洪州白峰山去礼拜大通和尚,承蒙他讲授了认识本性成就佛道的道理。但我仍然没有消除我心中的怀疑,所以就从远处来此礼拜,恳望大师你能够为我解释明白。"

六祖慧能引颈而问："大通和尚讲了些什么道理,你讲给我听听。"

智常滔滔不绝地说："我到了大通和尚那里,待了三个月,还没有得到他的指点教诲。因求法心切,一天晚上,我顾不得那么多了,就径直进到方丈室内,向大通和尚请教,问什么是我智常的本心和本性。大通和尚向我反问道,你看到虚空了吗?我回答说看到了。大通和尚又问,你看见的虚空有没有形状相貌?我回答说,虚空本来就没有形状，哪有什么相貌呢。大通和尚说，你的本性，就如同虚空一样，是看不见任何形状的物体，这叫做正确的见识。没有任何形状物体可以认知，这叫做真正的认识，没有什么青、黄颜色，没有什么长短之别，只看到本性的清净，觉悟的圆融通明。这就叫做认识本性成就佛道，其名也叫如来认识见解。我虽然听了大通和尚的这样的解说，仍然没有彻底明白心中疑惑，还望大师你能开导指示我。"

六祖慧能："大通和尚的解释，仍然留有需要讲解明白的地方，你没有能够真正理解明白，我现在为你指示一偈。"

智常："大师请讲。"

六祖慧能念起偈语来：

"不见一法存无见，

大似浮云遮日面。

不知一法守空知，

还如太虚生闪电。

此之知见瞥然兴，

错认何曾解方便。

汝当一念自知非，

自己灵光常显现。"

智常听罢这首偈语，茅塞顿开，道："大师，听你念完偈语后，我也即得了一首偈。"

六祖慧能："念来一听。"

智常念诵偈语：

"无端起知见，

著相求菩提。

情存一念悟，

宁越昔时迷。

自性觉源体，

随照枉迁流。

不入祖师室，

茫然趋两头。"

有一天，智常问六祖慧能："佛讲三乘的佛法……声闻、缘觉、菩萨，可是又讲最高一乘。这是什么意思？弟子我不明白，还请你为我讲授。"

六祖慧能："你只需要观察审视自己的本心，不要执著于外在的法相上。佛法本来是没有四乘的，只是人的理解程度自然有所差别。看见、听到并且跟着诵念佛法，这是属于小乘的方法。认识佛法并且能理解佛法，这是属于中乘的方法。根据佛法修养实践，这是属于大乘的方法。任何佛法都是相通的。能具备任何佛法而又不沾染任

何佛法,远离各种法相,而没有任何执著所得,这就叫做最上乘。乘的本意是在于实践和行为,不在于口头上的争论。你必须自己修炼,不要问我,在任何时候,都应自家本性自是如来,并且以此常常恭敬礼谢来作为处世的原则,以此为师终其毕生。"

智常:"大师一番话,令我明白了许多。"

此后,智常在宝林寺跟随六祖慧能学习佛法。在他经常打坐的崖壁上刻下了"正法眼藏,涅槃妙心",作为他修行悟道的心得。其后,更以卓著的成就,在六祖的四十三个嗣法门徒中排行第九。

当六祖慧能行将灭度之时,特意将智常招至榻前,嘱咐他:"你等不同于其他人,我灭度之后,你该成为一方之师。"

智常问道:"以后,我该往何处立身?"

六祖慧能遥指西南方向:"西江畔鼎湖山。"

智常遵照六祖慧能的嘱咐,只身离开了宝林寺,在曹溪乘船而下,经北江转西江,前往肇庆鼎湖山,在山顶上创建了白云寺,大张禅风,蜚声四海,香火盛极一时,随后,三十六座招提(民间私造的寺院)在鼎湖山上的大小山麓上兴建,信众慕名而至,络绎不绝,在山中踩出了许多路径来。

到明代所建的庆云寺规模更是宏大,寺中僧人达一千人之多。鼎湖山素湍绿潭,悬崖飞瀑。云里钟声,云外泉声。有日本高僧荣睿的胜迹,庆云寺里藏有释迦牟尼的舍利子,每年吸引无数信众与游客,成了岭南四大佛教名山之一。此是后话。

三十一、行思与怀让

行思禅师(673—740),禅宗青原派系——曹洞、云门、法眼三宗的鼻祖。他俗姓刘,吉州安成(今江西吉安市安福县)人,系汉长沙王之后裔。行思"幼敏悟,孝父母,俱佛根,不食荤腥。十一岁出家童行。及具足戒,离安成,游方他院,遂诣吉州"。东南方向9公里处的青原山安隐峰下,其时该处已有"蓝若"(佛教小庙,茅棚)。行思见此地山环水绕,以其山青、水青、气青而得名,无怪乎汉代张道陵(张天师)把它封为天下三百六十五座名山之一。行思因此认定是处乃为佛家修行佳境,

默许他日修行圆满,将把青原山辟为佛门圣地。因之随手拔小荆一株,倒插在今净居寺大殿之右,心中默吟:"此地若为灵地,树当活。"后果应验。这棵倒插荆竟奇迹般地成长起来,一直活到"文革"时,树的直径足有60厘米。

武则天万岁通天二年(697),行思已出家十三载。年及24岁的行思和尚,不辞艰辛,穿州过省,来到曹溪宝林寺,参拜六祖慧能为师,"执侍六祖十有五载"。

行思初来拜见六祖慧能时,张嘴就问:"如何修行,才不至于落入渐修法门?"

六祖慧能反问他:"你修过什么法?"

行思:"我最不喜欢那些烦琐的经典教义,故此,我连佛说的教诲也不屑一顾。所以平日,对四圣谛都忘了,不做了。"

六祖慧能:"你连四圣谛都不做,那么,你想一想,你的修行过程要经过哪几个阶段呢?哪还落入什么渐修呢?"

行思眯眼想了想,用手重重地拍了拍脑袋:"咳,我对四圣谛都不做,连佛的教诲都不屑一顾,那还有什么渐修法门呢?"

六祖慧能见行思领悟如此快捷,对他器重有加。

一日,行思向六祖慧能请教禅机:"我们要怎样弘法才不会辱使命?"

六祖慧能反问行思说:"你说,是谁叫你这么做的?又是谁要你到曹溪来?"

行思答曰:"真理对此没有定规,因佛性要求自性自悟。我是自闻祖师修行好,才来拜谒,不是他带。"

六祖慧能接着说:"既然是这样,怎能染着色相呢?"

行思说:"佛法真理对此也没有作出答复。在我心中已万念俱灰,色相全无。"

经过这段对话,六祖慧能便已知道行思是一位对禅法领悟有着高深境界的后人。因此"深器之"。六祖慧能在"会下学徒虽众"的情况下,"令思首焉"。行思作为六祖慧能众多弟子中的首座弟子,乃侍六祖慧能参悟16年。

开元元年,即公元713年的一天,时年76岁的六祖慧能,预感人寿将终,修行圆满,召首徒行思诣座前,对行思说:"从上衣法双行,师资递授。以衣表信,法乃印心。吾今得人,何患不信。吾受衣以来,遭此多难,况乎后代,争竞必多。衣即留镇山门。汝当分化一方,无令断绝(自禅宗初祖达摩祖师传法二祖慧可以后诸祖师往下传承的禅语,也是诸祖传法的印信)。"

有一天,六祖慧能对行思禅师说:"我有一个未了的心愿,要你等替我舒解。"

行思道:"徒儿当尽力替师父舒困解忧。"

六祖慧能:"我已观察多时,知你对我倡导的顿悟禅机已到了一个自我的境界,留在曹溪难于再有大的进展。"

行思禅师:"你说我该怎么办?"

六祖慧能:"佛法是靠人去宣讲,去弘扬的。你如今应该单独到一个地方去弘扬佛法,将我们的禅机发扬光大,不要再留在曹溪浪费大好时光。"

行思犹豫着:"这……"

六祖慧能:"虽然今日来曹溪朝拜的僧众如云,但这地方毕竟偏于岭南之一隅。当年弘忍五祖将弘法之大任托付于我。你既然是我的高徒,就该代师远赴各地传授我之顿教法门,将达摩的一系禅法发扬光大。这样,才不会辜负先祖的厚望。"

行思禅师想了一会儿,道:"既然师父对我已作点化,我不知该往何处弘法?"

六祖慧能:"你还是回到吉州的青原山去吧。"

行思:"青原山……"

六祖慧能语重心长地说:"对,就是青原山,那是你出道的地方,在那里,你占有天时、地利与人和。也是你大展宏图的所在。"

"师父的教诲我当铭记心头。"

翌日,41岁,出家三十载的行思禅师,便离开了宝林寺,返回吉州的青原山去弘法绍化,在那里广开法坛,弘扬佛法,教化众生,也就是佛教史上所说的"青原行思"。

唐玄宗开元二年(714),行思到达青原,在净居寺大倡禅学,恪守不立文字的祖训,弘扬顿悟学派,宗风大振,四方来参者甚众。

行思在青原山净居寺弘法二十八载,为禅宗顿悟学派献出了毕生精力,为达摩祖师"一花开五叶"奠定了"曹洞、云门、法眼"三叶的基础。

行思寂灭后被追封为弘济禅师。他所弘扬的佛法禅机成了禅宗顿悟最为重要的"五派法流"之一,也是禅宗领地里"花开五叶"中最为灿烂的一叶。

怀让禅师(677—744),金州安康(今陕西)人,杜氏之子。自幼聪颖,雅好佛书。六祖慧能圆寂后,得嗣其法并于南岳般若寺观音台弘教传禅。到他的弟子马祖道一时,怀让一系的禅宗兴盛起来,被称为南岳一系。其后又自此法系衍出沩仰和临济两系。20岁那年,怀让到荆州玉泉寺依恒景律师出家,专攻律学。面对卷帙浩繁的佛家经典律例,怀让不久便感到了厌倦。一天,他阅看那些佛经看得头昏眼花,来到溪边,仰天长叹:"出家是为了解脱生与死,而我每日在故纸堆里埋头寻章摘句,难道这就是学佛修行?"

寺中有一位年长的禅师名叫坦然,在溪边的树林中听到了怀让的哀叹,走上前来,对他说:"看来,律学并不适合于你。这玉泉寺也不适合于你。你倒不如到另一地方去修禅吧。"

怀让问道:"坦然师兄,我该往什么地方去修禅呢?"

坦然禅师道:"嵩山的安国大师道行高深,或许他更适合于你。"

于是,怀让离开了玉泉寺,专程前去嵩山拜谒安国大师。

安国大师听怀让讲过佛理后,直言不讳地对他说:"你对佛法已有所悟,在嵩山追随我已没有多大的意义。"

怀让闻后，十分着急："你嫌弃我？不打算收留我做你的门徒？须知，我千里来求师，是一片诚心呀！"

安国大师诚挚地说："并非是我嫌弃你。而是因你的法脉难于融入北方的佛法。你的真正师祖在南方。"

怀让追问道："你指我的师祖是谁人？"

安国大师："六祖慧能。如今他正在曹溪宝林寺大开法门，弘扬佛法。你还是趁早南下到曹溪去，在那里会得到你应该得到的东西。待我修书一封给你带去吧。"

怀让便遵嘱怀揣安国大师的推荐信南下，来到宝林寺，礼拜六祖慧能。

六祖慧能问道："你从哪里来？"

怀让："从河南嵩山来。"

六祖慧能："什么东西？凭什么来？"

怀让："若说像个什么东西就说不准了。"

六祖慧能："那还可以有所修，有所证吗？"

"修证是可以的，但不能污染它。"怀让说着，递上了安国大师的推荐信。

六祖慧能看过推荐信后，拍了拍怀让的肩膊，说道："这虚灵不污染之心，正是诸佛所要护念的。你既然是如此，我也是这样。古印度二十七祖般若多罗法师有一个预言，在你的门下要出现一个马驹子，会踏杀天下人。这个预言，你自己心中明白就行了，不必过早说出来。"

心有灵犀一点通。

怀让点头应诺："师父所言，弟子心中明白。"

六祖慧能："既然一点即明，你就留在我的身边吧。"

于是，怀让就留在六祖慧能身边，不断地向他请教禅理。

故此，怀让比寺中的其他僧众有更多机会聆听六祖慧能的佛法。

怀让在六祖慧能身边达15年之久，其修行日渐深奥广大。后来，他听从了六祖的指派，于唐玄宗先天二年（713）来到了湖南的南岳衡山，住持般若寺观音台，开设法坛道场，扩建寺院，大力阐扬禅宗妙义，自开南岳一系，世称南岳怀让，与同为六祖慧能祖座下的青原行思，分成二大支系弘通禅法；青原座下并开出曹洞、云门和法眼三大法系。

由于怀让深得六祖慧能顿悟禅机的精髓，因此声名远播，追随者甚众。

后来，怀让的门下果然出了一个"马驹子"马祖道一禅师，他的辩才智慧奇高，后来，到江南一带开法，慕名者纷至沓来。他大弘南宗顿教禅法，以其雄辩征服天下人。史称他为"洪州宗"。

怀让禅师在南岳弘法，大约二十多年，于天宝三年（744）圆寂。唐敬宗时，追谥为"大慧禅师"。他的弟子将怀让禅师的法语，编录成《南岳大慧禅师语录》，通行于世。

"南岳怀让"与和他齐名的"青原行思"在佛教史上成了禅宗最为重要的流派。

三十二、六祖会七祖

一天晚上，六祖慧能正在禅房里诵经。

徒弟进来禀告："有一小沙弥要面见师父。"

"什么人？"

"是个少年。"

"少年？他有多大？"

"看来仅有十六岁。"

"这么小的年纪，就前来求佛？"六祖觉得这人来历不凡，于是叫人召他进来。

这是一个稚气未褪的少年，脸色黝黑，面颊瘦削，那双眼睛骨碌碌地转悠着，灵气十足，他就是神会。

神会（684—758），俗姓高，襄阳（今湖北襄樊）人，因曾长期在南阳龙兴寺居住传法，人称"南阳和尚"；又因受请入住洛阳荷泽寺，也称荷泽宗之祖——"荷泽神会禅师"，自幼学习"五经"、"老庄"等儒、道经书及诸史典籍，出家后曾到荆州当阳玉泉寺师事北宗开创者神秀三年，从学北宗禅法。神秀在武周久视元年（700）应诏入洛阳宫传法，神会便南下曹溪投到慧能门下学习南宗顿教禅法，那年才16岁。其间，神会曾一度到长安受具足戒，景隆年间又回到曹溪，直到先天二年（713）六祖慧能圆寂，一直在六祖慧能身边，是六祖慧能十大弟子之一，也是其中最年轻的一位弟子。后来继承了六祖慧能的事业，成了禅宗七祖。

他跟六祖慧能的第一次见面颇具戏剧性。

六祖慧能未待神会站稳，劈头劈脑就问："你是在哪里落发的？"

神会："贫僧是在国昌寺颢元大师处落发为僧的。"

六祖慧能："你如今是从哪里来的？"

神会坦言而答："从荆南玉泉寺来。"

六祖慧能："你的师父是？"

神会："神秀大师。听说他曾是你的师兄。"

"不错！神秀曾是我的师兄。"六祖慧能盯着他，"你跟神秀学佛多久了？"

神会伸出了三只手指，答道："三年。"

六祖慧能吁了口气："啊，你13岁就跟神秀学佛了？"

"正是。"神会朗声回答，"五祖弘忍大师当年跟随四祖道信向佛时才七岁，他不是比我年纪更小吗？"

六祖慧能："你学到了什么呢？"

神会："我从小就学习'五经'及《后汉书》等，知有浮图之说，不知不觉，从心底萌生了向佛的念头。须知，我背诵群经，易同反掌。全大律仪，匪贪讲贯。"

六祖慧能见他小小年纪，已是出语如刺，胆识非凡，知道此属大器之材，再问："你这次从北方来到宝林寺，是否带有你最根本的东西？"

神会沉吟一下，玩味着六祖慧能这话的含意，一会儿答道："带来了。"

"如果带来了。你就说说，它的主体是什么？"

神会一本正经地回答："我带来最根本的东西就是'无住'，它的主体就是开眼即看。"

六祖慧能："你这个小和尚，怎么开言不经大脑，如此轻率呢？"

神会不慌不忙地反问："那么，我问你，和尚坐禅时，见到了佛性没有？"

六祖慧能听后，把头点点，随手拿起放在一旁的用来敲木鱼的击木，走上前去，往神会的秃顶上"嘚、嘚、嘚"地敲了三下。

神会用手摸着刚被敲过的脑瓜，心想："啊，初次见面，你就用木鱼敲我的脑瓜？"

六祖慧能问道："我打你，你感觉怎么样？"

神会边用手摸着秃顶，边回答："我感觉到痛又不痛，你没有看见我的神情吗？"

六祖慧能说："那么，你刚才问我的问题，我的回答系我是见，也不见。"

"怎么是见又不见呢？"

六祖慧能道："我见，是因为常常看见自己的过错；我不见，是因为我不见他人的是非善恶。所以我说是见到了，但也见不到。你刚才答我的'感觉到痛又不痛'，你应作何种解释呢？"

"这……"神会望着六祖慧能，已有所领悟。

"至于你，如果不痛，那么你便像木头与石块一样没有知觉；如果是痛，那么便像凡夫俗子一样会有怨愤与憎恨之心。你前面问的见与不见是两种偏见，"六祖的表情显得严肃，"见和不见都是两边的执著，痛和不痛都是生灭的现象啊！如果你连自己本具的佛性也不认识清楚，那么怎胆敢去捉弄别人呢？"

神会浑身一震，心窍顿开，立即跪于地上，向六祖慧能顶礼、忏悔与谢罪："望师父今后多多开示弟子的愚蒙。"

六祖慧能正言厉色地说："如果你心里一直迷误而不明白，无法认识自己的本

性,你就应该虚心向善知识请教如何修行。如果到了开悟的境地,认识了自己的本性,自己就按照心中的佛性去修行好了。你现在自迷,认识不到自己的本性,反过来问我见与不见。我究竟见不见到佛性是我自己的心才知道,这又怎能代替你心中的谜团呢?反之亦然,如果你见性了,也代替不了我心中的谜团。你为什么不去发掘认识自身的佛性,却在众人面前问我见不见到佛性呢?"

神会惭羞得满面通红,信服地说:"师父的悟性,令弟子敬服万分,望师父收我为徒,今后对弟子多加指点。"

"我不能收你这样的人做弟子。"六祖慧能脸色冷峻,一口拒绝了他。

"我千里迢迢而来,为的是投到你的法门之下。你若然不答应收我为徒,我就向你叩头,一直叩到你答应为止。"神会跪地不起,朝着地面"咚、咚、咚"地叩着响头。

六祖慧能并不理会,只是冷冷地望着他。

神会不再多言,只是跪在地上,一连叩了一百多个响头。

六祖慧能见他极为真诚,年纪这么小又有如此大的志向,说:"你不必再叩头,起来吧。"

神会听后,大喜,站了起来,额上叩得起了青包,眼睛闪现着欣喜的光芒:"师父终于肯收留我了?"

六祖慧能走上前去,用手轻轻地抚摸着他额角的青包,心疼地说:"以后,你就留在我身边吧。"

"多谢师父,多谢师父!"神会连连施礼。

这晚以后,神会就留在宝林寺里,一直追随在六祖慧能身边,做杂务,服侍六祖慧能。

一天,六祖慧能在讲完经后,问众门徒:"我有一件物品,没有头,没有尾,没有名,没有字,没有背,没有面,你们认识这件物品吗?"

宝林寺的僧人有上千人,听到六祖慧能这问话后,个个搔头挠脑,绞尽脑汁却答不出来。

而在众人百思不得其解之时,小和尚神会站了出来,大声地叫道:"那物品,我知道。"

众人异口同声地问:"那是什么?"

六祖慧能:"神会,你说是什么呢?"

神会清了清嗓子,有板有眼地说:"它就是诸佛的本源,神会的佛性。"

这一回答,引起众僧议论纷纷。

六祖慧能:"我已经对你们说过了,它是没有名,没有字的,你为什么叫它作诸佛的本源呢?你以后假如能够主持寺院,也仅能成为有一般知识和见解的禅宗门徒而已。"

神会这个小和尚的回答，毕竟比他人高出一等。经此事后，全寺的老少和尚，对他都是刮目相看。

神会凭借聪颖与超人的悟性，深得六祖慧能的器重。

随着年岁的增加，神会在许多方面都表现出他那聪颖过人的禀性来，故此他在宝林寺内名声渐高。

六祖慧能圆寂后，南禅佛界长期处于沉寂状态。当时北宗领袖、所谓"两京法主，三帝国师"的神秀早已去世，由弟子普寂继为"二京法主"统领北宗教团，在以长安洛阳东西二京为中心的北方地区广泛传播，在社会上有很大影响。

六祖慧能圆寂后，神会仍在曹溪宝林寺住了几年，然后到各地参访名胜，在唐玄宗开元八年（720）奉敕到南阳住持龙兴寺，后进入洛阳，弘传南宗顿教禅法，对奉行神秀北宗渐教禅法的普寂教团，产生很大冲击，致使普寂的很多信众改而投到神会的门下。

神会在南阳、洛阳弘传南宗禅法，经常对北宗进行批评，为此一再遭受来自北宗教团的迫害：天宝十二年（753），由于普寂的在家弟子、御史中丞卢弈向朝廷奏神会聚众阴谋作乱，神会被判放逐外地，辗转被遣送到荆州（今湖北江陵）的开元寺。在唐军平定"安史之乱"过程中，神会响应朝廷旨意出来主持戒坛度僧，以卖度牒敛钱充军饷之不足，在收复两京（757）之后受到唐肃宗的嘉奖。乾元元年（758）神会于荆州开元寺逝世，享年七十五岁，赐谥真宗大师，遗骨葬于洛阳龙门西北的宝应寺。唐德宗贞元十二年（796）诏"立荷泽大师为第七祖"。由此，慧能的六祖地位在朝廷直接支持下得以确立，1983年在洛阳宝应寺遗址神会墓内出土的塔铭《大唐东都荷泽寺殁故第七祖国师大德于龙门宝应寺龙岗腹建身塔铭并序》，明确地称神会是继六祖慧能之后的七祖，并说："宗承七叶，永播千秋。说般若之真乘，直指见性；谈如来之法印，唯了佛心。"

然而，神会被奉为禅宗七祖，并不意味着只有神会一人是禅宗七祖。据《曹溪大师传》记载，在慧能生前，弟子曾问及是否付法并传袈裟之事，他明确地表示"法不付嘱，亦无人得"，"不得此衣，我法弘盛"。这样一来，他的弟子没有嫡、庶（旁出）之分，皆为嗣法弟子。按照宋道原《景德传灯录》卷五记载，六祖慧能有嗣法弟子行思、怀让、本净、慧忠、神会等43人，只有19人有传记语录传世。当然，六祖慧能的弟子绝不是仅有这些。按照六祖慧能生前的嘱咐，他们皆属于六祖慧能下一世的嗣法弟子，也皆可称为禅宗七祖。现存湖南南岳磨镜台后面的七祖怀让墓和塔碑、江西吉安青原山七祖行思塔，皆可为证。然而在所有禅宗七祖中影响较大者，应当首推神会。

三十三、弟子满四海

六祖大开法门后,"曹溪六祖"声名远播,天南海北,闻风而至前来学道、要求出家的人越来越多。

在佛学史记载里,少不了一位禅师,他就是浙江永嘉的玄觉(664—713),俗姓戴,字道明,少年时即学佛经论著,潜心于禅学,尤其对以《法华经》为主要经典的天台宗止观法门很有造诣。

有一天,六祖慧能的弟子玄策(668—746)来到天台寺,拜访玄觉禅师。

多年前,两人曾在同一寺院学佛,又是同宿一禅房,一见如故十分投契,如今阔别多年再次相逢,话语滔滔,秉烛长谈。

玄策和尚感到奇怪,怎么两人所讲的佛经大意深合诸佛祖的真义,便问玄觉禅师:"你学得如此佛法,是拜谁人为师父?"

玄觉禅师答道:"我听到的各家各派的论经,各有师承关系。后来苦读了《维摩经》,明白了心地法门,认识到佛法的真正宗旨,迄今为止,尚没有谁来为我印证对错呢?"

玄策和尚道:"如果是在威音王之前,你便有所收获;如果是威音王以后,没有师父传授而自己所认识到的,都自然不是佛门正道。"

玄觉禅师:"按你的看法,那就是旁门左道了?"

玄策和尚点头:"正是。"

玄觉禅师:"我希望你能为我解释证明。"

玄策和尚笑了起来:"我对佛法的学识尚浅,你亦自认造诣颇深,我怎能用解释说服得了你呢?"

玄觉禅师:"那么,你认为谁人对佛法的学识高深呢?"

玄策和尚:"我师父。"

玄觉禅师:"他是谁?"

玄策和尚爽言而答:"六祖慧能。"

玄觉禅师："他如今在哪里？"

玄策和尚极力推崇："韶州曹溪的宝林寺。六祖对禅机释义得十分透彻，四面八方的求学者都云集在那里，都听受他宣讲佛法。如果你愿意去的话，我和你一起去。"

"好，我俩一起去。"玄觉禅师心中嘀咕，"看来曹溪的那个六祖慧能也不过是徒有虚名而已。"

于是，玄觉禅师离开了天台寺，跟随着玄策和尚来到曹溪，为的是要拜会一下那位赫赫大名的六祖慧能，印证自己所学的禅林理论。

六祖慧能刚给弟子们讲述完法事，稍事休息。

玄策和尚匆匆进来。

六祖慧能见他一副风尘仆仆的样子，便问："啊，玄策，这些日子，你到哪里去了？"

玄策和尚："我刚从浙江回来，我有位朋友要求见师父你。"

六祖慧能："他是谁？"

玄策和尚："浙江天台寺的玄觉禅师。"

六祖慧能念到玄觉禅师不远千里，跋涉而来，即传他在大殿相见。

玄觉见六祖慧能端坐在大殿正中，周围有不少子弟子簇拥着，气派不凡。

但是，玄觉进入大殿后并没有正眼看六祖慧能一下，也不向他躬身行礼，反而手持禅杖，不作声息地绕着六祖慧能行走了三圈，然后举起禅杖往地面猛地一跺，站立在一旁，双目平视，默不做声。

在场的弟子大为哗然。

有位气盛的武僧抢步上前，朝玄觉斥喝："你既是佛门之人，竟然如此的傲慢无礼！"

不少僧人也看不惯这不速之客的傲慢举止，要驱赶他出宝林寺。

"各位徒儿，别就此驱赶他走。"六祖慧能举手招呼，将众僧人按捺住了。

玄策和尚见玄觉的举止行状实在过分，招致各位师兄弟发怒，脸色大变，束手无策。

六祖慧能锐目如电，注视着玄觉："做了佛门弟子，应具有三千种威仪，八万种戒行。你初到曹溪，为何如此傲慢，对我轻慢不敬呢？"

玄觉手持禅杖，双腿并拢立着，一副无所谓的神情："生与死是人生最重大的事情，而生与死的变化只在呼吸之间。世间之物，倏忽万变。我无须为礼仪等操心劳神。"

六祖慧能道："你既然担心生死，为什么不领悟不生不灭的大道理，去除掉烦恼，而明白没有迅速的变化呢？"

玄觉把禅杖往地上用力一顿，凛然而答："理解体会了，就是无所谓生死。了然明白了，世间万物本来也就无所谓变化的迅速。"

六祖慧能一听，喜不自禁，竟当众拍起掌来连声赞许："妙！妙！你的见解太妙了。"

六祖慧能这一举动，令宝林寺上下的僧众愕异万分。

玄觉见六祖慧能不但没有责难，反而称赞自己，这才慢条斯理地整理着自己的仪容，把身子向下一躬，施了一个礼："多谢大师指点，我告辞了。"六祖慧能道："你不远千里而来，才一面晤，就这么匆忙赶着回去，是不是回去得太快了？"

玄觉立起身子，傲然而答："本来我自己就没来，也没有去。我根本就未曾动过，怎么谈得上是匆忙呢？"

僧众纷纷质疑：

"谁知道你有没有动过？"

"这是你自己产生出来的分别观念。"

六祖慧能赞叹道："你已很透彻地理解了'无生'的真正意义了。"

玄觉双手往外一摊："既知无生的道理，那又有什么意义呢？"

六祖慧能："谁来区别这有意还是无意？"

玄觉："这区别也非有意无意。"

六祖慧能拍手称妙："善哉善哉，说得很对！你山长水远来到曹溪，定然十分疲累了。如今天色将晚，你不如在我宝林寺留一宿吧。"

玄觉见殿外已垂下了沉沉的暮色，点了点头："好，一宿就一宿。"

于是，玄觉禅师就在宝林寺住了一宿，他并没有留在宝林寺听六祖慧能说法，随即告辞离去。世人把他称为"一宿觉"。

玄觉禅师离开了宝林寺后，一直弘扬六祖慧能的禅林理论，后来，撰写了一首《证道歌》，广泛流传于世上。当时人们也称他为"真觉"。

玄觉禅师寂灭后，被追封为"无相大师"。

有一天，宝林寺来了一个中年僧人，蓬头垢面，身穿满是补丁的灰黑僧衣，污秽不堪，身后背着一顶破笠帽，脚上的黑色僧鞋破了，露出了脚趾头。

六祖慧能一眼望去，知道他是一位云游方僧，问他："请问法名？"

"弟子智隍，河北人氏。"

六祖慧能："你从哪里来？"

智隍（648—738）正色而答："贫僧早年曾亲聆五祖大师教诲，去年听一位叫玄策的游僧讲，五祖弘忍大师传衣法给六祖慧能。弟子出于一片仰慕之情，特地前来参拜。"言毕，施了一个大礼。

六祖慧能叫他坐下。

智隍讲出了他来曹溪参学的缘由。

原来，智隍从小就出家为僧，到处云游名山大川，古寺名刹。曾到过黄梅东禅寺，受过五祖弘忍大师的指点。自以为禅学造诣很深，便在河北一带结茅庵居，昼夜长坐，竟达二十年之久。

早些时候，六祖慧能的弟子玄策云游到河北，慕名前去拜访智隍，见他正潜心打坐，便问："你如今在干什么？"

智隍随口而答："修禅入定。"

玄策又问："既是入定，你心里有没有意念？"

智隍反问："你这话是什么意思？"

玄策："如果你入定时心里没有任何意念，那么，一切没有情识的草木瓦石，也正处于入定的状态；假如你入定时还有其他意念，那么，一切有情众生都能达到入定的状态了吗？"

玄策觉得此人出语与众不同，略思后以进退自如的口吻答："我入定时，忘却有无之心，因而不知道究竟有没有意念。"

玄策追问道："你入定时既不知道有意念还是无意念，这叫常定。既是常定，就不会有出定入定之分。如果有出定入定之分，那就不是真正的定了。"

玄策的话一语洞穿禅机，智隍无言以答，脸色羞红地问："你的禅法如此精妙，不知师从何人？"

玄策手指向南方："我师父是曹溪的六祖慧能大师。"

智隍："不知你师父对禅定是如何解释的？"

玄策正色道："他讲的禅定，是指心理上的恬淡宁静，外不受四周环境的影响，内不受杂念的侵扰。无论行住坐卧，整个身心既不散乱也不专注，保持自然平和的状态。禅的本性就是对什么都不生执著，而你所说的入定，不过是执著于静态寂灭，和禅的宗旨大相径庭。"

玄策的话，说得智隍心服口服，于是，他当即不再打坐了，收拾行装，南下曹溪前来参拜。

六祖慧能想不到北方的中心要地河北，也会有人南下参禅，便问："你要问什么呢？"

智隍道："我曾听闻卧轮禅师写过一首流传颇广的偈语，不知禅机如何，请你点评。"

六祖慧能："请说。"

智隍半瞑着眼睛，背诵道：

"卧轮有伎俩，

能断百思想。

对境心不起，

菩提日日长。"

六祖慧能听到这首偈后，说："这首偈还未真正明白佛法真义。如果依据这首偈来修行，那等于加上了一层束缚。我不妨跟你说另一首偈吧：

慧能没伎俩，

不断百思想。

对境心数起,

菩提作么长?"

六祖慧能再为智隍开示:"只要你心如虚空,不要执著于空寂,应用时自在无碍,虽有作为时但无动于心。凡情圣解全都忘掉,能所应对的尽使泯绝,做到性相一如,这样就无不定之时了。"

"啊!"智隍听后,惊愕得张大嘴巴,久久合不拢来,随后,感触良深地说,"今日乍听大师一番话,令我二十年的坐定修禅的所得顿即化作烟消云散。"

六祖慧能:"二十年的心血瞬间化作云烟,岂不可惜?"

"不可惜,不可惜!"智隍迭迭连声,"但我却得到了新的东西。"

六祖慧能:"你得到了什么新东西?"

智隍脸露喜色:"弟子得到更为大彻大悟的禅机。"

智隍后来回到河北,宣扬六祖慧能的顿悟禅学,化导四方僧众,声誉鹊起,又成了一方化主。

僧人志道(668—740),广州南海人。20岁剃度,他来到宝林寺请教六祖慧能:"我自出家以后,阅读《涅槃经》已十多年了,但是仍然没有明白此经的大意,希望你为我指点教诲。"

六祖慧能:"你有什么地方不明白呢?"

志道:"经中有一偈讲,'诸行无常,是生灭法。生灭灭已,寂灭为乐。'我对这个地方疑惑不解。"

六祖慧能问道:"你为什么会生出疑惑呢?"

志道:"任何人都具有二身,所谓血肉之身和真佛之身。血肉之身变化无常,既有生也有死。而真佛之身亘古不变,既无认知,也无感觉。经上说,'生灭灭已,寂灭为乐',我不明白什么之身是寂灭,什么之身是受乐。如果说血肉之身的话,血肉之身死灭之际,地、水、火、风这四大便分化离散,都是痛苦。既然是痛苦,就不能称作乐。如果是真佛之身寂灭涅槃的话,就如同草木瓦石一样无知无觉,那该当由谁受乐呢?如果听不到再生的话,那么就永远地归于寂灭,如同草木瓦石这类无情之物一样了。假如这样,那一切的佛法都会被涅槃所制伏禁止住,连其再生都不可能,有什么可以称作乐呢?"

六祖慧能:"你是释迦牟尼的弟子,怎么学了外道的生死观念偏见,来议论至高无上的佛道呢?照你的说法,那就是在血肉之身外另有一个真佛之身,离开生死而追求涅槃,又推论涅槃常乐我净的道理,说有身体来感受其快乐。这乃是执著吝惜生命,沉溺于世俗享乐。你听我说一首偈语吧。"

志道:"大师请说。"

六祖慧能说偈道:

"无上大涅槃，
圆明常寂照。
凡愚谓之死，
外道执为断。
诸求二乘人，
目以为无作。
尽属情所计，
六十二见本。
妄立虚假名，
何为真实义。
惟有过量人，
通达无取舍。
以知五蕴法，
及以蕴中我。
外现众色像，
一一音声相。
平等如梦幻，
不起凡圣见。
不作涅槃解，
二边三际断。
常应诸根用，
而不起用想。
分别一切法，
不起分别想。
劫火烧海底，
风鼓山相击。
真常寂灭乐，
涅槃相如是。
吾今强言说，
令汝舍邪见。
汝勿随言解，
许汝知少分。"

志道听了这偈语后，大彻大悟，欢欣雀跃，向六祖行了大礼，然后退在一旁。

六祖慧能还有一位得力弟子石头和尚，肇庆高要人，原名陈希迁。他的逸事记载

于《五灯会元》之中。他年幼时已显出了非同一般的见解与禀赋:"然诺自许,乡洞獠民畏鬼神,多淫祀,杀牛酾酒,习以为常,师辄往毁丛祠,夺牛而归。岁盈数十,乡老不能禁。"陈希迁随着年岁渐大,对于佛学渐入其心。后来,慕名只身前往曹溪宝林寺,追随六祖慧能。由于他的人品与悟性甚好,深得六祖慧能喜爱并为其剃度,却未能受具足戒。

六祖慧能向众门徒宣布他的大限之期将到时,陈希迁当面问道:"师父圆寂之后,我应当去追随何人,来承传禅宗佛法?"

六祖慧能手指向北方:"你去寻青原行思吧!"

六祖慧能圆寂后,陈希迁发身北上,来到青原,拜行思为师父,承继顿修的"曹洞宗"法流。唐天宝初(742),陈希迁来到衡山的南岳寺当住持,继续弘扬六祖的禅法。人传陈希迁喜欢坐在寺里的大石头上讲述禅学,故此,号为"石头和尚"。

在参悟《肇论》时,"会万物为己者,其惟圣人乎?"一句令石头和尚有会于心,后根据自己"即事而真"的见解,经纬纵横,撰写了《参同契》,阐述了世间的事理参同互回,每一门都有一切境界的存在。世间万物,自能圆转无碍。唐宋明等后代的哲理大橼,有不少是受其法理的影响。日本的僧人也极其崇拜他。

石头和尚圆寂后,其肉身不翼而飞,经年之后,方知原来是在深夜被日本的僧人盗走,偷运到日本供奉膜拜。随着岁月的流逝,时光已过去了一千多年,石头和尚的肉身至今仍保存于日本横滨的总持寺内。

按谱系,他为禅宗第八代,南宗第三代,青原系二世。

三十四、扩建宝林寺

唐朝皇帝对于佛法是大力弘扬的。故此,当时学佛的民风甚为盛行。

六祖慧能是得五祖弘忍大师法嗣真传,韶州宝林寺更加蜚声四海。六祖慧能为宝林寺的香火越来越鼎盛感到十分欣慰,但又为宝林寺的寺院太小而忧愁。

自从六祖慧能来了曹溪,大扬法门后,投奔宝林寺的僧人越来越多了。原来的僧房两人住一间的,改成四人住一间,还解决不了僧人住宿问题。

"怎么办？"

要把宝林寺变成佛教南宗的策源地，扩大影响，就要扩建宝林寺。

施主们听说要扩建宝林寺，都慷慨解囊相助。

扩建寺院，光有银两不行，还要有土地。

宝林寺周围的山地，是属于一个名叫陈亚仙的大财主的。

陈亚仙有良田千顷，山林万亩，在曹溪地域可算是富甲一方。但他有一个很大的特点，就是为人吝啬。

陈亚仙也是一个虔诚的佛教信徒，经常来宝林寺上香求佛。

有一年的大年初一，丽日中天，朵朵白云在万里蓝天上飘荡。

陈亚仙来到了宝林寺。

待陈亚仙烧过香后，六祖慧能向他迎了上去，双手合十向其施礼："陈施主，你一向乐善好施，今日，贫僧有一事相求于你。"

陈亚仙露出了笑容："佛祖有什么事，尽管开口，如果我能够做得到，定然力办。"

"我想向你借宝地一块。"

"佛祖向我要地？"陈亚仙满不在乎地笑了笑道，"我在曹溪有良田千顷，山林万亩。你们宝林寺的和尚想耕多少亩田呢？"

六祖慧能："我们并非要你的田来作耕地，而是想用来扩建宝林寺。"

"啊，原来是要地来扩建寺院，这是好事，好事，"陈亚仙趋前一步，探究地问，"佛祖，你想要多少地？"

六祖慧能向身旁的神会伸出右手，小沙弥就把六祖慧能平日坐禅的蒲团递了过去。

陈亚仙仰天大笑："以为你要多少地，原来才要蒲团那么小的地方。佛祖，你是在跟我开玩笑吧？"

六祖慧能："佛门无戏言，我讲的可是认真的哩。"

陈亚仙："行，你怎样要，我就怎么给。"

六祖慧能拿着蒲团向陈亚仙扬了扬："我这个蒲团能遮住阳光的地方，有多少，我就要多少。"

陈亚仙望了望蒲团，方圆不及三尺，心想，你这蒲团任你遮盖，又能遮得了多少地方呢？于是，满口答应："行！行！这蒲团能遮住阳光的地方，有多少，我就给多少。"

六祖慧能微笑着问："陈施主，你的话不是戏言吧？"

"当然是真的，在佛祖面前，我怎敢讲大话呢？大丈夫一言既出，驷马难追。"

"好！你看着！"六祖慧能说着，就把右手往上空一扬，蒲团像利箭般飞旋着直上天空。

"定！"六祖慧能仰起头颅，朝着天空大喝一声。

说也奇怪，那飞旋而上的蒲团竟应声停在空中，凝然不动，遮住了太阳直射而下的光线，在曹溪境内投下一大片阴影。

"喏，这就是我要用来扩建寺院的地方了。"六祖慧能指着那一大片阴影。

陈亚仙大吃一惊，说心里话实在是舍不得。但自己已在佛祖面前发了誓，今日又见六祖慧能法力无边，思忖了一下，便说："佛祖果然是神通广大。这些山林土地，是我祖宗传下之产业，今日用作善事，福荫黎民百姓，我祖宗在九泉之下果有英灵，也会感到欣慰。不过，我有一个祈求……"

六祖慧能："陈施主有什么祈求，尽管讲来。"

陈亚仙指着不远处的一个山丘："那山丘上有我祖宗的坟地。"

"陈施主放心，你家祖坟，我们会好好保存，今日你此善举，恩泽四方，荫及子孙，实令世人景仰。"六祖慧能对陈亚仙赞扬了一番。

有了钱，有了地，宝林寺很快就开工了，大兴土木。

四方工匠，想多做善事，替自己多积阴德，纷纷主动前来帮工。

宝林寺的扩建速度甚快。

不消几个月，一座气派非凡的寺院殿堂屹立在曹溪境内。沿着山势的高低错落建起的殿宇，星罗棋布，琼楼挺拔，高阁连片，全都在佛光祥元的缭绕之中。在密林之中掩映着十三座大大小小的寺院，青砖绿瓦，翘角飞檐，回廊曲折，更显得庄严肃穆。巍巍宝塔，直耸云天。涓涓清溪，犹胜甘泉。

有一天，六祖慧能在向寺中僧众讲完禅法后，在返回方丈室的途中，见寺中的僧众都在洗僧袍，溪水之上漂浮着皂角泡沫，僧众将洗净的僧袍放在太阳下晾晒，整个禅院流溢着皂角的芬芳。

见此情景，六祖的心怦然而动：自从在东禅寺接过五祖弘忍的圣衣袈裟，先是频于逃命避难，出山后又忙于弘扬佛法，忙得不可开交，根本无暇顾及其他事务。如今正好是忙里偷闲，何不将祖传的圣衣拿去洗濯一下，晾晒晾晒。

于是，六祖慧能前往地下密室，叫守卫的武僧取出了圣衣，来到寺旁的溪边，正要在溪水浣洗，忽然听到了远处有牛在"哞哞"地叫，循声望去，溪水上游处，正好有两只刚犁过田的水牛在洗濯。六祖慧能心中一怔："这圣衣让那些不洁之物玷污，岂不是有辱先祖？这溪水常被附近农家所用，倒不如到寺后深山的溪水去洗濯。"

想到这里，便朝着宝林寺后的深山走去，一路上寻寻觅觅，走了约莫五里路的光景，眼前林木苍翠，瑞气氤氲，清爽凉快。

六祖慧能放眼环顾，却未发现有溪流，心中嘀咕："这水气从何而来呢？"顺手将右手的锡杖朝地面一戳。

"咔"的一声过后，忽然脚下传来了"咕咚、咕咚"的响声。

六祖慧能低头望去：一股泉水随着锡杖喷涌而出，那个泉眼越涌越大，冒出的泉水清澈无比。六祖慧能感到奇怪，弯腰用手掬了一把泉水饮下，甘美如露。

那道泉水一直保留到今天，后人将那泉水称为"卓锡泉"。

宋代大文豪苏东坡曾被流放到岭南韶州，到过宝林寺，曾为此撰写过一篇传世佳作《卓锡泉铭》，就是记叙那一件奇事的。

三十五、公理化异己

在各界鼎力支持下，宝林寺得以扩建，地盘大增。

六祖慧能精通佛理，洞悉玄机，威望与影响与日俱增。

六祖慧能根据自己"顿悟"思想口述，由他的徒弟作记录，撰写了佛教文库的不朽之作——《金刚般若经口诀正义》，它与《法宝坛经》这些经义流传出去，使六祖慧能的拥戴者更为众多。

南方的佛教徒，认为六祖慧能有五祖弘忍大师亲自传授的秘诀和袈裟宝钵，是名正言顺的法嗣第六代祖师，纷纷前来投奔。每天善男信女如流星赶月般涌往曹溪。

宝林寺内，梵声浩荡，香火缭绕，诵经之声不绝于耳。

俗语道，"树大招风"，此话不假。

神秀到了湖北当阳县玉泉寺后，极力推崇《楞伽经》为法典，极力传播他的"拂尘看净，方面通经"的法门，弘扬他力主的"渐悟"学说，扩大他的信徒队伍，在北方形成一股强大的宗教势力。这就是佛教的"北宗"。

后人便有了"南能北秀"之称，或"南顿北渐"之说。

而参禅学道的人对此不解。六祖慧能对大家说，佛法原本只有一家，人却有南北地方的分别。佛法只有一种，认识却有快慢不同。为什么称作顿渐呢？佛法本来并无顿渐之别，人却有聪明愚钝之分，所以就有了顿修与渐修的不同称谓。

神秀的门人，力捧才华盖世的神秀才是五祖的继承人，讥讽轻慢南宗的慧能，认为他不过是个出身下贱、舂米种菜的獦獠，斗大的字识不了半箩，在东禅寺里地位又极其卑微。慧能虽然得到了袈裟宝钵，但那只不过是弘忍五祖私授而已，故此，不承认慧能是禅宗六祖。

经过时间洗涤的神秀，回想在黄梅东禅寺里所发生的一切，此时的思想已达至一个新的境界，对门人说："慧能是一个极其聪明的人，具有无师自通的智慧，深刻地

理解领悟了佛法的至高境界。我的师父弘忍大师亲自向他传授了衣钵，并非是偶然的。我只是怨恨自己年纪老迈，腿又不便，不能亲自远去拜访他，求教于他。我在北方不过是徒有虚名罢了。说实际的，我是不如慧能的。你们诸位不要留在我这里耽搁学道，可以到曹溪去拜会慧能六祖，以解心中的疑惑。"

有一天，神秀把他的徒弟志诚叫到了自己的方丈室，说："你跟随我那么多年，如今我有一个心病，看来只有靠你才能够医治得了。不知道你是否愿助为师一臂之力？"

志诚叩拜道："如果志诚做得到的，即使赴汤蹈火，也在所不辞。不知师父要徒弟干什么呢？"

神秀挥手指向南方："我想让你到曹溪去一趟。"

志诚平日与其他的师兄弟曾在私下议论，为什么曹溪的顿悟能够在南方立足弘扬。如今，听到神秀这样说，以为神秀驱赶他走，叫他另投师门，故此，摆手道："我只会终生追随师父你，不会另投其他师门。"

神秀笑了笑："我不是这个意思。"

志诚："那么，你是叫我去干什么呢？"

神秀诚挚地说："这些年来，曹溪法门大开，趋者甚众。我想叫你到曹溪去，了解慧能是如何讲解佛法的。你人聪明，记性特好，听到什么，必须牢记于心，回来再讲给我听。希望你不要辜负为师对你的厚望。"

"徒儿谨记于心。"志诚受神秀之命，即日起程，风尘仆仆南下，来到了曹溪附近。

通往宝林寺的山道人流总是络绎不绝。有的是三五成群，有的却是独自前往。

志诚上前去，了解到他们都是去宝林寺向六祖慧能学佛法的，于是，就混进了他们的队伍，跟随大家来到宝林寺。

志诚随着众人一齐去参谒六祖慧能，却隐瞒了一点：不说自己是从哪里来的。

六祖慧能接见他们之后，老眼往人丛中扫了一遍，见到有一位穿着北方衣着的人在人丛中躲躲闪闪，心中自然明白了什么，提高声调说："我知道，你们其中有一个人并不是前来拜谒我的，而是想从中浑水摸鱼，行偷法之事。"

众异口同声地问："那人在哪里？"

六祖慧能："他就隐藏在你们中间。"

人群骚乱起来，你以惊惶的目光望着我，我以怀疑的眼神盯着你。

站在两旁的宝林寺护院武僧大声呵斥。

志诚沉思了片刻，大声地朝着人群叫道："你们不要找了，我知道前来偷法的人是谁。"

武僧与站在大殿中央的人群不约而同地循声望了过去。

众人问："他是谁？"

"就是我。"志诚说着,昂首挺胸地迈着大步,从人群中走了出来。

六祖慧能:"你叫什么名字?"

"志诚。"

六祖慧能目光如炬,盯着他:"你从哪里来的?"

志诚坦言回答:"荆南玉泉寺。"

六祖慧能伸长了颈脖:"是神秀派你前来的?"

"正是!"

志诚的回答令在场的所有人都大为惊愕。

宝林寺的僧人历来对北宗神秀有一种抵触情绪,如今大家对这个蓦地出现的"奸细"当然高度紧张。

"你这奸贼,真是胆大包天,竟敢私闯我宝林寺!"有些武僧怒冲冲地走上前去,要捉拿志诚。

六祖慧能将武僧喝住:"休得胡来!"

武僧们只好止住了手脚。

六祖慧能问道:"你为什么要到这里来?"

"你听我说来。我这次南下,是想到宝林寺听听你是如何说法的,好回去向神秀大师复命。"志诚将神秀派他前来宝林寺的目的讲述了一遍。

六祖慧能神色冷峻:"神秀派你专程从玉泉寺来,探听我的言行。你的胆子可挺大的,干奸细的行状。"

志诚摆手:"我不是奸细。"

六祖慧能:"事实已是如此,你为什么还强说不是呢?"

志诚提高了声音:"我没有坦白承认的时候是奸细,现在已向你们坦白承认了,所以就不是!"

六祖慧能:"那么,你是……"

志诚:"我如今是您法会中的一位普通信众。"

六祖慧能听他这么回答,紧绷着的脸松了下来:"好,既然你是我法会中的一位信众,那么,说明你我有缘。请你安坐下来,听我说法。法会后,我有话再问你。"

"好。"于是,志诚像其他信众一样,安坐在法坛下面,听六祖慧能说法。

法会散后,六祖慧能留住了志诚,将他带到了方丈室,先向他了解一些有关神秀近年来的身体状况及饮食起居的情况,然后,才切入正题,问道:"在玉泉寺,你师父平日是怎样教导你们学佛的?"

志诚直言而答:"师父经常教诲我们意念专一,来观察思虑无污无染的境界,修禅要勤奋刻苦,多打坐而少休息,长坐不卧。"

六祖慧能:"集中注意力来观察思虑清净的境界,这是错误的观点而非真正意义上的禅修。拘身长坐,会损伤身体,这与修习佛理没有什么关系,没有什么益处。对

那种长坐不卧的参禅方法,我有一道偈语来评说。"

志诚:"请说。"

六祖慧能念出偈语:

"生来坐不卧,

死去卧不坐。

一具臭骨头,

何为立功课?"

志诚那久被尘封的心忽然如一眼清泉汩汩而出,滋润清爽,瞪大的双眼放出了异样的光芒,激动之余,再一次跪地向六祖慧能叩拜:"弟子在神秀大师那里,学佛参禅已九年,却没有真正明白佛理真义。今天听到大师这样一说,我心里顿时明白了许多。但我还有一点不明白。"

六祖慧能:"你还有什么不明白的呢?"

志诚:"弟子认为生命的存在与死亡是个很重大的问题,希望大师你再为我解说开示。"

六祖慧能:"我听说你师父向大家教授戒、定、慧法,不知你师父所说的戒、定、慧是个什么样子,你给我说说看。"

志诚回答:"神秀大师说,任何恶事恶行都不要做,这叫做戒。任何善事都要努力去做,这叫做慧。自己无污无染,这叫做定。这是神秀所讲的戒、慧、定。不知大师你用什么方法来教诲他人的。"

六祖慧能:"我如果说有什么方法来教诲他人,这是欺骗你。只不过是随着各人见识的差异帮他们解脱束缚而已。这种方法本无名称,只是借用一个三昧的假名。像你师父所讲的戒、定、慧,实在令人不可理解。我所认识的戒、定、慧与此不同。"

志诚眨着不解的眼睛:"佛的本性只有一个。戒、定、慧只有一种,怎么还有另外一种呢?"

六祖慧能:"你师父讲的戒、定、慧是相对那些具有一般智慧的人所言的。我讲的戒、定、慧则是为那些具有超常智慧的人而言的。由于认识的不同,理解就有快有慢,你听我讲,是否和神秀所讲的一样。我讲的佛法,是离不开人之自然本性的。如果离开事物的本质来说方法,这叫做表皮之说。事物的本来面貌就常会被淹迷其中。应该知道任何各种方法,都是依照事物的本质来发生变化运用的。这是真正的戒、定、慧法。且听我的一首偈吧。"

志诚:"大师请说。"

六祖慧能念偈道:

"心地无非自性戒,

心地无痴自性慧,

心地无乱自性定。

不增不减自金刚，

身去身来本三昧。"

志诚听了之后，知道自己昔日的迷错，于是连连称谢："大师，听你之偈，我亦即有一偈。"

六祖慧能："说来听听。"

志诚念起自己即兴所作的偈语来：

"五蕴幻身，

幻何究竟？

回趣真如，

法还不净。"

"你这偈语不错，"六祖慧能颔首继续道，"你师父讲的戒、定、慧，那是劝导普通人的。我讲的戒、定、慧，是引导有超常智慧的人的。如果明白了事物的本质，既可以不追求菩提涅槃，也可以不着意于解脱生死忘却思想意识。不专求一种方法，才能具有任何各种方法。如果明白这个意思，也可以叫做佛之真身，也可以称作菩提涅槃，也可以叫做解脱生死忘却思想意识。意识到事物本质的人，有方法也可以有所收获，无方法可以有所成就。总之都能左右逢源，来去自由。无阻无碍，随机应变，灵活运用，应声答意，不假思索，万变而不离其本质特性。这就是进退自由自在，神通广大莫测，于三昧之中任意游戏无阻无碍，这就叫做认识到了事物的本来面貌。"

志诚再次礼拜，问道："大师，什么叫做不立义？"

六祖慧能："自己本性中无是非、无痴愚、无紊乱，时时以般若智慧来观察审视，远离现象，自由自在，俯拾即是，随心所愿，有什么门派可立呢？自己认识到自己的本质的话，无论顿修也好，渐修也好，并无高低之分，所以什么门派也不要立。许多种寂灭的佛法，有什么名次高低之别呢？"

志诚听后："大师句句话，都说到我的心坎上。我不打算回玉泉寺去见神秀了。"

六祖慧能："你不回玉泉寺去，那么究竟想到哪里去呢？"

志诚恳求道："我要留在宝林寺里，服侍大师。"

六祖慧能摆手："不，不，你还是回玉泉寺去吧。"

"不，再回玉泉寺去跟神秀学习那种修行之法，等于再白白浪费我的大好时光与精力。"志诚决绝地摆了摆手，"留在宝林寺是我自己心甘情愿的。无论如何，我一定要留在这里。"

六祖慧能再三劝说，但是志诚留意已坚。

六祖慧能只好答应下来。

从此以后，志诚留在宝林寺里，服侍六祖慧能，并且从早到晚，没有怠慢，深得六祖慧能喜爱。

三十六、仁心慑刺客

南宗的顿悟传播得越来越广,大有向北方蔓延之势。

神秀的门人目睹此状,嫉妒之火重新燃起,烧灼得好难受,几经私下的密谋策划,开始行动了。

一天夜晚,暗淡的下弦月挂在天穹上,空中的浓云掩住了半边月,顿时大地变得黑如泼墨。

宝林寺被沉沉的夜幕罩压着。

虫儿低吟浅唱。

方丈室内,油灯的亮光飘飘忽忽。

六祖慧能正想上床睡觉,忽觉热血不断往脑门上涌,心一时平静不下来。他伸出十指掐算,知道今晚会有事情发生。

天色黑漆漆。六祖慧能把十两黄金放在坐禅的蒲团上,吹黑了灯火。

巡夜的更夫的梆子刚敲过三更,一个身穿黑色夜行衣,背负宝剑的人影从后山翻过宝林寺的围墙,纵身跃上房舍的瓦顶,身影稍纵即逝。没有多久,黑影就来到禅房外的一座偏殿上,以"倒吊金铃"之姿,用双脚勾住了檐角的木檩,往里窥望。借着残月的弱光,看到六祖慧能正在坐禅,黑影大喜,以"平沙落雁"之姿飘然落地,无声无息。他再悄悄地摸到窗前,观察了好一会,即越窗而入,并不打话,举起利刀,向六祖慧能连砍三剑。

奇怪!三剑砍下去,不见人的哀叫声,仅见火花四溅,"当、当、当"连响三声。

刺客正在惊讶,忽然耳畔传来六祖慧能吆喝之声:"还不住手!"

刺客呆住了,执剑的手垂下。

"哧"地一声,坐在蒲团上的六祖慧能点亮了面前的油灯。

在油灯亮光映照下,刺客见遭到连砍三剑的六祖慧能丝毫无损,顿感惊愕。

六祖慧能面对刺客,不但没有发怒,而是略带微笑地望着他,道:"你的三剑砍下来,确实有力,却也是砍到了该砍下去的地方。"

刺客顺着六祖慧能的手势所指望去：刚才他摸黑砍下的三剑，都是砍在放在蒲团边的金子上。

六祖慧能说："正剑不邪，邪剑不正，只负汝金，不负汝命。"后边两句意思是：上苍旨意，我只能把黄金交给你，却不能把性命交付与你。

面对着六祖慧能这从容自若，话语如针，这刺客惊恐得心肌紧缩，惨叫了一声，仰面倒下，晕倒在地上。

六祖从蒲团上起来，走到刺客的面前，弯下腰来替他捏揉"人中"。

刺客悠悠地醒了过来，在惊愕过后，仍仰躺在地上，奇怪地问："在黑暗中你是怎样避过我三剑的呢？"

六祖慧能厉声地说："强权岂可战胜公义。一切中的一切，都是佛祖安排好了的。我尽管是赤手空拳，手无寸铁；但我有公义在手，又何惧你手执邪剑，肆虐行凶呢？"

"想不到你会得到佛祖的如此庇佑，"刺客愧悔交加，一个翻身，跪在地上，向六祖慧能叩拜谢罪，"今夜我前来行刺，万望恕罪。"

刺客姓张，名行昌（670—735），江西赣县人，自幼武艺不凡，少年时喜好行侠仗义，打抱不平，当年在东禅寺里虽尚未出家，却是神秀身边的弟子，深得神秀的偏爱。这回，他受神秀门人指派，从北方南下，到了韶州曹溪，白天已偷偷地从屋顶处潜入了宝林寺，从高处侦察出六祖慧能参禅打坐的禅房，再潜出寺外后山的树林中等候，待晚上三更就越墙入院行刺。岂料三剑狠狠砍下，砍不中六祖慧能血肉之躯，而砍到置于蒲团的金子上面。而被行刺后的六祖慧能又是那么泰然自若，宽宏大度。

张行昌在懊恨之时，六祖慧能发问："自古道，无空穴不来风，你是从哪里来的？"

张行昌直言道："当年我也在东禅寺里面，只不过那时全寺上千僧众，平日我这个一般和尚并没有出头露角，故此你不认识我而已。这次，乃是神秀门下的几个得力弟子派我来的。并讲得事成之后，奖赏我十两黄金。"

六祖慧能明白所以："啊，原来如此。"

张行昌："不知为什么，刚才当我听到大师你讲'正剑不邪，邪剑不正，只负汝金，不负汝命'，我的心血骤翻，以致晕倒在地。"

六祖慧能正色道："袈裟宝钵，来自初祖，代代相传。而我得五祖弘忍大师的真传，也算是正宗承传之人。你用行刺之卑鄙手段，实在令人不齿。"

张行昌听后，冷汗从额角涔涔流下，顿时悚然，垂手而立："我今晚来刺杀初祖真传的六祖，真是罪大弥天。不知如何发落小人？"

六祖慧能将手挥了挥，道："我安然无恙。你作此恶孽，只是修行不到，受人唆摆，快快离开这里吧。"

"我不打算离开这里。"

六祖慧能："为什么？"

张行昌"扑通"地跪倒在蒲团之前,向六祖慧能求饶、忏悔:"六祖确实得到神明庇护,我愿从今之后,留在宝林寺内,改恶从善,拜你为师。"

六祖慧能却把头摇了摇:"我不能收你为徒。"

张行昌大为不解:"宝林寺不是广收信众吗,为什么不愿收我?"

六祖慧能寿眉一扬,脸色十分严肃:"我宝林寺收的信众全都要以慈悲为本,佛根纯正;而你恶根未净,杀气尚存,如果你留在宝林寺内修行,就会玷污我这佛家清静之地。"

张行昌执拗地说:"不,我不走!"

六祖慧能催促道:"你别以为死赖在这里,我就会收你为徒弟。的确,你的基本条件尚未及格。你还是快快离开吧,不然,我的弟子得知你连夜前来行刺,定然会怒目相向,加害于你的。你真的要成为清静佛门的一弟子,就该先去找个地方自我修行,除去你的杀气劣性。"

张行昌听六祖慧能讲得颇为有理,沉思了好一会儿,问道:"请问六祖,我修行到什么时候、什么地步来找你,你才会收我为徒弟?"

六祖慧能:"这样吧,修行的时间你不必去计较,只待你修行至六根清净后再来见我,到时我就会收你为徒弟。"

张行昌:"你讲的话可当真?"

六祖慧能:"佛门无戏言。你去吧。"

张行昌转身朝门口走去,尚未迈过门槛,又听到了六祖的叫声:"等一等!"

张行昌转过身来,问道:"还有什么事?"

六祖慧能指了指蒲团上那块金子,道:"这是十两金子,你拿去吧。"

张行昌大惑不解:"常言道,无功不受禄。我行刺你不遂,为什么你还奖赏十两金子与我呢?"

六祖慧能从蒲团上拿起金子,指着上面的那三条剑痕,道:"这金子本是完好无缺的,如今被你砍成了这个样子。留在我宝林寺内,令人看了心酸。你拿去吧,以后对你悟道是大有裨益的。"

张行昌望着那闪着亮光的金子,想了想,缓步地走上前去,接过了金子,塞到怀里,再三拜谢出了方丈室门口,瞬间消失在黑暗之中,越墙离去。

张行昌知道自己罪愆不少,便北上另觅一座偏僻的寺院,出家为僧,他特意将六祖慧能送与的金子放在蒲团前面,每逢望到金子上面那三条深深的剑痕,就反省自己的罪行。他苦修《涅槃经》、《法王坛经》,一直修行至大彻大悟,受具足戒,想起了六祖慧能临别的话,便再南下到韶州宝林寺参谒六祖慧能。

若干年后的一个傍晚,斜阳夕照,宝林寺被绚丽的霞光镀上了一层金光,六祖与徒弟法海、神会等人在宝林寺山门前的草坡上栽种完李树,扛着锄头正想返回寺院。

那边的路口匆匆地来了一个背着行囊的人,那人就是往日的刺客张行昌。

张行昌远远看见六祖慧能，便急忙奔上前来，躬身施礼："请恕谅，我又来打搅师父你了。"

六祖慧能望了他一眼，道："你就是当年夜晚潜进禅房劈我三剑的那个张行昌？"

张行昌的脸上浮出了羞愧的红晕，答道："贫僧正是。当年我是留着长发来修行，如今我已落发为僧。事隔多年，师祖你一下子就能辨认出我来，真是慧眼如炬呀！"

"尽管你眼瞳中的凶光已消失殆尽，但你那两条又粗又短的浓眉在世间是很难找出第二个的。"六祖慧能见张行昌出言谦恭有礼，便道，"我一直盼望见你一面，怎么这么迟才到来呢？"

张行昌虔诚地说："上次我来行刺你，虽然你赦免了我的罪过，但我自觉罪孽深重，到北方的深山大寺去出家修行了。"

六祖慧能："难怪你一去那么多年。"

张行昌从怀里掏出了一块金子，感慨良多："这是当年你送给我的。离开宝林寺后，我一直将它带在身边，有空时拿出来看看。见到金子上面那三条剑痕，就想到了自己的罪孽，也想到了师父你的法力无边与大慈大悲。"

六祖慧能："能多自省，去掉劣性。"

张行昌虔诚地说："在北方静坐潜修的这些年来，我总觉得，难以报答师父你的大恩大德。想来想去，只有到宝林寺来追随你，学习佛法，以后弘扬佛法，普度众生，这样，方能报答你的恩德。"

六祖慧能："你在向佛时常诵读的是什么经文？"

张行昌："我常常诵读《涅槃经》，并且已经背得滚瓜烂熟，但却未能理解其中的一些释义。"

六祖慧能："你尚未能理解《涅槃经》中的哪一点释义？"

张行昌："'常'和'无常'的意义，望师父给我指点迷津。"

六祖慧能："所谓无常，指的是佛性；所谓有常，指的是辨别一切事物善恶的分别心。"

张行昌听后，眼睛泛着惊愕的目光："师父，怎么你讲的释义与《涅槃经》的经文是完全相反的呢？"

六祖慧能正色道："我在宝林寺所传的是释迦牟尼'以心印心'这个法门，怎敢违反佛经中的经义与道理呢？"

张行昌："《涅槃经》中所说的佛性是'常'，而师父你说的是'无常'。一切善恶事物乃至觉悟之心，都是'无常'，师父你却说是'常'。这些都是与经文相反的。这样一来，更使我对师父产生疑惑了。"

六祖慧能："《涅槃经》，我以前曾经听过无尽藏尼姑读过一遍。然后就给她讲说，没有一个字一个意义不符合经文的。现在为你讲的，始终没有两种不同的看法。"

张行昌恭敬地说:"我虽然立志彻底去除以前的习气,但见识浅薄且愚昧,祈望师父花点心机替我教诲与开示。"

六祖慧能:"你知不知道?如果佛性是常住不变的话,那么还有什么善恶诸法呢?为什么世人经历无数大劫,也没有发现菩提觉悟之心呢?所以,我说佛性无常,正是佛说的真正常在佛性。如果一切诸法都是无常的,那么一切万物都有自性。既然它们有自性,怎么还会受到生死轮回约束呢?如果每一物都有真正的性,它就不会遍布到任何地方都有,所以我说的常,就是佛所说的真无常义的道理。外道执无常以为常,以苦为乐,以无我为我,以不净为净成四种颠倒,这是邪常。那些声闻、缘觉二乘人又执常为无常,不明随缘不变,不变随缘的道理,执非常、非乐、非我、非净的四种颠倒。这样,总共形成了八种错误的见解。佛正是因为这个原因,才在《涅槃经》的教义里,破除了他们的偏见。而明白无误地告诉他们涅槃所具有的四德。"

张行昌:"何为四德呢?"

六祖慧能:"那就是真常、真乐、真我、真净四德。你现在只根据《涅槃经》中文字,违背了经文最根本的意义,以有断灭者现象为无常,而以确定死者为常,错误地理解了佛最后教诲的,最圆满、最微妙,也是最为深刻的教理。抱着这样的观点,即使你念经千万遍,又有什么作用呢?"

张行昌觉得面前的迷雾一拂而光,别有洞天、一片光明,兴奋地说:"师父这番话,使我愚蒙立消、茅塞顿开。蓦然得一首偈语,想呈与师父。"

六祖慧能:"啊,这么快你就得了偈语?好,你先念出来给我听听。"

张行昌念诵道:

"因守无常心,

佛说有常性。

不知方便者,

犹春池拾砾。

我今不施功,

佛性而现前。

非师相授与,

我亦无所得。"

六祖慧能听了偈语后,大喜,心想,他对于佛义已经大彻大悟了,就说:"好吧。我就收你为徒吧。"

张行昌跪地:"师父在上,请受弟子张行昌三拜。"

"起来吧,"六祖慧能做了一个手势,眼睛凝定地琢磨着,"张行昌,张行昌……"

张行昌:"师父为什么不断地叫我的名字?"

六祖慧能:"既然已遁入空门,你的名字要改一改。"

张行昌站了起来,以期盼的目光望着六祖:"祈望恩师赐名。"

六祖慧能："你的法名为志彻吧。"

张行昌脸露喜色："志彻，志彻？好，好！"

志彻进宝林寺时，初当守门僧，后来因武功了得，成了六祖慧能身边的护法弟子。

六祖慧能以仁德令刺客张行昌改恶从善的这一故事，千百年来在佛门一直传作佳话。

三十七、方辨作雕像

韶州宝林寺成了佛教圣地，成了人们朝拜的中心。

六祖慧能见从四面八方涌到宝林寺里的人十分复杂，各个宗派互相攻击、责难、诋毁甚至谩骂，各自起了罪恶的邪念。进了清净的佛门之地，仍然成为这样的人，六祖慧能从心底里怜悯他们。

有一天，六祖慧能对着宝林寺僧众说："修行的人，对于所有的善念和恶念，应该一律清除，不留丝毫，没有什么名称作为名称，就假名之为'自性'，这无二的'自性'，就是'实性'。在这个实性的基础上建立起来的一切佛教，都必须能够见到自性。"

大众听了六祖慧能的教导训示，心中豁然开朗，虔诚顶礼膜拜，请求侍奉他为师。六祖慧能成了名正言顺的禅林宗师，成了人们心目中顶礼膜拜的活佛。

高大的青榄树上，百鸟鸣啭，缕缕阳光从树冠上穿射下来，在地面投下了一个个神秘的光斑。

六祖慧能在寺内刚刚验收过新建好的一座僧房，来到钟鼓楼下，听施工的师傅言及要更换楼梯的木板。忽然守门僧志彻前来禀告："有一异地僧人求见。"

六祖慧能："我正忙着，你叫法海去接见他便是了。"

志彻提高了声调："他声言一定要师祖亲自面见他。"

六祖慧能想了一下："那么，叫他在前厅等我。"

"好。"志彻应声后匆匆离去传达给求见者。

在前厅,六祖慧能刚端坐在酸枝椅上,志彻便带来了求见者,那是一位年轻僧人。

这僧人长得清癯,身穿黄色袈裟,背着行囊,一副风尘仆仆的样子。

他一进门就双手合十施礼:"祖师有礼。"

六祖慧能打量着他:"你是?"

僧人答道:"人称我为方辨禅师。"

六祖慧能:"听你的口音并非岭南人,你是何处人氏?"

方辨禅师(690—765)直言答道:"是西蜀人氏。"

六祖慧能:"天下那么大,寺院成千上万,是谁叫你来曹溪找我的?"

方辨禅师一本正经地说:"是达摩师祖向我开示的。"

达摩已灭度多年,这个僧人当众竟如此回答,确实令六祖慧能打了一个怔,俄顷,追问道:"达摩先祖是如何开示你的?"

方辨禅师指手画脚地说:"贫僧昨天在天竺国(南印度)见到了达摩先祖,达摩先祖嘱咐我赶快到中国来,并向贫僧道,我所传的大迦叶正法眼藏以及僧伽梨,现在传到第六代,师祖在韶州曹溪,你速速去瞻仰礼拜。"

六祖慧能嗔笑道:"你在什么时候见到达摩先祖的?是在梦中吧?"

方辨禅师也以嗔笑回答:"师祖,嘴巴长在你的身上,你说是梦中就是梦中吧。"

两人皆会意地笑了笑,六祖慧能微微地点了点头:"你远道来到宝林寺,欲求什么佛法?"

方辨禅师将手一摆:"我此行来到宝林寺,主要目的并非仅是求佛法。"

六祖慧能盯着他:"啊,你不是来求佛法的。那么,你主要是来干什么的?"

方辨禅师:"世人讲师祖你藏有达摩师祖传下的圣衣宝钵,我不知是真的还是假的,要亲眼目睹才会相信。"

平日,前来宝林寺的僧人全都是冀求跟六祖慧能学佛法的,如今这个僧人确实是与众不同,一开口就提出要当面目睹先祖传下的圣衣宝钵。六祖慧能见他的口气不小,性格奇特,便说:"也算你与佛祖有缘。好,老衲今天破例,让你见见圣衣宝钵。你且随我到寺内密室一观。"

见六祖慧能如此爽快地答应,方辨禅师大喜过望。

六祖慧能带着方辨禅师走出前厅,穿过回廊,绕过几间殿堂,沿着石级走了好一会儿,来到了密室前面。

密室在一座偏殿的地下深层,厚重的铁门前,分左右两边站着两位手执刀剑的守卫武僧。

他们见到六祖慧能到来,知有要事,施过礼后,问:"师祖要进密室去?"

"嗯。"六祖慧能点了点头。

两位守卫武僧各自掏出藏在怀里的钥匙，先后打开了挂在铁门上的两把拳头般大的铜锁，"咣"的一声，铁门被推开了，守卫武僧说："师祖，请！"

六祖慧能领着方辨禅师及守卫武僧进了甬道后，再朝前走去，开启了一层层厚重的木门与铁门，进到密室，壁灯在晃悠，时明时暗的亮光，照在靠在墙边的一排大木柜上，使这里更增添了神秘的色彩。

方辨禅师迫不及待："圣衣宝钵呢？"

"看你猴急的。"六祖慧能笑道。

守卫武僧再打开了重重柜门，见到一个红色的包袱。

六祖慧能亲自将包袱的一块包裹着的红布打开，圣衣宝钵即呈显在面前。

"啊！"耀眼的毫光照得方辨禅师往后倒退了两步。

这些圣衣宝钵，达摩带着它们从天竺东渡到中国，先传与慧可，经历代相传，至慧能已经六代，却保管得完整如初：大红的袈裟红得耀目，僧袍边缘绣的金线金光闪闪，寂静中带有几分的威严。宝钵泛着如彩虹般奇异的光芒。

"果然是旷世宝物！"方辨禅师惊叹道，"如今亲眼目睹了圣衣宝钵，贫僧笃信你就是五祖亲传的禅宗第六代宗师了。"

六祖慧能："老衲已破格将圣衣宝钵展现给你瞻观了。你还有什么要求吗？"

方辨禅师举起双手，扬了扬，语带含蓄地说："贫僧想在寺中替你干一些常人不会干的事情。"

"干一些常人不会干的事情？"六祖慧能迅速打量了方辨一眼，忽然，发现问题了，便问，"身为僧人，你的手怎么有那么多的厚茧呢？"

方辨禅师晃着手掌："我的双手是用来劳作的。"

六祖慧能以疑惑的目光望着他，"你行囊里除了衣物，还有什么东西？"

"师祖锐目如鹰，隔着布料竟然看出贫僧行囊里还有其他物品。"方辨禅师解下了背上的行囊，一件件地掏出里面的东西来。

里面有铁锤、凿子，还有一些长短不一的刻刀。

六祖慧能指着那些铁锤、凿子与刻刀，奇怪地问："佛门之内，主要的功课是念佛诵经，静坐修禅，你以这些东西傍身，平素你研习的是什么呢？"

方辨禅师晃扬着那些凿子和刻刀，回答说："贫僧自小喜好工艺丹青，近年来更是勤于雕塑。"

六祖慧能："你擅长雕塑什么？"

方辨禅师："世间万物俱可，而贫僧最擅长的是雕塑人物。"

六祖慧能："雕塑人物比雕塑其他物件更难。人物的身高、脸形比例要雕塑得恰当，各人的眼耳口鼻自有特征，要将它雕塑好，需要很深的造诣才行呀！"

方辨禅师脸带傲色，滔滔而谈："师祖，不是贫僧夸下海口。我雕塑人像时，无须对方长久地坐在我的面前一动不动。我只需看过他几眼，脑海中便会记牢，回去后

便可以将他的像雕塑出来。这些年来，凡是见过我做出人物雕塑的人，无不伸出大拇指啧啧称赞。"六祖慧能半信半疑地说："你的手法果真是如此的高明？"

方辨禅师掷地有声："贫僧并非谎言诳人。不信你可以亲作验证。"

六祖慧能："好。"

方辨禅师征询地问："师祖，你要我雕什么像呢？"

六祖慧能用手指着自己的鼻尖："你试一试先替老衲雕个像吧。"

方辨想不到六祖慧能竟会提出以他自身作雕像，一时不知如何是好，沉吟片刻后，点头答应："好，到时包保你满意。"

六祖慧能："那你在寺内住下来，雕一个塑像让老衲看看。"

出了密室，方辨禅师就在宝林寺的客房住了下来，关上门来，悉心雕塑。

几天后，方辨禅师捧了一个花梨木的雕塑来到了六祖慧能面前。

这是六祖慧能的雕像，高约七寸，十分逼真。

宝林寺众门徒见了，纷纷伸出了大拇指，夸赞这雕塑准确地再现了慧能大师的形象，五官比例恰到分寸，尤其是微微隆起的前额，更是惟妙惟肖。

听到赞叹之声，方辨禅师得意洋洋地说："师祖，贫僧并非虚言吧。"

六祖慧能捋着长髯，注视那塑像很久，笑着对方辨说："你的雕塑技能确实不错，将我外表的五官都雕塑出来了，但是……"

方辨禅师："但是什么呢？"

六祖慧能："你只了解塑性，塑得的是形似，确实称得上是一位高明的雕塑师；但你并不了解佛性，未能塑出神似，故此，你尚未能塑得出老衲的本质来。"

想不到六祖慧能会说出这样的话，犹如兜头泼来了一盆冷水。听惯了赞颂之词的方辨禅师感到一片迷茫，琢磨着六祖的话："只了解塑性，并不了解佛性……"

六祖慧能："《金刚经》上讲过，凡所有相皆是虚妄。这就是告诫学人不可执著外相，而迷失本心。学禅的根本就在于相而离相，于不教中有教，在无修中去修道。这就是我说的禅悟之道。"

方辨听后，频频点头。

六祖慧能走到方辨禅师身旁，说："学道要精进勤奋。"

"我……"方辨禅师思索六祖慧能这话的含义。

"你远道而来，闭门雕塑了几天，毕竟已付出了不少的精力与心血，才替我做出了这尊雕塑，这样吧，五祖的法衣置于密室并无多大的意义，如今该用到它该用的地方去了，就送给你吧。"六祖慧能说毕，嘱咐门徒将五祖传授的法衣从密室取了出来，送给方辨，以表示谢意。

方辨知道这件法衣的神圣性，于是将它分为三份，将一份披在慧能大师的塑像上，道："这是五祖的亲传，是必不可少的。"

方辨禅师将另一份留给自己珍藏。

剩下的另一份，六祖慧能则用棕叶包好，焚过香烛，向上苍祷告后，埋在地里，然后对天发誓："以后，倘若有人掘得这件法衣，那就是我再生于世。我将居于此地主讲佛法，重建佛院寺殿。"

后来，有种民间传说，宋朝嘉祐八年（1063），名僧惟光住持于此，重修大殿，在掘地时又得到了祖衣，虽经数百年，但法衣鲜泽如新。

三十八、拒作朝廷僧

六祖慧能作为山林禅僧的形象，与朝廷曾经有过一段不平凡的故事。

武则天作为中国第一个女皇（624—705），曾经出家为尼，皈依佛门。后出于政治的需要，极力扶持佛教。当时，有一位名唤法明的高僧，当面说武则天前生来历不凡，乃是天上的弥勒佛转世托生，还煞有介事地敬献上《大云经》四卷给她。为此，武则天将佛、道、儒三教相对照，将佛教确立为三教之首，主要是利用佛教中的《大云经》，鼓吹"女王承正"。其后，出于经略西域的需要，在东都洛阳造大毗卢佛，令各州县都建大云寺，支持法藏创立华严宗。捐"助脂粉钱二万贯"，充当龙门奉先寺雕刻佛像之用。由于她任用酷吏，屡兴大狱，年轻时淫逸过度，年老时感到体力虚损，走路时脚步飘浮，为了能够延年益寿，她便将希望寄托于佛法。于是，广招高僧进宫说法。武则天大力倡导佛教，拨巨资在各地的名山兴建寺院大刹，全国的寺院星罗棋布。

武则天在宫中听那些高僧说佛多年，听来听去，都是那个版本，犹如天天吃鸡肉，逐渐感到厌腻了。后来，她听到近臣向她推荐，天下的真正高僧当数慧安大师与神秀时，龙颜大悦。武周久视元年（700），武则天遣使专程将他们迎请至京。据张说《大通禅师碑》记载：当神秀到京城之时，自视与天同高的武则天竟然不计君臣之别，亲自跪地施礼迎接，"诏请而来，趺坐觐见，肩舆上殿，屈万乘而稽首，洒九重而宴居。"每当神秀在说法之时，"帝王分座，后妃临席"，将慧安大师与神秀招至东都洛阳。此时的神秀已是94岁了。

在洛阳宫中，修行极深的神秀向来谈锋甚健，又是巧于辞令。来到宫中，知道武

则天这位骄奢残暴的女皇,怠慢与得罪不得。于是,深入浅出,鞭辟入里,频举例证,来宣讲他的渐悟禅法。武则天多年来,听惯了枯燥无味、行文晦涩的佛典经著,如今顿觉眼前豁然开朗,听得如痴如醉,觉得这位高僧不仅是年岁高,而且是道行高,对神秀恩宠有加。

后来,武则天返回长安,又将神秀召到长安的内道场供养,每次都是以最高的规格亲加礼拜,优敬有加。

至唐神龙元年(705),唐中宗执政,他也是深信佛教的君主,封神秀为"帝师",常常在宫中与神秀谈论佛法与禅说。

在一段时期里,神秀所受之恩宠可谓天下无人可及:乃洛阳、长安的"两京法主",又是武则天、唐中宗、唐睿宗三代皇帝的"帝师"。

受到隆盛礼遇的神秀,毕竟经过了几十年风风雨雨的洗礼,在宫中的内道场,面对鎏金耀彩的祭礼法器,身享着旷世荣华,昔日与众师兄弟在山溪野林中辛勤劳作,在清风明月夜共坐参禅的情景,常常历历在目。禅林的争端是非,不时在他的心海中沉沉浮浮,难于平静。

神龙元年(705),京都的积雪尚未融化,四周是一片银白色,世界显得纤尘不染。

武则天听神秀讲解完《华严经》后,与神秀在大殿前的石板地面上边走边谈:"帝师,你是禅学的宗师,誉满四海,听说先祖菩提达摩西来时带有袈裟宝钵,代代相传,传到你,该是第六代了。朕倒想一观那些圣物的风采。"

一阵朔风吹来,神秀浑身打了一个寒战,僧帽跌落地面。

此时的神秀已眉毛全白,岁月的风刀在他的脸庞上刻下深深的皱纹。他毕竟已是99岁了。神秀捡起了僧帽,再戴到头上。蜡黄的老脸上忽地涌起一阵红潮:"这……"

武则天见他这副局促的模样,以为他不愿拿出袈裟宝钵给自己瞻看,脸露愠色:"是不是朕配不上观看你那些高贵无比的圣物呢?"

神秀见武则天之怒态,连忙趴在石阶之上,道:"圣上,你为天下至尊,并不是你配不上观瞻那些圣物,而是……"

"而是什么?"武则天追问道。

神秀支支吾吾。

武则天的眼睛盯住他:"有什么难言之隐呢?"

神秀迟疑许久才说:"老衲怕讲了,圣上会……"

武则天明白他的意思,用手将龙袍正了正:"帝师有什么话,直讲无妨。朕绝不会怪罪于你的。"

神秀仍没有直言。

武则天将手往上挑了挑:"帝师平身。"

神秀听到武则天的口气没有刚才那么严厉,才站了起来。

神秀鼓起了勇气:"圣上,老衲并无先祖所传的袈裟与宝钵。"

"啊,你没有祖传的圣物?"武则天吃惊地望着神秀,"你不是至高无上的法王吗?"

"在北方,我被推为众僧之首,可称得上是法王,"神秀此刻倒是坦言了,"但是,当日在东禅寺内,五祖弘忍大师没有将达摩先祖从天竺带来的袈裟宝钵传给老衲。"

"啊,法王没有祖传的袈裟宝钵,就等于皇帝没有了镇国的玉玺,这怎么行?!"武则天伸长已显露青筋的脖子,追问道,"那些圣物哪里去了?"

神秀支吾其词。

武则天:"你不肯说,是不是有什么顾忌?"

又是一阵寒风吹来,差点将神秀的僧帽再次吹落在地,他连忙用手按住了僧帽,再理一理身上的大红袈裟:"只差一岁,老衲便一百岁了。我近日不时觉得走路时身形飘忽,脚步踉跄,傍晚时又觉心胸憋闷,气息断续,心血不时翻涌,四肢有如散架。老衲自知已是风烛残年之躯,大限离我不远矣。故此,也不怕将事情的真相直讲。"

武则天:"好,你讲吧。"

神秀叹了口气:"五祖将初祖达摩从天竺带来的袈裟宝钵传给了慧能。"

武则天眨着眼睛:"慧能?我怎么没有听过这个名字。"

神秀这时反而平和地说:"圣上,你作为一国之君,日理万机。最关心的当然是国家大事,民生大计。近年,江浙水涝,中原荒灾,西部胡骑入侵,战事连绵。而圣上一直待在深宫大殿,万事都只是听近身大臣的禀报。须知,你的近身大臣为了讨你欢喜,禀告的也往往是一面之词,片面之事,其宗旨全都是报喜不报忧。圣上对我们佛门兴衰演变之事未全然知晓,这也是合乎常理的呀。"

武则天听后,沉吟片刻:"帝师此言有理。那个慧能究竟是何许人也?"

神秀:"慧能也是禅宗六祖。"

武则天大惑不解:"帝师,你是六祖,慧能也是六祖。须知一国不可有二君,你们佛门怎么同时有两个六祖呢?"

神秀解释道:"老衲不过是北宗六祖,而慧能的禅法名冠南国,被世人誉为南宗六祖。"

武则天:"你已是满腹经纶才高八斗,京城是有口皆碑。难道那个慧能的文才比你还高?"

神秀摆了摆手:"慧能是斗大的字认不了半箩。"

武则天吃了一惊:"啊,他连字也认不了多少,又如何去宣讲禅义、弘扬佛法呢?又怎配得上当什么南宗六祖呢?"

"这正是老衲以前不服,也是我的门徒不服的原因。"神秀想起往事,禁不住心如

潮涌，他接着道，"当年在东禅寺，我的师父五祖弘忍大师曾多次当众宣称，'东山之法，尽在秀矣'。故此，寺中门人都将我视为五祖的当然传承之人。但后来五祖又一改初衷，在一个夜晚，将圣衣宝钵私自传授给慧能。"

"历代佛祖，皆是高瞻远瞩，挑选传灯之人，更是深思熟虑的。五祖这样做，基于什么缘由呢？"武则天说，"帝师，你将其中的事情向我讲述一遍吧。"

神秀："慧能虽然不识字，但是他……圣上，你到那边的石凳上坐下，待老衲将事情始末向你讲来。"

于是，两人来到了旁边石阶前，神秀就将在东禅寺所发生的往事，尤其是两人在南廊作偈的事情向武则天讲述了一遍。

武则天听着，听着，末了，长叹一口大气，说："朕以为佛门是净土，波澜不兴。想不到里面竟有如此多的名堂。"

神秀感触良多："世事的变幻，确实如同天上的流云。"

武则天沉吟一会儿，向神秀问道："慧能所倡导的佛法与你修的禅法有什么区别？"

神秀："老衲崇尚的是苦心渐修的'渐悟'，而慧能推崇的是见性成佛的'顿悟'。"

武则天两眼直盯着神秀："你向朕讲的可是实话？"

神秀："欺君之罪，罪大弥天。老衲怎有在圣上面前讲谎话的胆量呢？"

武则天琢磨过后，猛然省悟："啊，你们是禅宗的不同流派。"

神秀："不错。世间早就有'南能北秀'或'南顿北渐'之说。"

武则天问道："你与慧能两相比较，谁的佛法会高一筹呢？"

神秀正色地说："沧海桑田，往事如烟，正如孔圣人所言，逝者如斯夫。回想当年在东禅寺所发生的一切，两相对照，扪心自问，老衲对佛理禅机的悟性确实在慧能之下。倘若将老衲的悟性比作皇宫后面的骊山，那么慧能的悟性则如巍峨的泰山。况且……"

武则天："况且什么？"

神秀由衷地说道："况且慧能得先祖的圣物所传，无论从哪一个角度来说，慧能才是真正的禅宗六祖！"

武则天眨巴着老眼："六祖慧能如今在哪里弘法呢？"

神秀手指南方："在岭南韶州的宝林寺。老衲曾派贴身门徒法达与志诚前往试探，岂料，法达与志诚一去而不复返，毋庸置疑，他们是在宝林寺听了慧能的法学之后，被慧能感化而师从于他了。从法达与志诚的去向可以推知，慧能的禅法比我更得人心。圣上，你真正要学佛法修禅，就下旨召慧能进宫来吧。"

武则天站了起来，用手轻轻地拍了拍神秀的肩膊："帝师，你也不愧是名满天下的禅宗。"

神秀本是苍白的脸庞羞惭得通红:"圣上如此夸赞,令老衲无地自容。老衲自问,无德无能。"

"啊,原来真正的禅宗六祖如今在岭南。"武则天感慨地说,继而,目光盯住神秀,"世间佛、道、儒三教中,稍有才气者往往是自以为是,目空一切,相轻相忌。更有甚者,施横手加以戕害。而帝师你襟怀坦荡,举贤不避仇隙,真是人之贤士,佛之先达呀!"

武则天这番话,令神秀脸上的红潮直抵耳根之下。

朝廷有一名叫张说的大臣素来敬佛,一天,他在宫中见到神秀,便说:"帝师,我有心学佛,但我在朝中有那么多的事务要干。怎样才能够尽快学到佛法呢?"

神秀用手指了指自己的心胸:"用这里学。"

张说:"你是指用心来学?"

神秀颔首:"正是。你听我送你一偈吧。"

张说:"帝师请。"

神秀念道:

"一切佛法,

自心本有。

将心外求,

舍父逃走!"

张说点头:"我明白了。"

神秀这个时候的偈语,直指心性,这与他多年前在湖北东禅寺所作的"身是菩提树,心如明镜台。时时勤拂拭,莫使惹尘埃"相比,已明显在见性成佛的修行上进了一大步,这也是他在当阳玉泉寺苦悟见性的结果。

第二年,残秋,目睹着黄叶断蒂,风吹离枝,苍茫大地,一片萧瑟。神秀感到大限将到,忽告门徒:"吾今功果圆满,行将入寂。"乃于东都天宫寺端坐,是夕入灭。寿年100岁。70岁已属于"古来稀",神秀寿年100岁,这个高龄在当时更是世间罕有。

殡葬之日,极其隆重荣耀,羽仪法物,铺天盖地,相接十里长街,遥不见边。士庶徒众数万人,绕步送殡于龙门。唐中宗皇帝亲自率诸大臣送殡至洛阳午桥。唐中宗下诏,在嵩阳的辅山顶造十三级浮屠,旌表赐谥为"大通禅师"。此是后话,暂且不表。

且说武则天在与神秀对话的当天,返回内宫,此时她已届81岁高龄,心衰力竭,自感行将油枯灯灭,她寄望于绝世高僧能施无边佛法,来延续她的性命。

翌日,武则天与唐中宗即下诏书,遣派内侍薛简作钦差,率人急出京城,飞骑南下。

经过十多天的昼夜兼程,在启明星尚未坠落时,薛简抵达南粤韶州。

刺史韦璩闻知有钦差突然驾临，惶然不知发生了什么事情，匆匆梳洗，伏地迎接。

薛简问道："宝林寺是否在你韶州所辖之地？"

韦璩："正是。"

薛简："从这里前往，还有多远？"

韦璩："不远，不远，快马而去，不消半天。"

薛简与随从喝过几大碗香茶后，又急于上路。

神龙元年的正月，曹溪春水回环，路边杨柳吐出嫩绿的新芽，遍野莺飞草长，花香四溢。

早有快马飞报宝林寺，守门僧听闻钦差携圣旨到，匆忙进大殿禀告。

刹那间，宝林寺内外钟鼓齐鸣，六祖慧能率领着寺中的高僧鱼贯而出，列队到宝林寺山门外恭候迎接。

薛简来到宝林寺山门外，大声叫道："圣旨到！慧能接旨。"

"贫僧领旨。"一须发眉毛俱白的老僧从一大群和尚中闪身出来。

薛简望了他一眼，心中怔了一下：在皇宫里的神秀身材魁梧，气宇轩昂，浓眉大眼，举止行状，极具儒雅；而眼前的这个老僧身材矮小，皮肤黧黑，前额隆凸，走路时腿有点儿跛，怎似声名显赫的一代佛门祖师？

薛简眉头一皱，沉声而问："你果真是六祖慧能？"

"贫僧正是慧能。"六祖慧能爽言而答，他从薛简的神态中，已推测出对方在想着什么。

验明正身后，薛简知他就是六祖慧能，便读起圣旨来：

"朕虔诚慕道，渴仰禅门，召诸州名山禅师，集内道场供养，安秀二德，最为僧首。朕每谘求，再推南方有能禅师，密受忍大师记，传达摩衣钵，以为法信，顿悟上乘，明见佛性。今居韶州曹溪山，示悟众生，即心是佛。朕闻如来以心传心，嘱付迦叶，迦叶展转相传，至于达摩。教被东土，代代相传，至今不绝。师既禀承有依，可往京城施化，缁俗归依，天人瞻仰。故遣中使薛简迎师，愿早降至。神龙元年正月十五日下。"

六祖慧能与众僧匍匐于寺外的地面听旨。

薛简宣读圣旨后，六祖慧能带着他走过山门，进了大厅。

小沙弥敬奉上茶，薛简呷过酽茶后，感慨地说："我在宫中多年，类似这一次皇太后与皇上共同颁发诏书的情况，可算是空前而绝后。极度隆重呀！"

六祖慧能问道："钦差大人，老衲蛰居于野林山溪之中，圣上怎会知我在这里，下诏书召我上京去呢？"

薛简："皇上是听从了帝师的推荐。"

"帝师？"六祖慧能从南来北往的弟子中早已听闻，神秀被武则天诏请到洛阳与长安去解说佛法，便问，"是不是神秀大师兄？"

薛简点头："正是。"

一股莫名的酸楚冲击着六祖慧能的心扉，自从在逃离东禅寺后，自己跟神秀再没有谋过面，只知道南北两派禅宗在对峙着，此时，听到是神秀向圣上推荐他，禁不住心潮澎湃，支吾了好一会儿后，问道："帝师身体可好？"

薛简摇了摇头："我看他脸色蜡黄，精神不大好，因小小的风寒就会咳嗽不止。依老臣看来，他的元气耗尽，将不久于人世了。"

六祖慧能心中浮出了一丝的悲凉："啊，他行将入灭了？人生苦短啊！"

薛简："我在皇宫里面，常常听别人讲到南北两派禅宗的事。师祖你一直是被神秀他们一派追杀的。难道你不恨他们吗？"

六祖慧能神色庄重地回答："按传统来说，私传法衣，是有辱佛家与禅门清戒的。这些年来，神秀大师兄为了扩充他们的宗派，做了一些他们认为要做的事情，老衲有什么理由去责难他们呢？"

薛简："而师祖你在南方只是一味地大开法门，弘扬你的顿悟禅理。"

六祖慧能淡然浅笑："不管南宗北宗，实际上是两水同源。老衲要做的事情就是这样。"

"你真是宽宏大度。"薛简钦佩地说。

六祖慧能："往事已似烟消云散，没有什么值得记恨的。"

薛简呷过口茶后，见日至中天，日晷渐移，便催促道："时不待我，望师祖快些打点行装，随我一道起行，上京进宫，面见皇上，加封领赏。"

面对着皇帝圣旨，六祖慧能却另有一番想法，他说："我作为宝林寺的住持，佛务繁多，容老衲将寺中的事务安排好再讲吧。"

六祖慧能回到方丈室里，门徒不约而同地前来参见。

智常问："师父，想不到武后派钦差来得这么急。你打算怎么办？"

六祖慧能："如果为师跟随薛钦差进京，到宫里跟皇帝论及佛事，阐释禅机，的确可以凭此名扬天下，还可以替自己的佛祖法衣上多贴几道浮华耀目的光环；但是，我们佛门的历代祖师，都是德行高洁，从来都无意晋身帝王处去侈求什么荣华富贵的。就拿我们的先师来说吧。贞观十七年（643），唐太宗下圣旨召四祖道信进宫加封，但四祖坚决拒绝而要留在双峰山东禅寺内弘扬佛法。唐太宗派人以武力相威逼，但四祖面对利剑架颈，宁死而不屈，不改初衷。老衲的师父五祖弘忍也有类此的遭遇，唐高宗皇帝曾多次圣旨，诏请他进皇宫去当什么国师，承诺给他无与伦比的名与利，但却被五祖婉言拒绝。"

怀让搭话道："常言道，一入侯门深似海，伴君如伴虎。皇帝随时随地可以倏变脸色，多少座上客眨眼之间变成了死囚冤鬼。"

行思："是呀，师父，去不得，千万去不得呀！"

六祖慧能："为师我是决意不进京的了。除了你们所讲的原因外，我还觉得……"

众门徒："觉得什么呢？"

六祖慧能说："我的'顿悟'禅说，乃是承传先祖的山林佛教，当植根于山水林泉之间，植根于广大的黎民百姓之中。在民间广泛传播，这样，才能流传于四海，延续万代香火。如果老衲我久留宫闱，我曹溪的禅法血脉就会发生质的变化，尽失本色。这禅法就变成了无根之树，无源之水。就会像依附帝室的神秀那样，仅仅成了宫廷的摆设与装饰品而已。"

"对，师父说得对，不能去，千万不能去。"徒弟们众口一词。

神会这时才慢慢地开腔道："师父确实不应进京去，但武则天凶残暴戾，天下皆知。若不肯前去，便是蓄意抗旨，就会获蔑视皇帝之罪，殃及宝林寺，株连师父与各位师兄弟。"

众人感到事态严重，你望着我，我望着你，互相问道："这该如何是好呢？"

六祖慧能思忖了好久，道："用硬的方法来违抗圣旨，无疑是以卵击石。武学上有以柔制刚之术，这一回我们可以用软的手法来与之周旋！"

智常："师父，你有什么方法来和皇上周旋？"

"你们听我说。"六祖慧能讲出了他想到的方法。

众人听后，异口同声地赞好。

夕阳在西山收起最后的一脉余晖，暮霭在曹溪的大小山壑与溪涧里流淌飘移。

钦差薛简在宝林寺里浏览了一番，吃过晚饭，仍然不见六祖慧能的身影，不满地问一直陪同在他身边的法达："你师父怎么啦，接旨之后，直到如今大半天了仍然见不到他的身影，这般怠慢我这个千里而来的钦差？"

法达："钦差大人初来乍到，有所不知。我师父近日被病魔缠身，今天听到钦差大人你到来，是强撑着老弱病躯，率领我们到山门外接圣旨的。"

薛简并不相信："有这么一回事？你这是在骗我吧？"

法达显得诚惶诚恐："骗你？钦差大人，你是携旨南来，骗你等于骗皇帝，是要获杀头灭门之罪的。即使给一个水缸贫僧做胆，我也不敢这样做。"

"这也是，"薛简拈着肥胖的下巴沉思着，说，"多讲无谓，你如今立刻带我去见你师父吧。"

"好，钦差大人，且随我来。"法达带着薛简穿过长长的回廊，过了两间偏殿，来到了六祖慧能的方丈室。

方丈室的大门洞开，站在门槛处，薛简见六祖慧能斜倚在床榻上，额角包着一条沾过水的白布，智常正以汤匙给他喂着稀粥。

薛简："师祖，你怎么了？"

六祖慧能望着薛简，没有马上作答，喉咙抽噎着。好一会，才用手指着床前的一张木凳，道："钦差大人，请坐。"

薛简并不客气，在木凳上坐了下来，劈头就问："师祖，你打算什么时候起程上京？"

六祖慧能以手捂胸口，蹙额锁眉道："皇上召老衲进京，皇恩浩荡，真令我受宠若惊。可惜老衲不能成行。"

薛简听到六祖慧能不肯上京，心中抽紧，板起了脸孔，以警告的口吻道："师祖，你这不是抗旨吗？须知，蓄意抗旨，对于宝林寺与你来说，将意味着什么。"

六祖慧能回答时有气无力："老衲并非有意抗旨，而是有实际问题。"

薛简问道："有什么实际问题呢？"

六祖慧能长叹了口气："老衲久处山林，为瘴气所侵，早已年逾花甲，体虚力弱，心力衰竭，加上近日又染风寒恶疾，手脚麻痹，行动甚为不便。"

薛简出了个主意："你行走不便，我可以派轿子抬你上京嘛。"

六祖慧能边说话边喘着气："即使我坐轿随你进城，但关山万里，风云变幻莫测，时冷时热，乍雨忽晴，如此奔波劳顿，叫我这老弱残躯，如何受得？老衲最怕的是……"他故意将尾音拉长。

薛简追问："最怕什么呢？"

六祖慧能无奈地摇了摇头："最怕未到京城，老衲中途就会病亡。届时，你又怎样回京城去复旨呢？"

"啊——"薛简吃了一惊，脸色刷地变得煞白，怔怔地呆立了半响。

六祖慧能："况且老衲乃山野草民，绝地贫僧，自知相貌丑陋，自惭形秽，不似神秀师兄峨眉俊秀，气宇轩昂，神采飘逸。倘若奉旨入宫，京城之士民见了贫僧形容猥琐，对佛法便会萌生轻视之心。先师弘忍早已嘱咐贫僧，老衲今生唯有与岭南有缘。师命难违呀！"

薛简听后，眉毛一蹙，走到六祖慧能的床榻前，"扑通"地跪在地上，苦着脸求恳："师祖，你自言师命难违，须知下官的皇命更难违呀！下官是奉旨而来，千里飞骑，为的是专程请大师你上京去。如果你托词不上京师，叫我如何回去缴旨？大师以慈悲为怀，普度众生，就先搭救下官吧。"

六祖慧能下了床榻，将薛简扶了起来："老衲也不会故意给你难题。"

薛简容不得半点讨价还价："大师明天一定要跟随我上京师去，否则我将人头难保！"

六祖慧能老眼凝定，想了想，说："钦差大人，要保住你的人头并非难事。"

薛简大喜："啊，你终于愿意与我一道上京去？"

六祖慧能说："非也。"

薛简的口气铁定："你不进京去，那怎么行呢？则天皇帝为了见师祖，当面聆听你的佛法，心如油煎，才急急下诏，派我迅即南来。我猜想，皇上如今在京城盼师祖你到来，犹如大旱之望甘霖。我身为特派钦差，竟然空手回去复旨。定然惹得皇上大

怒,等待老臣的唯一结果将是斩无赦。须知皇法无情呀!"

"你别将事情看得那么的绝对,"六祖慧能先安慰了薛简一番,然后转而用征询的口气道,"你是皇上的贴身近臣。我来问你,皇上请老衲上京进宫,是不是为了求佛法呢?"

薛简点头:"是呀。"

"既然这样,此事大可化矣。须知佛门之内,以法为上。"六祖慧能出了个主意,"这样吧!我来说法,你当记录,并在我宝林寺内整理好。然后你带着我说的佛法回京城去复旨,再附上老衲的奏请表章。这样便不再是空手而归了。圣上便不会给你定罪了。"

"好!好!好!"薛简登时笑逐颜开,"这些年来,我跟随在皇上左右,常常到宫中听那些禅宗大师谈佛论道,但听过之后,皇上与我对有一些问题都感到十分的困惑,今天正好向六祖你请教了。"

六祖慧能:"钦差大人有什么问题,尽管发问。"

薛简:"京都的那些禅宗大师都说,想要领会大乘佛道,必须要坐禅修习定力。假若想不通过坐禅而得到解脱,那是从来都没有的事。弟子我不知道大师所说的佛法是怎么样的?"

六祖慧能严肃地说:"佛道是从心底里悟出来的,怎能说仅是由于坐禅而坐出来的呢?"

薛简眨着不解的目光:"啊,大师你才一开言,就跟京都的大禅师说的不一样了。请你详细地解释一下吧。"

六祖慧能解释道:"佛经上说过,倘若有人说如来似坐如卧,这个人就是修行邪道者。为什么呢?因为一切万物都不从什么地方来,也不到什么地方去,没有生,也没有灭,这才是如来佛的清净禅。一切法本来就是虚幻寂空的,这是如来佛的清净坐。究竟的解脱也无法证得,又何况坐禅呢?"

薛简搔了搔脑袋:"大师,你讲的是什么佛法呀?"

六祖慧能用手直指着自己的心:"我讲的是传心法。"

薛简恳求道:"弟子我回京时,皇上必定问我来到曹溪学到了什么东西。望大师大发慈悲,指示传心法最精要的法义。以便我上奏皇太后与皇上,并告诉京城里所有学道的人。就好比一盏灯能点燃百千盏灯,使黑暗的地方都得到光明,使光明无穷无尽地传递开去。"

六祖慧能见他十分诚恳,说:"佛道本身并无明暗之别,明暗只是相互代谢的意义。光明之传递没有尽头,也是因为有尽头存在,二者互相对待,才出现两个不同的名称罢了。所以《净名经》说,佛法是无可比拟的,因为它没有相对的名称。"

薛简说:"光明譬喻是智慧,黑暗譬喻是烦恼。修习佛道的人,倘若不用智慧之光照破烦恼,则开始到现在的生死,凭什么可以出离呢?"

六祖慧能答道："烦恼就是菩提觉悟，不要将烦恼和菩提分为两个，它们是没有分别的。假若要用智慧之光来照破烦恼，这是二乘人的见解。羊车鹿车是同样的根机，而有最上智慧和最大善根的人，都不会有这种见解。"

薛简引颈而问："什么是大乘见解呢？"

六祖慧能："光明与黑暗，凡人制的是两种迥然不同的境况，但有智慧的人明彻通达，光明黑暗其本性是没有区别的。这种没有区别的本性，就是真实的佛性。所谓真实佛性，就是在凡夫和愚人的身上并不减少，在贤者和圣人的身上也不增加，在烦恼的时候而不散乱，在禅定的时候而不静寂。它不断灭也不永存，没有来也没有去，不在中间也不在内或外。没有生，没有灭，性相一如，常住不变，这就叫做佛道。"

薛简问："大师所说的不生不灭，与外道所说的有什么不同呢？"

六祖慧能答道："外道所说的不生不灭，是要用灭来阻止生，用生来显示灭。灭等于不灭，生也可以不生。而我所说的不生不灭，是指佛性本来就没有生，现在也不会灭。所以我说的不生不灭和外道的说法不同。你若想知道以心传心的佛法最精要的法义，就不要思量一切的善和一切的恶。这样，自然就会悟到法明洁净的心体，澄明常寂，其微妙的用途比恒河沙还要多。"

薛简施礼道："听大师一席话，胜于我在皇宫里听那些禅宗大师讲几年的经义。"

薛简返回他下榻的禅房，挑灯夜战，连夜把六祖慧能说的佛法与教义笔录下来，一直干到曙色曦微。

翌日，薛简将那些笔录向六祖诵念，六祖即时予以评点校正，最后由薛简抄写在本章上。

第三天，六祖慧能将他请奏的表章交与薛简，率领着宝林寺的众僧人送薛简出了山门。

薛简率着官差，策马扬鞭，昼夜兼程，飞度关山，返回京师，向武则天复命。

在此期间，朝廷已经发生了动乱：宰相张柬之乘武则天病重，发动宫廷政变，率兵杀死了武则天的男妃张易之、张昌宗兄弟。逼武则天退位，由唐中宗李显复位。

唐中宗是武则天的亲生儿子，故此，他即位后有一些事情还是跟武则天商量。

薛简是武则天的心腹，今见江山易主，好不凄然，径直进上阳宫去拜见武则天。

一心梦想成佛的武则天日冀夜盼，却盼得薛简空手而回，在病榻上气得瞪眉凸眼，怒火大起。

"望武后息怒，微臣有重要东西敬呈。"薛简跪地，双手递上了六祖所奏的表章。

武则天打开表章。表曰：

"慧能生自偏方，幼而慕道，叨为忍大师嘱咐如来心印，传西国衣钵，授东土佛心。奉天恩遣中使薛简召能入内，慧能久处山林，年迈风疾，陛下德包物外，道贯万民，育养苍生，仁慈黎庶，旨弘大教，欲崇释门，恕慧能居山养疾，修持道业，上答皇恩，下及诸王、太子。谨奉表。释迦慧能顿首，顿首！"

武则天斜倚病榻，阅过表章，沉思片刻后，问："那慧能禅法的要旨跟神秀国师的有什么不同？"

"确实是大有不同之处，"薛简解释道，"慧能提倡的是'直指人心，见性成佛'的顿悟法门。"

武则天："顿悟？我可从来都未曾听闻过。你跟我细说。"

薛简："慧能提倡'放下屠刀，立地成佛'。"

"啊，立地即可成佛？"武则天一向残暴，在她手中的无辜冤死者数不胜数。到了垂暮之年，每晚都为追讨索命的梦魇所折磨，惊醒过来已是大汗淋漓，这才想到要多修佛法，多做佛事，以赎罪愆。但印度式的佛教，无论是大乘佛教，还是小乘佛教，其要旨的共通之处就是：为善终生，三世方可成佛。这对于自知罪孽不浅且老迈多病的武则天来说，要修成佛身确实是难于上青天。况且，按照神秀等渐悟教派的修禅方法，每天早起晚睡，坐在蒲团上，念诵那些烦琐深奥而又枯燥无味的经文典义，这是何等的累，何等的苦！如今，听到立地即可成佛，这正合她的心意，便问，"如此说来，不用每天都去念经诵佛，无须累世修行了？"

薛简："正是，六祖慧能有一句至理名言，就是'心平何劳持戒，行直何用修禅'。"

"好！好！好！"这点，正如暑天冷水，滴到了武则天的心坎正中处。

薛简双手将当日的记录敬奉上："这是奴才在曹溪记录的六祖慧能所说的佛法。"

武则天大喜，从薛简手中夺过了所记录的慧能佛法，仔细看过，推敲再三，在明晓他所倡议的顿悟法门之余，更深感六祖慧能的本意是不恋荣华富贵，不贪盗世功名，更加钦佩他德行高洁。武则天差薛简将唐中宗叫至上阳宫里来，叫他代写诏书，奖谕六祖慧能。

当年的九月三日，曹溪宝林寺里，六祖慧能接到了钦差快马送来的皇命诏书："师辞老疾，为朕修道，国之福田。师若净名，托疾毗耶，阐扬大乘，传诸佛心，谈不二法。薛简传候指授如来知见。朕积善余庆，宿种善根。值师出世，顿悟上乘。感荷师恩，顶戴无已……"随同圣旨，将高丽进贡而来的磨衲袈裟一件，水晶钵一口，绢五百匹，赠给六祖慧能，敕改"宝林寺"为"中兴寺"，还下令韶州刺史重新修葺装饰宝林寺。

唐中宗身在北方，但是对岭南的佛事却十分关注。觉得六祖慧能在新州建的寺院名叫"报恩寺"，只是报他娘与师父的恩，这范围未免显得过于窄了。与群臣商议后，众大臣认为佛光应该普照整个国家广大的黎民百姓，将它改为"国恩寺"更为合适。唐中宗采纳了群臣的建议，将"报恩寺"赐名为"国恩寺"，并敕赐武则天手书的"敕赐国恩寺"匾额一幅。

岁月流逝了一千多年，时至如今，那匾额仍挂于龙山国恩寺正门上方。

从此，新州龙山"国恩寺"更加驰名遐迩。

而当年秋天，武则天病入膏肓，药石回天无力，高僧的诵佛也挽救不了她的残命,她在萧瑟秋风中撒手尘寰。

无边天宇,给这位空前绝后中国女皇留下的是渭河畔乾陵的无字碑。

三十九、宝林寺授法

光阴荏苒,日月如梭。

六祖慧能坚持历代禅宗师祖不事权贵远避朝政的传统,自始至终都是以一个清净高洁的山林禅僧形象立于世上。他与神秀等人追求荣华富贵的官禅、京禅形成了鲜明的对比。六祖慧能更博得广大黎民百姓的崇敬,影响更为深远。"四海缁徒,向风而靡"。

方丈室门外的菩提树年复一年地吐了新芽,又飘落了黄叶。

六祖慧能觉得自己年事已高。他把门下最为得意的十大弟子叫到了禅堂。这十大弟子是:神会、法海、志诚、法达、智常、智通、志彻、志道、法珍、法如。

六祖慧能恳切地对他们说:"看到寺里的花开花落,我自知年高老迈,以后弘扬禅法的重任责无旁贷地落到诸位的身上了。你们都是我所器重之人,不要把自己混同于一般的徒众。曹溪宝林寺毕竟是偏于国中一隅,我圆寂之后,你们应各赴四方,成为教化一方的宗师。我如今将本宗的禅法精髓及宣讲之法,向你们宣示。"

众弟子异口同声:"祈望师父点化。"

六祖慧能:"讲述任何教义,都不要离开本性去孤立地说。既要看到事法对立的一面,也要看到它们互相统一的一面。"

众弟子:"请师父详细解释三科法门及三十六对法。"

六祖慧能开示道:"三科法门,指的是阴、界、入。阴是五阴,指色、受、想、行、识。入,即是指十二入,包括外六尘:色、声、香、味、触、法;内六门:眼、耳、鼻、舌、身、意六种感官。界,就是指十八界,包括六门、六境、六识。人的本性之中就蕴涵着一切事物和现象。故亦叫含藏识。如果自己有了追求、鉴别的心理活动,就是转识,从而产生了眼识、耳识、鼻识、舌识、身识和意识这六种识。而这六识可以从眼、耳、鼻、舌、身、意这相对应的六个门中走出来,去认识相应的对象,

即色、声、香、味、触、法这六尘。所以十八界都是从自己的本性中产生的。如果本性追求邪恶，那么，就会产生十八种错误的见解，即众生之性；如果本性纯正，就会产生十八种正确的见解，产生善，即是佛性的表现不论是众生性还是佛性，都是从人的本性中产生出来的。"

众弟子都是道行较高的人，理解了三科法门的要旨，再问："什么是三十六对法呢？"

六祖慧能阐释道："三十六对法，是指三十六种相对的事相。属于没有情识的外在事物与现象的有五对：即天与地相对，日与月相对，光明与黑暗相对，阴与阳相对，水与火相对，这就是五对。在事物的相状、性质与语言概念方面有十二对：语与法相对，有与无相对，有色与无色相对，有相与无相相对，有漏与无漏相对，色与空相对，动与静相对，清与浊相对，凡与圣相对，僧与俗相对，老与少相对，大与小相对，这就是十二对。从自我本性中产生的相对现象有十九对：长与短相对，邪与正相对，痴与慧相对，愚与智相对，乱与定相对，慈心与歹念相对，戒与非相对，直与曲相对，实与虚相对，险与平相对，烦恼与菩提相对，常与无常相对，怜悯与伤害相对，欢喜与嗔恨相对，施舍与吝啬相对，进取与退缩相对，生成与毁灭相对，法身与色身相对，化身与报身相对，这就是十九对。"

六祖慧能又着重指出："如果你们掌握了它们的功用，就能融会贯通佛经上讲的一切教义，出于彼而入于此。两边相因却不偏执于任何一方。在与别人谈论佛法时，要自性动用，外于相而离相，内于空而离空。如果执著于外在的现象，就会产生邪见，如果迷恋于内在的虚无体验，就会增长无明，诽谤经典，甚至会说一切皆空，根本不需要文字语言，这是错误的。仅此'文字'，已是文字相状了。有人说，按照禅法明心见性的教义去修行，直接成就佛道，可以'不立'文字，其实，这'不立'两字，本身就是文字。看到别人有所讲述，便攻击人家是执著于文字，这是错误的做法。你们该明白，自心迷悟，本性不识，已是很可惜的事，再来诽谤佛经，那可真是弥天大罪。另外，如果偏执于外在有形可见的事物或现象，把广做法事作为追求佛道的手段，或到处建立法坛道场，大做功德佛事，或谈论或有或无的得失，像这样的人，永远不能正确认识自己的本性。如果在学禅时，仅听听教法，不去进行实践，这样反而会使人产生更多的偏见邪念。因此必须要依照佛法来修行，而不要偏执于事物的表象。如果你们依照这个原则去宣讲佛法，去修行做事，就不会违背本宗的要旨了。"

弟子听到六祖慧能这样的开示，明白了事理，但在日后开法授徒的具体授化过程中应如何运用，尚感迷惑。

于是，六祖慧能继续向他们说法："如果有人来请教本宗教理，他问有，你就以无来应答；问无，你以有来应答。问凡以圣对，问圣以凡答。在这种相对的事物相因相循之中，真正如法的道理就会自然显现出来。依此类推，就不会背离真理。假如有人问：'什么叫黑暗？'你可以这样答：'光明与黑暗相互转化，互为条件，光明消失就是黑暗，黑暗尽头就是光明。以光明来显示黑暗，以黑暗来显示光明。这样彼此照应，相辅相成，佛法的真理就蕴涵其中。'举一反三，你们以后作为一方宗师向人传授教法时，要依据这个原则，千万不要丢掉我们曹溪法门的宗旨。"

众弟子听后，愚蒙全开，行礼称谢，退出禅堂。

四十、落叶要归根

树高千尺，落叶归根。

六祖慧能在宝林寺得成正果，目睹着菩提老树黄叶飘零，又抽新枝，总有一个未了意愿梗在心头。自从离开新州地界，遁入空门，为躲避追杀，颠沛流离十六载，在宝林寺大开法门，为振兴佛业，弘扬佛法，已经30多年，从未回过家乡。家乡来的僧人捎来音讯得知：新州人民因为在自己的土地上出了一位禅宗六祖而自豪，自愿捐资，在六祖慧能的家乡龙山建起了"报恩寺"，并不断地进行扩建，寺僧不断增加。家乡人希望六祖回家乡一行。

六祖慧能想到慈母辞世多年，母亲在世时，自己未能侍奉跟前，父母逝后，未能合葬，自己也未前往祭祀过，他的内心总有一股不安的愁绪在困扰着。为此，于712年，他派出几位得力门徒先回家乡新州，建一座"报恩塔"。

唐玄宗开元元年（713）夏天，派往家乡的门徒回来向六祖慧能禀报：新州龙山的"报恩塔"已经落成。

七月八日那天，酷日如炬，热浪逼人。

六祖慧能像往常一样，在禅房的蒲团上打坐，不及三刻，忽觉心血不住地往心头涌动，觉得十分吃力，眼前白茫茫一片，爆出火星点点。六祖慧能不由一怔，自知圆寂之期将到。他想到生他养他的家乡新州龙山，便即召将全寺院的徒弟到大雄宝殿集中。

六祖慧能坐在禅台之上，诵念了一番佛经后，便睁开眼睛："众徒儿，我要立即起程，返回家乡新州。"

坐在六祖慧能面前的神会问道:"师父,这么急?过几天再起程吧。"

"不行了。"

"为什么?"

六祖慧能扫视了一番,双手合十,神色泰然地宣布:"近日我觉得不梦不寐,不醒不迷,心跳间歇,意念散乱。这是元阳耗尽的先兆。我自知大限之日快到来了。"

这消息宛若晴天惊雷在韶州宝林寺内炸响,众徒弟们在惊愕之后,不禁放声大哭。

神会问道:"师父,你自估大概什么时候离开我们呢?"

六祖慧能:"应该是八月吧。你们有疑问就及早发问吧,我如今尚可为你们破解疑惑,令你们的迷悟尽失。"

众门徒此时怎还有心思去问什么疑团,一个个哭得死去活来。

六祖慧能坐在高高的禅台上,向四下望去,却见一个僧人与众不同。他只是双手合十,盘膝而坐,没有哭泣,默不做声,面部表情若无其事,有若泥塑木雕。这个人就是神会。

六祖慧能把手扬了扬,示意大家安静下来,问道:"弟子们,你们如此恸哭,为了什么?"

坐在前边的弟子怀让抹了抹泪痕,答道:"师父,听说你快到圆寂之期,我们心里十分难受。"

怀让旁边的行思等人也凄然而答:"师父功德无量,如果溘然而去,我们怎不痛苦万分呢?"

智常揉了揉哭得红肿的眼睛,道:"想到将会失去师父的谆谆教诲,我们如无舵之小舟。"

六祖慧能把脸对着神会:"神会,全寺院的人都为我即将辞世而痛苦,但你为什么竟然这样木然呢?"

神会眉毛挑起,表情显得异常肃穆:"我认为,法性是不会生灭去来的。师父圆寂后去的,是西方的极乐世界。师父此生,在茫无涯际的佛海之中,高扬起禅学的旗幡,开创了佛教的伟业。如今弟子满堂,日后香火不断。师父在世之日,创下如此的丰功伟绩,有口皆碑。你不久将含笑而去,但佛光将永远普照后人。我为有这样的师父而感到骄傲与自豪,感到荣耀与幸运,我怎会痛苦大哭呢?"

"嗯,嗯。"六祖慧能听神会这番话后,频频点头,赞扬道,"神会,你对我倡导的禅学确实学到真谛了。进入佛门,就要对善与不善,对生死荣辱无动于衷,达到了毁誉不动、哀乐不生的境界。"

神会把身子躬了躬:"师父平日的教导,我当铭记于心。"

六祖慧能抬起了头,向弟子们说:"如果你们在山中修行到家,就不会是如此的表现了。你们如此痛哭流涕,究竟是为谁哀伤呢?如果担忧我死后无处可去,我自知将去之处，否则，就不会预报给你们众人知道了。你们倘若真的得知我将去什么地方，你们就不会如此哀哭了。"

弟子们都收起了哭声，抹掉泪痕，虔诚地望着师父。

六祖慧能再讲了一轮佛理，最后强调说："须知，一切事物和现象的本性，原本是没有生成和毁灭，也没有来与去的变化。我再给你们说一首《真假动静偈》吧。"

众弟子齐声道："请师父开示。"

六祖慧能干咳了几声，清了清嗓子，念起偈来：

"一切无有真，

不以见于真。

若见于真者，

是见尽非真。

若能自有真，

离假即心真。

自心不离假，

无真何处真？

有情即解动，

无情即不动。

若修不动行，

同无情不动。

若觅真不动，

动上有不动。

不动是不动，

无情无佛种。

能善分别相，

第一义不动。

但作如此见，

即是真如用。

报诸学道人，

努力须用意。

莫于大乘门，

却执生死智。

若言下相应，

即共论佛义。

若实不相应，

合掌令欢喜。

此宗本无诤，

诤即失道意。

执逆诤法门，

自性入生死。"

听过佛理后，上座法海禅师忍不住问道："请师父口谕，你示灭后，祖传的圣衣宝钵该传给哪一个人呢？"

六祖慧能将手一摆："先祖的圣衣与宝钵不再往下承传了。"

听闻此语，众门徒面面相觑，震惊万分。

六祖慧能："先师五祖弘忍当年将圣衣宝钵传给我时，已再三嘱咐：'衣为争端，不必往下传。代代相承法则，以心传心，自悟自解。'须知，袈裟是有形的，而佛法是无形的。"

法海禅师："但师父的禅法要承传下去呀，应该怎样来承传呢？望师父给我们开示！"

"这点你说得很对，我的禅法要代代相传，"六祖慧能点了点头，神色严肃地说，"我从韶州大梵寺开始一直到现在，已经有系统地宣讲了我派的教义，你亦已将宣讲的内容记录整理过了，并且已流传于世间，众人称它为《法宝坛经》，这是师父我的禅法与教理的精髓所在，也就是修行的正法。你们要悉心去维护它，依照它的准则去修行，互相传授，超度众生。你们已经有坚固的道心，真诚的信仰，学习佛法禅机已颇有成就，日后，弘教传法的重任就落在你们肩上了。"

六祖慧能见弟子们仍然有疑惑的表情，便继续开示说："诸位弟子，你们要排除心中妄念，保持内心的宁静与清净。如果想要获得无所不知的智慧，必须要通达一相三昧与一行三昧。"

有位刚到来不久的年轻弟子站了起来，问："何为一相三昧呢？"

六祖慧能解释："如果不执著迷恋于那些有形可见的东西，不生厌恶喜爱之情，不起贪取和摒弃之念，不计较成败得失，心中无牵无挂，安适闲逸，恬静淡泊，超然物外，这就叫一相三昧。"

年轻弟子再问："那么，何为一行三昧呢？"

六祖慧能释义道："无论身在何处，无论行住坐卧，若怀有单一纯正平和的心态，那么，就日日好日，处处好地，自己便真正拥有一方极乐净土。这就叫一行三昧。"

众僧："原来如此。"

六祖慧能："如果你们拥有这些，就像菩提种子埋藏在地里一样，自然会长出菩提之芽，结出菩提之硕果。"

众僧："师父今天替我们说法，犹如天降及时雨，滋润着我们的心田。"

六祖慧能："你们本来具有的佛性，就如同地里的种子，遇到雨露的滋润，便会萌芽生长起来。继承我的禅法宗旨的人，定会得到菩提正道，结出真正的佛果。我再送一首偈语给你们吧。"

众僧："请师父开示。"

六祖慧能吟诵偈语：

"心地含诸种，

普雨悉皆萌。

顿悟华情已，

菩提果自成。"

念完偈语后，六祖慧能再向门徒讲到人的本心如同教法一样，并没有两种，鼓励大家各自努力，在日后弘法时，要根据各自的不同境遇去灵活行事。

坐在前面的怀让忍不住将困在心头许久的疑惑提了出来："请问师父，从佛祖开始传授佛法，迄今共有多少代了？"

六祖慧能："从远古以来，诸佛出现于一世传法，不计其数。我们禅宗早起于世尊拈花，迦叶微笑。在庄严劫中，有毗婆尸佛、尸弃佛、毗舍浮佛；在贤劫中，有拘留孙佛、拘那含牟尼佛、迦叶佛、释迦文佛。合称七佛。释迦牟尼佛所传的一祖是摩诃迦叶尊者，二祖阿难尊者，三祖商那和修尊者，四祖优婆毱多尊者，五祖提多迦尊者，六祖弥遮迦尊者，七祖婆须蜜多尊者，八祖佛驮难提尊者，九祖伏驮蜜多尊者，十祖胁尊者，十一祖富那夜奢尊者，十二祖马鸣大士，十三祖迦毗摩罗尊者，十四祖龙树大士，十五祖迦那提婆尊者，十六祖罗睺罗多尊者，十七祖僧伽难提尊者，十八祖伽耶舍多尊者，十九祖鸠摩罗多尊者，二十祖阇耶多尊者，二十一祖婆修盘头尊者，二十二祖摩拏罗尊者，二十三祖鹤勒那尊者，二十四祖师子尊者，二十五祖婆舍斯多尊者，二十六祖不如蜜多尊者，二十七祖般若多罗尊者，二十八祖菩提达摩尊者，二十九祖慧可大师，三十祖僧璨大师，三十一祖道信大师，三十二祖弘忍大师，我算是三十三代祖了。以上诸位祖师，都有传承，以心印心。希望你们将来也能代代相传，不要令佛法中断失传。"

众门徒听后，眼界大开。

翌日，六祖慧能踏着晨霜到宝林寺各处走了一趟。

轻风吹来，高大的菩提树上有几叶黄叶悠悠地飘下，落到六祖慧能的面前。

六祖慧能弯腰捡起地面的一片黄叶，置于眼前凝视了好久，喃喃自语："呵，落叶归根，落叶归根！"

神会与法海一边谈着寺中的事，一边朝这边走来。

六祖慧能道："神会，法海，为师该起程返回新州了。"

神会眨巴着眼睛："什么时候起程？"

六祖慧能："就在今天。"

神会："这么快？"

六祖慧能："是时候了。"

法海问道："师父，你要带多少人去？"

"仅带六人,你与神会也要随行,从水路出发。"

曹溪溪口,宝林寺所有和尚都穿戴整齐,来替师父送行。

山风吹拂着两岸蓊郁的李树林。

六祖慧能身穿金红色袈裟,拄着锡杖,登上小舟。

神会、法海与智常等五位僧人携着行囊,随后上船。

六祖慧能深情地眺望着曹溪这块使他佛业宏张的宝地,望着岸上众弟子,吟哦道:"叶落归根,来时无口。诸佛出现,犹示涅槃,有来必去,理亦常然,我此形骸,归必有所。"

众徒弟问:"师之法眼,何人传授?"

六祖慧能答:"有道者得,无心者通。"说完与众弟子频频挥手作别。

轻舟徐徐离岸,从曹溪两旁的李树林穿出,直入北江,顺流而下。

江水碧绿如缎,两岸峭壁似削,蓝天寥廓,水鸟翱翔。

眼前美景无限,但在六祖慧能眼帘浮现的却是人生走过的一幕幕:金台寺听经,湖北东禅寺投奔五祖,夜得祖传圣衣宝钵,及后躲藏怀集、四会15年,直至复出后在韶州宝林寺大开"顿悟"法门,眨眼之间又三十多年了。这长途跋涉的人生之路,何等的曲折,何等的艰辛!思前想后,六祖慧能止不住思绪万千,感慨良多。

轻舟在江面行走数日,由北江顺水直下珠江,再溯流而上,从羚羊峡口转入西江时,已是残阳夕照,归帆点点了。

四十一、梅庵锡杖泉

在落霞满天之时,六祖慧能的轻舟擦过古城端州,在城西一个码头泊定。

船家见天色已晚,指着被风浪打得左摇右摆的小舟,对六祖说:"大师,天色已晚,江上刮起大风,浪头那么大,连夜行船,不大安全。倒不如把船泊岸,先烧饭吃,歇息一晚,明早再起程。好吗?"

六祖慧能:"好,施主,那就先歇息一晚吧,你行了几天船,也够累的了。"

神会向六祖慧能道:"人说这里风景如画,我们何不趁隙上岸一走,浏览一下城中美景呢?"

"好呀。"六祖慧能点头,于是他与神会登岸而去。

他们离岸走了不远,来到了一个小山冈,见周围树木葱茏,归鸟啾鸣,但山冈上却是草木不长,冈顶处孤零零地建有一座不算大的庵堂,在暮色中颇显孤冷清寂。

六祖慧能一见,便对徒弟神会说:"那是佛门圣地,我们去与住持倾谈一下佛理禅机。"

神会:"今晚江中风高浪急,我们索性到那庵堂去求宿吧。"

六祖慧能略思了一下,道:"好,我们就在这小庵里借居一宿。"

神会走到小庵前,跟守门的小僧讲了几句。

守门小和尚点着头,连忙跑进庵堂去作通报。

小庵的住持法号玄青禅师,正在打坐参禅,听守门小和尚禀报说有外地僧人到来求宿,便速从蒲团站起,快步走至大门口迎接。

他见来者中有一老佛长髯飘皑,气宇非凡,心中嘀咕:"这是何方高僧呢?"

神会上前来,恭敬地送上了佛家文牒。

玄青禅师拆开一看:"哟,来人竟然是禅宗六祖!"马上跪地叩拜:"不知师祖驾临,有失远迎,乞望恕谅。"

玄青禅师领众僧人向六祖慧能叩拜之后,带着他们走上了小山冈。

这小庵占地不多,只有几间低矮的青砖瓦房,跟法场宏人的宝林寺相比简直是天渊之别。

玄青禅师将六祖慧能一行人迎进小厅里坐下,叫小僧沏上青茶。

小僧领命而去。

小庵里的僧人得知六祖慧能驾临,一片欢腾,争睹佛祖的风采。

俄顷,小僧捧着沏好的香茶,递到六祖慧能与神会等人的面前。

六祖慧能捧起茶杯,呷了一口,口感甚差,低头望着杯子,在松脂灯下,见里面的茶水异常浑浊,有如黄汤一样。

玄青禅师问道:"六祖,这茶的泥味太重,是吗?"

六祖慧能点头:"是呀。如此浑浊之水,怎能用来泡茶呢?"

玄青禅师脸上露出无奈之色:"在我们这小庵里,僧人平日煮饭与饮食都是用西江水的。如今西江是洪水期,上游冲带下来的泥沙太多,我们将挑回来的江水放到水池中静置很久,即使打过明矾,那些泥沙亦不能完全沉淀下来。"

"唉,长年累月饮用这么浑浊的江水,可真是苦了你们,"六祖慧能不解地问,"你们这里山碧水清,钟灵毓秀,为何不在庵里打井取水呢?"

玄青禅师:"我们寺的僧人也曾经在庵里打过井。"

六祖慧能:"既然打了井,那为什么还要舍近求远,不饮用井水呢?"

玄青禅师叹了口气:"井虽然打了,却没有泉水。"

六祖慧能:"你带我去看看。"

"好。"住持带着六祖慧能等人步出小厅,在门前不远处,见有一口方井,四周的灌木因缺水而变得枯黄。

此时天色已黑,往下望去,井里只是黑黝黝的一片。

庵里小僧点燃了火把,伸到方井里面。

六祖慧能看到:由于泥沙的淤积,此时井底仅有几尺深,并可见到泥沙泛白,显然,这口井已干涸多时。

六祖慧能道:"既然井中无水,你们为何半途而废,不再深挖下去呢?"

住持解释道:"这里濒临西江,地势低洼,按城里其他地方挖井的情况来看,仅挖至几尺,便会有泉水不断涌出。我们曾经将这口井深挖数丈,但仍然干涸无水。"

六祖慧能:"我佛讲的是缘,世间万物与我佛俱是有缘。水也是灵气之物,我们若然跟它无缘,纵然深挖百丈,也不会有泉水涌出。"

神会若有所悟:"啊,原来是这样!难怪这山冈上草木不多了。"

住持一脸的无奈,摊着双手道:"看来上天注定,我们这庵里的僧人以后都要喝浑浊的西江水了。"

"我看倒也未必,"六祖慧能摆了摆手,说,"常言道,精诚所至,金石为开。只要我们虔诚祈拜,或许会有意想不到的收获的。"

住持点头:"六祖言之有理。"

六祖慧能先作了斋沐,率众来到了枯井旁,亲自点燃了香烛。众僧双手合十,向天祈求:"佛祖保佑,助我成功。"

焚香过后,六祖慧能喃喃道:"若是苍天有灵,有意纾解僧人之困,望杖下涌出甘泉。"言罢,将锡杖高举,往枯井用力一插。

"咣"的一声,虽不是天鼓雷音,却是有如黄钟大吕,众人俱感到耳膜震响。

那锡杖竟有裂石开碑之力,将堵着泉眼的顽石一插而穿。

六祖慧能将锡杖往上一拨,"嗤"的一声,一股清泉即从洞眼中汩汩喷涌而出,在场者无不惊奇、欢呼。

喷涌出来的泉水十分清澈,很快就将那枯井灌得满满的。

住持将井中的水舀了一瓢,凑到嘴边,尝了一口,甘之如饴,荡气回肠,有如陈年佳酿、琼浆玉液,便兴奋得连连击节称道:"好,好!"

庵堂的僧人争先恐后地品尝井水,觉得如同清泉醇酿,甘美无比,一个个喜不自胜,笑逐颜开。

住持向六祖慧能道:"师祖驾临,一杖之下,引来甘霖,果真是佛法无边,这是我们佛门的福气呀!"

六祖慧能道:"佛家之地,喜得甘泉。这全仰仗你等平日行善乐施,普度众生,

这可说是善果初结吧。"六祖慧能环顾四周道:"这山冈本是土壤肥沃,但由于以前缺水,引致草木不长,太荒芜了。如今,井里有甘泉涌出,我们在这冈上多种些花草树木吧。"

"好呀!"玄青禅师饱经沧桑的脸上笑靥绽开,"种什么花木好呢?"

六祖慧能:"岁寒三友,以梅为首。我看这土壤最适合种植梅花。"

众僧听后,皆说这山冈上种植梅花最好。

六祖慧能亲自动手,在庵堂四周种植梅花。

说来奇怪,以井水浇灌的梅树,犹如被洒落甘霖,昂然挺立,生机盎然。

从此,这庵堂被梅花包围着,每当冬日,梅花迎着朔风,怒放盛开,点点红艳,蔚为奇观。

据资料记载,北宋至道二年(996),智远法师来到肇庆,为纪念六祖慧能曾在城西小山冈种植梅树,将那小庵扩建,创建了"梅庵"。

梅庵里的那口枯井从此就有甘泉涌出,千年不涸,被世人誉为"六祖井"。

六祖慧能以锡杖引水及"插梅为标记"的故事一传十,十传百,在民间广泛流传。

梅庵门两旁的石楹联:"梅挹泉光浮白上,门排山色送青来。"

大雄宝殿的建筑有"宏杰伟构冠中华"之美誉:梁架斗拱保留了唐宋时期的风格,是广东现存最古老的木构建筑。斗拱外出跳长120分度,为全国同类斗拱之首;无拱瓣的拱头乃宋代《营造法式》问世前之古风。刻有皿板的斗底,属中唐前之古造。

肇庆梅庵凭着六祖慧能在此插梅而蜚声四海,现在又是全国重点文物保护单位。

四十二、香火定佛身

翌日,太阳刚刚从东方升起,六祖慧能挑着水,带着一位小僧,在小山丘上插下梅树为标记。

玄青禅师率领着小庵的所有僧人来到西江边,给六祖送行。

六祖慧能所乘的轻舟横渡西江，沿新兴江溯流而上。

沿途两岸，远处层峦叠嶂，流云出岫；近处，凤竹摇曳，花簇锦团。

六祖慧能伫立船头，无心观赏美丽的风景，归心似箭，翘首眺望白云下面的故乡。

两天以后，六祖慧能回到了家乡新州。

新州的官员闻讯，早已在新州江畔列队迎候。

六祖慧能刚踏上码头，有一位白发苍苍的老和尚走上前来，跪拜过后，道："你终于回来了。"

六祖待老和尚抬起头，见他方脸上，须发飘雪，皱纹深深，却是慈眉善目，十分面善，蓦地记起："啊，你是寂空师父吧？"

"老衲正是金台寺的寂空。"寂空法师眼盈泪花，激动得声音有点儿颤抖，"六祖，我们已有五十年没有见过面，你竟然能一眼就认出老衲来。"

六祖慧能却"扑通"地跪在地面上，朝寂空法师叩拜："师父有礼。"

此刻，在场的所有僧众和地方官员，齐刷刷地跪在地上，虔诚无比，陌生者不知寂空法师到底是什么来头。

这一下子，可令寂空法师忙坏了手脚，急急上前将六祖慧能拉了起来："你如今是禅宗六祖，怎么反而向老衲跪拜行礼了呢？这岂不是乱了律例？"

六祖慧能真诚地说："要不是昔日在金台寺壁外听你说法，要不是昔日你指点我、资助我前往黄梅求法，我慧能怎会有今天呢？"

寂空法师："昔日是昔日，今天归今天嘛。"

六祖慧能："有道是一日为师，终身为父。"

寂空法师："今天你法力无边，已是我们禅宗的师祖。在佛门之中，你已是我的师父了。"

两人的一番对话，令在场的官员与僧众听后都十分感动。

六祖慧能先在新州向当地的官员与僧众说了几场法。

当六祖慧能回到新州国恩寺，和尚们一片欢腾。

翌日，六祖慧能带着弟子们攀上国恩寺后的龙山，纵目四望，田畴如缎，阡陌纵横，故乡的一山一水，一草一木，是那么的熟悉，又是那么的亲切。

想到自己离家北上黄梅，后在曹溪弘法，50年期间，再没有见过娘。如今返回家中，娘已经随父而去了。慧能按照当地的民俗，将父母亲的骸骨重新入殓，合起来并列安葬在寺后小山冈上成比翼冢。

慧能又在寺后的土坡上种植了一棵荔枝树。

一般来说，大凡荔枝树经过百年之后，已是耆耆老矣，难于再结果实。但国恩寺内，六祖亲手种植的那棵荔枝树，任狂风暴雨，闪电霹雳，经历了1200多年，巍然挺立，仍是荟郁繁茂，苍翠依然。每当荔熟时节，累累果实，挂满枝头，红得诱人。这棵荔枝树被列为广东省十大名树之首。

说来奇怪，"文化大革命"动乱期间，这古荔曾遭火烧，部分表皮及树身中间被烧枯，十年间并无果实挂枝。到了国家改革开放那年，全树勃发新枝，此后一直果压枝头，人们称之为"佛荔圣树"。这现象，不知是天意，还是巧合，无从考证。

六祖慧能回到新州国恩寺不到一个月的时间，将要料理的事情都处理完毕。

八月初三那天，六祖慧能感到心血翻涌不止，知大限在即，就先作过斋戒，然后召集他所有徒弟和全寺僧众，各自按位依次排坐好。

六祖慧能身穿金线大红袈裟，高坐于禅台之上，向众弟子说："我要和大家告别了。"

法海禅师带着各位徒弟跪了下来，问："师父还有什么教法要说，好让以后的学禅者能自见本性。"

六祖慧能："后代之人，倘若能认识众生，也就认识了佛性。倘若不识众生，就无法认识佛性。你们要认识自己心中的佛性，就要从认识自己心中的众生开始。因为众生不认识佛，并不是佛不认识众生。自己的本性觉悟，那么众生就是佛。自己的本性如果迷愚，那么佛就是众生。自性平等，众生是佛。自性邪险，佛是众生。自己心中本来已有佛，自己心中的佛才是真正的佛。自身之外，再没有值得追求的东西了。皆因外在的一切物相都是从自我的本心之中产生的。所以经文上说：心生种种法生，心灭种种法灭。"

寺内徒弟信众屏气谛听，连蚊子飞过的声音也可以听得到。

六祖慧能继续说："我去世之后，你们都是修行的人，不要像俗人那样哭哭啼啼，身穿孝服，接受吊祭慰问。那既不像是我慧能的弟子所为，也不符合如来正法。正要认识自己的本性，方能无动无静，无生无灭，无去无来，无是无非，无住无往。我担心你们迷惑，故此今天再嘱咐你们一遍。我去世后，你们要依照我的教法修行，如同我活着时一样。"

讲完，再次授佛理禅机。

这次授法，与往日不同，一直到三更时分。

弟子们凝神细听，涓涓细流，沁入心脾，润物无声。

忽然，六祖慧能觉得心血如浪翻卷，即双手合十："我再送一首偈给你们。"

法海禅师："师父请讲。"

"兀兀不修善，

腾腾不造恶。

寂寂断见闻，

荡荡心无著。"

言毕，六祖慧能右手朝上一抬，向弟子们高叫一声："我去也！"随之一道白虹冲天而起，耀人眼目，直抵穹苍，向国恩寺南边方向而去。

炫目的白光过后，众僧觉得地显奇震，天呈瑞彩。

一时间，狂风折树，暴雨滂沱。

弟子们大吃一惊，六祖慧能坐着的禅台之上，已是空无一物。

"师父哪里去了？"众门徒议论纷纷，慌忙走出国恩寺，冒着倾盆大雨，分头四处寻找。

四野茫茫，雷电交加，偶尔的闪电划过夜空，将大地照得一片惨白，却见不到六祖的躯体。

神会指着前方深邃的夜空说："那边白色虹光冲天，我们不妨到那里去寻找一下。"

"好。"一些门徒沿着白光冲去的方向寻觅过去，找了约莫五里，见一处山坑内有白光熠熠，他们急忙上前，见白光起处，六祖慧能盘腿打坐在一块巨石上，身相端庄，脸色安详，眼睛微闭，双手合十，好像生前的模样。

神会带着师兄弟们连忙奔了过去，大声地叫唤："师父，师父！"

六祖慧能却没有应答。

徒弟们用手去推他，叫唤："师父醒醒！师父醒醒！"

六祖慧能仍是闭着眼睛不醒。

徒弟们用手放到六祖慧能的鼻孔下，试试鼻息，此时，他的鼻孔已无一丝游息。

神会用耳紧贴到六祖慧能的胸脯上，屏息神听六祖慧能的胸音，里面静悄悄的，连极其轻微的声音也没有了，他悲戚道："啊，师父已经圆寂了。"

六祖慧能的徒弟们放声大哭。

有的哭喊呼号，有的捶胸顿足。

龙山附近，百鸟哀鸣，猿猴悲啼，山鸣谷应。真是"鸟连韵以哀啼，猿断肠而叫咽。"

佛教禅宗的第六代祖师慧能就这样在他出生的故乡，与世辞别了。

六祖慧能世寿为76岁。

徒弟们将六祖慧能的玉身移奉于寺田村后山的石岩内，后人将此称为"藏佛坑"，现已开辟为旅游胜地。

消息传出，佛门弟子与布衣百姓无不潸然泪下。

广州法性寺，韶州宝林寺两处的官员与高僧听闻六祖慧能已经在新州圆寂，大哭过后，星夜兼程，赶往新州。

广州法性寺、韶州宝林寺与新州国恩寺，这三个寺院的高僧都率领着寺中的高层人士，争着要取六祖慧能的真身回自己的寺院里供奉。

由于唐代的历代皇帝都笃信佛教，各地佛法风靡，禅机盛行。各州府的官员对高僧也是尊崇有加。将誉满四海的佛祖安葬于自己所辖之地，这是何等的荣耀！因此，广州、韶州与新州这三地的官员，纷纷要求将六祖慧能的玉体请入自己的管辖地供奉，从而卷入纷争之中。

六祖慧能生前曾经说过："叶落归根，来时无口。"

三处的人据理力争，都说六祖慧能的"根"在自己管辖的地方。

新州的官员与僧人叫得最响：新州是六祖慧能出生之地，又是圆寂之处，作为人生的一个轮回，生与灭的那条"根"理所当然在新州。

广州的官员与僧人认为：六祖慧能是在法性寺的菩提树下落发受戒，正式遁入空门，按佛教的观点，他的"根"应植在法性寺的菩提树下。

韶州的官员与僧人却认为：新州和南海官员与僧人的观点都有偏颇。六祖慧能在宝林寺大开法门，重振禅风，在曹溪创立了大业根基，登上了佛界的最高巅峰，实现了他的理想和抱负，按照佛理的推论，六祖慧能的根该是佛根，故此应在韶州曹溪的宝林寺。

大家争得面红耳赤，声嘶力竭，互不退让，相持不下。

一直站在旁边的老和尚突然叫了起来："我有主意了。"他就是金台寺的住持寂空法师，已有99岁高龄了。

寂空法师在新州、韶州与南海这三地的众僧中年纪最老，资历最深。他又是六祖新州的启蒙导师，故此，他的话一出来，马上引起了众僧与各地官员的注意。

众人齐声问："有什么主意？"

寂空法师以权威的口吻道："你们争来争去，实在难以定论。依老衲之见，倒不如看看上天的旨意吧。"

众人不解地问："该如何看上天的旨意？"

寂空法师脸色庄严："明晚刚交子时，我们在一个小山冈上，焚香祷告，风将香火吹拂飘往哪个方向，六祖慧能的肉身就送到哪一方的寺院里。"

"好。"在这相持不下的时候，众人都觉得寂空法师这提议有道理，决意看上天的意旨而行。

第二天夜晚，墨蓝色的夜空清净如洗，有如一块晶莹无瑕的宝石。

国恩寺不远处三坪村前的一个山冈上，来自广州、韶州与新州三地的僧人、官员几千人在这里齐集。他们此时此刻心中各自忐忑不安，但心愿是共同的："希望炷香的烟缕被风吹向自己所在的地方。"

点亮香灯，各人双手合十，大声祷告。

子时一到，年近百岁的寂空法师把三炷长香点燃。

在场的人全都瞪大着眼睛，悬吊着一颗心，望着那三炷燃着了的长香。

只见那缕缕淡蓝色的烟霭，冉冉上升。

一阵风吹了过来，烟缕左右摇摆，在各人心如波涛翻滚之际，烟缕倾斜向一边，直指北向，约莫有一盏茶的工夫。

"好呀!"异口同声地叫起来的是来自韶州的官员和高僧。

众人一看,长香扬起的烟缕方向是指着北方韶州曹溪那边。

见六祖慧能的真身旁落他寺,新州国恩寺与广州法性寺的僧人虽然心中难受,但既然早有定约,也无法再反悔了。

后人将那点燃香灯炷香的小山冈叫做"香灯岗",那地名一直沿用至今。

新州国恩寺的僧人恸哭不止,不肯放六祖慧能肉身请往宝林寺。

说也奇怪,那天夜里,国恩寺的和尚都做着同样一个梦,梦见六祖慧能坐在佛殿的蒲团上向他们说:"我是身在宝林心在家。"又留下一偈:

任从天下乱,

此地永无忧。

任从天下旱,

此地一半收。

第二天早上,新州国恩寺的僧人互相谈起,大家竟然做着同一个梦,才知这既是天意,又是六祖慧能的心愿,只好焚香恭送六祖肉身往韶州。

十一月十三日,新州、韶州、广州的官员、僧尼及信众上万人,云集于龙山国恩寺内外,迎出了六祖慧能的真身神龛。由韶州刺史柳无忝率领,送回曹溪宝林寺入塔。

沿途,黎民百姓焚香烧烛,顶礼膜拜,极其隆重。

六祖慧能的门徒令韬和尚一直随侍六祖慧能,并深得六祖慧能的喜爱;故此,被宝林寺众僧推选为守护塔师,负责守护六祖慧能真身重任。

当六祖慧能真身送进宝塔时,塔里顿时大放光华、熠熠生辉、银白耀眼,连续三天三夜,才渐渐消隐。

韶州刺史柳无忝将此异兆,奏禀唐玄宗,唐玄宗大感惊诧,即下诏令,给六祖慧能树碑立传,以铭记六祖宗师的德行。

令人称奇的一件事,就是新州人若到曹溪瞻仰六祖慧能遗容,宝林寺的所有灯火在前一天必定会大放异彩,加倍光亮。

宝林寺的高僧法海、智常等人知道这是六祖慧能对新州僧众格外有情,为了给他们更多的慰藉,经过一番商议,决定请方辨禅师造一个六祖慧能塑像,送回新州国恩寺供奉。

方辨禅师领命之后,殚精竭虑,穷其技艺,但三塑其像,都是形似而神不似。

后来法海禅师等人将六祖慧能的真身从神龛中请了出来,方辨用香粉、胶泥沉香等糅合后涂于其上,考虑到六祖慧能示灭前曾经预言过,将会有人为了"头上养亲,口里须餐",来取他的首级,为了谨防万一,再用铁皮和漆布将肉身的颈部包裹得严严实实,在尸座下部放置吸水性强的生石灰与木炭。然后,再将真身送回宝塔内。

六祖慧能的肉体真身一直置于宝林寺内，供人瞻仰。到如今，近1300年，没有腐烂。仍然是形神俱备，完好如初。近年，经权威专家鉴定，属国家一级文物。

翌日，方辨禅师再动手做六祖慧能的塑像，这一次的塑像造得形神兼备，栩栩如生，十分逼真。此塑像送回新州国恩寺后，新州的僧众见了俱称奇，也将它称为"六祖真身"，在新州国恩寺供奉至今。

六祖慧能圆寂几年后，在一个月黑风高之夜，有人竟然潜进曹溪宝林寺去盗六祖慧能的首级。当一刀猛地砍向颈脖时，"当"的一声，清脆的血铁交鸣之声响过，迸出的是几朵灿烂的火花。

"啊，不妙！"盗贼以为是六祖真身显灵，吓得魂飞魄散，将刀一丢，惊惶奔出宝塔，越过围墙，逃窜而去。

守护宝塔的令韬和尚听到塔内有异样响声，进宝塔内观看时，见有大刀在地，而六祖真身颈脖处的铁皮有一条深深的刀痕，于是告知宝林寺的住持法海禅师。

法海禅师派人连夜急赴韶州，向官府禀报此事。

韶州刺史柳无忝闻讯大惊，知此事非同小可，即派人布下天罗地网。很快，那盗贼便落入法网。

柳刺史亲自登堂审讯，见这盗贼是位中年汉子，全身缟素，穿着孝子衣服，感到奇怪。审问过后，才知道这个盗贼名叫张净满，来自北方，家中有年迈的老母亲久病卧床。他因要替老母亲筹措医药费，受雇于人而去偷六祖的首级。而他的雇主是新罗国（今朝鲜）的一位高僧，名叫金大悲，如今在洪州学法。金大悲是仰慕六祖的高洁道行，想盗取他的首级回高丽去供奉。

柳刺史觉得此案颇为棘手，便召曹溪所在的曲江县令杨侃前来商议。

这两个官员一个姓杨，一个姓柳，发生这样的事，正好应了六祖慧能悬记中的"遇满之难，杨柳为官"之说。

两位官员商议后，难得定论，便亲率差人押着张净满，来到宝林寺，征求寺中高僧的处置意见。

令韬和尚知情后说："潜进佛门圣地斩盗圆寂佛祖的首级，实属罪恶满盈。若以国法论处，理当诛杀。但以佛门慈悲为本，则冤亲平等。念在派他来盗首的高僧为求首供奉，并非恶意，而张净满也是以孝为重，若然斩了他，他的老母亲定然更孤苦无依。这一回姑且免他的死罪吧。"

法海禅师与其他高僧听后，经过商议，终于采纳了令韬的意见。

张净满被松绑释放后，惭羞得满脸通红，跪地向法海、令韬等僧人叩了许多个响头，才离开曹溪。

四十三、禅宗永流芳

六祖慧能示灭后,曹溪群龙无首,沉寂了20年。

其间,神秀的禅学由普寂等禅师续树法幢,北方的长安与洛阳两个京都的信众,皆极力推崇渐悟法门。

神会远出四方参访,得知顿悟的法门在北方被抵制,被封杀,心想不入虎穴,焉得虎子,便立意弘扬六祖慧能的伟业,毅然北上。唐玄宗开元八年(720),神会奉敕在南阳龙兴寺住下,弘扬南宗禅法,当时世人称他为"南阳和尚"。

作为京都的长安与洛阳在中国的北方,渐悟北宗的势力异常强大。

神会以大无畏的精神,只身前往长安与洛阳。大力宣扬六祖慧能的顿教法门,主张以"无念"为宗,弘扬"顿悟"之说。神会弘法时住在洛阳的荷泽寺,在寺内为六祖慧能建堂立碑,又依照南宗承传的宗统画了《六叶图》,世人称之为"荷泽大师"。他的弟子无名禅师、法如禅师,一直追随其左右。

开元二十年(732),神会对他的弟子说:"神秀的大弟子普寂禅师是北宗承传之人,自诩为'七祖',力弘渐派教义,将我南宗贬得一文不值,实在是欺人太甚!"他决定在河南滑台的大云寺开设无遮大会,挑战北宗渐悟教派。

神会的弟子法如有点担心:"师父,神秀虽然示灭已久,但这里是北宗的地盘,世人皆语,'两京之间皆宗神秀'。我们人孤势单,身陷重围之中,恐怕难于战胜他们。"

另一位弟子无名也劝说:"师父,听闻神秀系的山东崇远禅师才高八斗,是'两京名播,海外知闻'的大辩家,与人相辩,所向披靡,从未败过。我们贸然挑战,一旦失利,则适得其反,南宗威望将会尽失。我们要慎之又慎呀!"

面对着两位弟子的规劝,神会胸有成竹地说:"三国时期,诸葛亮一人只身前往江东,面对着吴国的众多谋士,毫无惧色,舌战群儒,大获全胜,他靠的是什么?除了靠雄辩的口才之外,更重要的是靠真理在握。我也知此事举足轻重,如今,我南宗顿教乃是五祖弘忍的真传,我有公理在手,佛法在胸,又何惧之有哉?"

听闻是南北禅宗关于是非正邪的大辩论，举世瞩目，四方僧众，蜂拥而来。

大云寺前，人山人海，水泄不通。

面对北宗众多禅师的谩骂围攻，神会独自站于高台之上，迎着凛冽寒风，脸不改容，有如被狂涛巨浪冲击的中流砥柱，与山东崇远禅师展开一场旷世大论战。

神会称自己才是"南天竺一乘宗"的正式传人，提出达摩"传一领袈裟以为法言授与慧可，慧可传僧璨，僧璨传道信，道信传弘忍，弘忍传慧能，六代相承，连绵不绝"，指出南宗慧能才是正统的六祖。在万人面前毫不留情地指出五祖弘忍没有将袈裟宝钵传给神秀，神秀根本没有资格当五祖的继承人。有力抨击神秀的北宗"传承是傍，法门是渐"。普寂所立的法统是伪造的。在众目睽睽之下，驳得自认才压千人的崇远禅师哑口无言，驳得那些巧舌如簧的北宗禅师瞠目结舌。

大云寺无遮大会两派的争辩，成了北方广大信众茶余饭后的话题，越传越远，越传越广。

由于神会在这次辩论会上大获全胜，南宗顿教的佛法在北方迅速崛起；相应的是，北宗渐教逐渐走向式微和衰落。

后来，神会将辩论记录整理面世，冠名为《菩提达摩南宗定是非论》。由于当时北方神秀一派的"渐悟"异常炽盛，而神秀的门徒一直将得五祖授传圣物南逃的慧能视作仇敌。故此，他们瞅准机会，恃着势力，将神会驱逐出京城。

天宝十四年（755），世间发生了历史上有名的"安史之乱"。安禄山举兵攻陷了东都洛阳，直逼长安。当时连年天灾战患，唐朝国力渐弱，国库空虚。副元帅郭子仪采用了右仆射裴冕的建议，通令全国郡府俱设置戒坛度僧，收取一定的香水钱作为税钱以为军饷，并力邀神会主持此事。

当时，深孚众望的神会因遭到奸佞卢奕的诬奏，谪居于荆州，今见山河板荡，京都危如累卵，正是国家兴亡，匹夫有责，更知道这是大力弘扬南宗禅法的大好良机，于是便挺身而出，以讲禅为名，在各大府设戒坛度僧，广收"香水钱"，筹集了大量的钱银，送与唐朝军队作为军饷，令世人为之侧目。

"安史之乱"平定之后，由于神会功绩显赫，被唐肃宗下诏请入内道场供养，敕封为"禅宗七祖"，并敕令工匠扩建修葺荷泽寺。神会在洛阳，将他多年修禅的心得著书立说，于天宝四年（745）著成了《显宗记》，书里对顿悟南宗与渐悟北宗进行阐述，推崇南宗慧能得五祖真传，亲授有袈裟、宝钵等圣物，是真正的禅宗六祖。抨击北宗神秀不过是恃着当时人多势众，自封的假六祖。定南北顿渐两门，即南能为顿宗，北秀为渐教。"南顿北渐"之名由是而起。当时，世人对《显宗记》争相传抄，广泛流传，影响甚大，在北方独树一帜。由于神会坚持不懈的努力，南宗日盛而北宗大衰。

乾元元年（758）神会圆寂，世寿七十五岁，被皇帝谥封为"真宗大师"。

唐贞元十二年（796），德宗敕神会大师为"禅宗第七祖"，并敕碑置神龙寺，其

法流称为"荷泽宗"。

　　神会门人中，英才甚多，最为突出的是一直追随其左右的无名禅师、法如禅师等。

　　由于神会自小沙弥时已侍奉六祖慧能，对其饮食起居，照顾得无微不至，其间深得六祖真传，后又随六祖回国恩寺。六祖慧能示灭后他又重振南宗顿悟禅风，后又被皇上敕封为"禅宗七祖"；故此，新兴的历代寺院都塑他的像，置于六祖慧能塑像之侧，作为侍者列于祖殿。

　　中国的所有佛寺藏的都是十八罗汉像，唯独新兴龙山国恩寺是二十罗汉像，即多了法海与神会两位。这里事出有因：法海是六祖慧能的大弟子，曾记录《坛经》有功，后成了韶州宝林寺的住持。而神会乃是六祖慧能的传人，曾在大火中舍身抢救出《坛经》。

　　历史沧桑，世事悠悠。

　　在宝林寺，六祖慧能培养的弟子数不胜数。《景德传灯录》及《传法正宗记》皆载有嗣法43人，《法宝坛经》说有门人10人。而其中最为世人注目的，最有成就的有5位被世人称为"五大宗匠"：那就是南岳怀让、青原行思、永嘉玄觉、南阳慧忠、荷泽神会。

　　如果说，六祖慧能奠定了曹溪法门理论层面上的禅修原则，那么，他的得力弟子便在具体的实践中去验证与进一步发展弘传。他们在宝林寺听了六祖慧能的讲经后，分散在全国各地的名山大刹，广为布道，发展了禅林学说，各人自成一家，风行草偃，广播遐迩。曹溪法脉，四海横流。

　　神会首宗荷泽宗，流行于中原。

　　永嘉玄觉与南阳慧忠这两支流派衍传并不久远，但当时亦颇具影响。

　　南岳怀让、青原行思两家，旗下英才如云，龙象辈出。其法脉绵长，弘传最盛。

　　南岳下数传衍为河北临济、湖南沩仰二个派系。

　　青原下数传分为江西曹洞、广东云门、南京法眼三个派系。

　　这就是佛教史上载说的"花开五叶"的禅宗五派法流。

　　临济宗盛行于日本。

　　法眼宗流传于暹罗、高丽。

　　云门宗及临济宗远播于欧美。

　　后来，临济宗分支出扬岐方会和黄龙慧南两派。

　　这样合起来，有佛学家将它们称为"七宗"或"五家七宗"。像这样分支发展，直至传到日本，岁月推移，已有二十四派的禅法，形成了星月交辉、联炬烛耀的格局。

　　一些佛学论者将禅派称作"曹源"，又叫"曹溪一滴水"。其义是六祖慧能大开"顿悟"的禅宗法门是在韶州的曹溪，故此禅法的源泉又叫"曹源"；但对禅学研究较深的学者则认为六祖慧能本人就是"曹源"。

学术上的见解，仁者见仁，智者见智，难有定论。

由大弟子法海禅师记录整理的六祖的语录叫《法宝坛经》，又称《六祖坛经》。这部禅林的名典巨著，是佛教文库里光芒熠熠的瑰宝，也是世界宗教的重要学说之一。

全世界的佛门高士、名僧大德著典甚多，算得上浩如烟海。在卷帙浩繁的佛经里，从文学形式的归属来看，有梵文、藏文、日文、巴利文、汉文等。在佛界首推的汉文藏经权威——日本《大正新修大藏经》，收藏了佛典3360部，3520卷。

而由中国人自著、后来流传于全世界的经典，则只有《六祖坛经》这一部，它成了中国前无古人，后无来者的独一无二的绝版佛门经典，被后人视为传承祖门的宗经法典。

从佛教严格的本义来说，佛教的典籍可分为经、律、论三藏。"经"是指由佛祖释迦牟尼金口宣讲、由他的弟子追忆记下的佛教教义。而"律"则是由佛祖释迦牟尼金口宣讲、由他的弟子追忆记下的佛教戒律。"论"则是由佛门弟子撰写的、阐述佛教理论的著作。如此推论，佛家弟子及教徒，不论其成就有多高，其身份如何显赫，他的著作充其量只能称作"论"，否则，便会被当时世人或后代斥为"伪经"而遭到摒弃。"坛"是指密教修坛的密坛或传戒授法的戒坛，也就是开法传禅的法场。六祖在大梵寺的法坛上说"摩诃般若波罗蜜法，授无相戒"。他的说法记录，被称为"坛经"并不足怪。但是，按照世界佛教的习惯律例，中国僧人的言行录是不能尊称为"经"的。法海禅师竟然"冒天下之大不韪"，大胆地命之为"经"，并置于至高无上的地位，这表明了禅宗勇于冲破桎梏的开创性，敢于在佛界独树一帜，无惧其他派别的攻讦与讥嘲。而六祖的语录最终能够被佛教界认同、尊称为"经"，并广泛地流传，可见其地位的特殊与荣耀。

六祖慧能创立了无相为体、无住为本、无念为宗的"顿悟成佛"修禅方法，实属独树一帜，彻底打破了坐禅苦修的烦琐修行方式，里面充满了劝善与警世的文句与哲理，因而，此著作一出，在佛门中即成了如同圭臬般的读本，不但在繁华都市附近的名寺大刹里争相传抄，越传越远，越传越广，还流到了大漠戈壁敦煌等边远地区，成了禅林的一部名典巨著，被后人视为传承祖门的宗经法典。上千年来，任沧桑变迁、朝代更迭，《六祖坛经》因辗转传抄，有各式各样的版本。

《六祖坛经》现有几十个版本，字数从1.2万至2万多不等。其中最为著名的有敦煌本、契嵩本、惠昕本与宗宝本这四种版本。而目前为世人所公认为最古老的版本是慧能圆寂后20多年形成的"敦煌写本"，其全名甚长：《南宗顿教最上乘摩诃般若波罗蜜经六祖慧能大师于韶州大梵寺施法坛经》。

各种版本的推崇者各执一词，言称其版本才是正本。此种真伪争辩，已逾千年。但无论是何种版本，万变不离其宗，里面弘扬的都是六祖提倡"直透心源"、"见性成佛"的顿悟法门。其主要原貌及其主要宗旨仍保留完好，在社会上日益广泛流传。

《六祖坛经》不仅体现出精辟的佛理真义、物语禅机，而且还融汇了中国特有的

儒、道两家传统文化的精髓内涵,还涵盖了中国哲学和民族思想文化的精湛内容。显浅地说,就是将西方佛教中国化、平民化、大众化。它强调自我精神的独立,是佛学理论上的一次巨大突破与革新,在中国思想史上有着显赫的地位。六祖慧能创立的禅宗文化是中国优秀传统文化的重要组成部分,是中国先进文化前进方向的一座历史丰碑。

《六祖坛经》在六祖慧能灭度后,传颂于华夏,流布于世界。先传到高丽、日本等东亚地区,又传到了菲律宾、泰国、马来西亚、印尼等东南亚各国。20世纪初叶,通过不同的途径传到了欧洲与美洲国家,成了佛教经典。

韶关南华寺是六祖的祖庭,它的山门对联是:"庾岭继东山法脉,曹溪开洙泗禅门。"

广州光孝寺的山门对联是:"五羊论古寺,初地访诃林。"寺门两边的对联是:"祇园晖百粤,光孝耀羊城。"

新兴龙山国恩寺是六祖慧能祖庭之祖庭,寺门两边大理石刻下的对联是:"清磬一声山月白,慧灯四照海天空。"

国恩寺的门联是:"百城烟水无双地,六代风幡自一天。"

从这些对联,可窥见六祖对世人的影响。

新兴龙山国恩寺,凭借六祖慧能对世人的巨大影响,凭借气势磅礴的山水形胜,凭借得天独厚的天然温泉,成了中外游客蜂拥而至的旅游胜地。

慧能不仅是佛教禅宗派的六祖,佛教的一位大师和领袖,而且是中国禅学文化的创始人,是中国和世界思想史、哲学史上有重要地位的思想家、哲学家。在英国大不列颠博物馆门前,排列有世界十大思想家的塑像,中国有孔子、老子、慧能三人入列,同时,他们还被尊称为"东方三圣人",欧洲则将其列为"世界十大思想家";毛泽东将"六祖"慧能与孙中山先生并称为"岭南两大伟人"。

四十四、衣钵去向说

六祖慧能的一生充满着传奇和神秘的色彩,也给今天的人们留下了众多的未解之谜。其中从释迦牟尼手上传承下来的百衲袈裟和宝钵,传到慧能手上就不知去向了,从而成了千古之谜。

钵盂是僧人们化缘的器皿，袈裟则是僧人们的法衣，它是模拟水田的阡陌形状缝制而成。这是为了让出家人时刻记住：来到这个世间，既然穿了比丘衣，就有了责任。对佛家来说，就是要利于一切有情，利于一切众生，要去种福田。旨在时刻警醒出家之人。

释迦牟尼有两件神传的法物就是百衲袈裟和乞食钵盂，为历代佛祖的世传信物，谁得到这一衣一钵，谁就有资格做佛祖。相传佛祖释迦牟尼在灵山会上，拈花示众，大众莫知所以，只有摩诃迦叶破颜微笑，佛祖说："我有涅槃妙心，实相无相，付嘱摩诃迦叶。"也就是说，摩诃迦叶成为了佛祖的传人。为了让其他人相信摩诃迦叶是佛祖指定的继承人，佛祖规定：指定的继承人必须拥有佛祖的两件信物。否则即是假冒的传人。

摩诃迦叶继承了佛祖的袈裟和钵后，成为禅宗初祖，其后又传给二祖阿难，其下分别是：三祖商那和修尊者；第四，优波毱多尊者；第五，提多迦尊者；第六，弥遮迦尊者；第七，婆须蜜多尊者；第八，佛驮难提尊者；第九，伏驮蜜多尊者；第十，胁尊者；第十一，富那夜奢尊者；第十二，马鸣大士；第十三，迦毗摩罗尊者；第十四，龙树大士；第十五，迦那提婆尊者；第十六，罗睺罗多尊者；第十七，僧伽难提尊者；第十八，伽耶舍多尊者；第十九，鸠摩罗多尊者；第二十，阇耶多尊者；第二十一，婆修盘头尊者；第二十二，摩拏罗尊者；第二十三，鹤勒那尊者；第二十四，师子尊者；第二十五，婆舍斯多尊者；第二十六，不如蜜多尊者；第二十七，般若多罗尊者；第二十八，菩提达摩尊者。

二十八祖达摩乘船来到中国，成为东土初祖，以后传给二祖慧可，三祖僧璨，四祖道信，五祖弘忍，慧能在黄梅东禅寺修行，得到五祖弘忍传授衣钵圣物。在这33个祖师的传承过程中，一直都是用袈裟和钵来表信的，这个过程历时1000多年。到了慧能手里，完成了一花开五叶，禅法盛开于中华大地的佛祖预言，六祖慧能为了免于争夺衣钵而造成不必要的杀戮和纷争，遵从五祖弘忍所嘱，就决定不再向下传递衣钵了。

那么慧能的衣钵到底去向何方？这就成了一个千古之谜。

六祖慧能避难石至今犹在，位于马坝南华寺前山中。相传，当年六祖慧能为躲避大师兄神秀派出的武僧追杀，从黄梅经由梅关古道来到了岭南韶州曹溪宝林寺（今南华寺）。他在寺里住了九个多月，追兵又至，就只好逃到了寺对面的山上。追赶他的僧众找不到慧能，便放火烧山。慧能见山脚四处起火，只好逃向山顶。在半山腰里，他看见有三块大石品字状叠垒着，就向那里跑去，想找个石缝避火。说也奇怪，中间那块大石的中部刚好有个洞穴能容一个人蹲进去。慧能就依靠这天然洞穴避过了一场熊熊烈火！

那个洞穴在慧能坐过之后竟留下了他的腰部、臀部以及双膝打坐的印迹，六祖背

后贴着的那块石头上留下的六祖和袈裟的印迹清晰依旧,如同人工雕刻过质感凸显。这个洞穴历经千年风吹雨打,至今仍呈现粉红色,可谓佛光浩荡。

避难石上的袈裟印迹却坚定了人们的信念,六祖慧能的衣钵应该就在避难石附近。事实未必如此,这只能反映人们的某种心愿而已。

佛教创始人即佛祖释迦牟尼,其舍利至今依然保存于陕西宝鸡的法门寺,亿万信众前去瞻仰膜拜过这佛教界的最高圣物。舍利是其火化之后所形成的坚硬之物,也是佛祖留给后人唯一的身体之物。

和释迦牟尼的舍利一样珍贵的还有释迦牟尼的衣钵,从天竺辗转流传到了中国竟不知去向。

今日南华禅寺二楼藏经阁有宋代的木雕五百罗汉,有明代的铜铸六祖慧能雕像以及六祖慧能生前用过的物品,还有当年武则天请六祖慧能上京说法的圣旨。其中一双绣花缎袜也是武则天所赐,六祖慧能讲经时才穿用。六祖慧能的锡杖重达45公斤,六祖慧能曾用它降龙伏虎;还有六祖慧能曾经使用过的坠腰石……唯独没有佛祖衣钵这两件圣物。

南华禅寺传正大师说,袈裟还有一件明代的复制品,也是非常珍贵的,该袈裟上用金丝绣满了佛像,佛像排列整齐,一个个佛像面目清晰,形态庄严,绣工极其精巧。传正大师称,这的确是六祖慧能穿过的武则天御赐的千佛袈裟之复制品,而不是释迦牟尼传下的袈裟。

对佛祖衣钵的去向,历代传说纷纭,莫衷一是。一种传说是,衣钵被当时的女皇武则天下旨派钦差以强索的手段从慧能的手上取走了,然后回赠了一件千佛袈裟和一只水晶钵盂给慧能作为交换。

六祖慧能圆寂前,法海再拜问曰:"法师入灭,衣法当付何人?"六祖慧能曰:"吾忝受忍大师衣法,今为汝等说法,不付其衣,盖汝等信根纯熟,决定不疑,堪任大事,据达摩旧记,衣不合传矣。"

六祖慧能在示灭前,对后事交代得非常详细,连五六年后,有人来取他的首级之预测都讲给了得意门徒听,并说:"吾去后七十年,当有二菩萨从东方来,一在家、一出家。同时兴化,建立吾宗,缔缉伽蓝,昌隆法嗣。"所以他对金缕袈裟和宝钵,也必然会慎重处理。

会不会交给护法神送往鸡足山迦叶处,以便将来交给弥勒佛?但《五灯会元》上却说:上元元年(760)肃宗遣使就请师衣钵,归内供养。至永泰元年(765)五月五日,代宗梦六祖大师请衣钵。七日敕刺史杨瑊曰:"朕梦禅师请传法袈裟却归曹溪。今遣镇国大将军刘崇景顶戴而送,朕谓之国宝。卿可于本寺如法安置。专令僧众,亲承宗旨者,严加守护,勿令遗坠。"这里所说的请师衣钵,会不会是指六祖慧能用过的衣钵,而不是佛陀传法的衣钵?六祖慧能绝不会留下佛陀衣钵,由皇室或庙上供养。

2006年12月28日，新兴县国恩寺出土七颗舍利子，在佛教界引起轰动。舍利是何人之物，是何人埋到塔下？成为万众瞩目的一个问题。

尽管现场考古的专家说，目前不能妄下判断。但仍有专家大胆猜想，这次出土的文物有可能是当年六祖慧能建报恩塔所埋，作为禅宗第六代传人，六祖慧能接过五祖传承的衣钵时，有可能继承了只有少数人知晓的代表身份象征的佛舍利，而这七颗舍利可能是中国佛教始祖达摩进入中国时随身所带的释迦牟尼的身骨。

当然，这只是一种猜想，未能从历史考古的角度去证实它。但这种猜想又引发了新兴县众多禅宗研究爱好者的另一种推测：佛祖衣钵很可能也被六祖慧能在圆寂前藏在了国恩寺内的某个地方。可是至今这两件圣物，都没有在世人面前显现过。

关于佛祖衣钵的下落，专家和民间信众大致有以下几种说法：

一、被盗说。佛祖衣钵乃佛门至宝，难免遭人觊觎。传说五祖时期就曾多次被盗，皆完璧归赵。被盗的可能性较大。

二、销毁说。六祖慧能为了防止佛门纷争、自相诛杀，亲手将衣钵处置（或销毁）了。但这种可能性极小，因为佛祖衣钵乃佛门圣物，和舍利子一样珍贵，论常理，六祖慧能不会轻易将之销毁。

三、窖藏说。六祖慧能为了防偷盗，将衣钵窖藏起来了。就像那七颗舍利子一样埋在了地下。这种可能性也比较大。

人们推测，如果是藏起来了，不会藏在南华寺或国恩寺之外。因为佛门之物应该藏在佛门圣地。但更多的人认为如果窖藏说成立，真是慧能将衣钵窖藏起来了，那藏在国恩寺内的可能性极大。依据如下：

一、佛祖衣钵在传承过程中，容易引起争端和内讧，大智慧的慧能必会在圆寂之前处理好衣钵，而不会将这个后患留给后代弟子。二、国恩寺是慧能的圆寂之所，将珍贵之物藏在自己圆寂的地方比较容易理解。三、慧能时期南华寺的人气比国恩寺要旺盛得多，慧能在南华寺弘法数十载，人们通常会想六祖慧能会将衣钵藏在南华寺。而六祖慧能思维习惯则常另辟蹊径，他在安置衣钵问题上必会以与常人相悖的逆向思维，认为国恩寺相对偏远，交通闭塞，藏在国恩寺更为稳妥。四、六祖慧能当年带神会、法海等得意门生回国恩寺，可能隐含着一个重要的目的就是妥善安置衣钵。五、假如国恩寺出土的七颗舍利子是祖达摩所携释迦牟尼之身，六祖慧能将衣钵埋藏在国恩寺就更有可能了。

尽管衣钵去向不明已经1200多年了，但是衣钵所凝聚的佛的精神、所寄托着善男信女的虔诚膜拜，将会和神奇而美丽的传说一样，代代相传，万古流芳。

四十五、六祖真身考

　　六祖慧能千年真身，一直是信众膜拜和神话的对象。认为六祖慧能是修炼而成的"金刚不烂"之身。这一历经千年不败的真身，自唐代以来一直受到佛教徒的尊崇和文人雅士的颂扬。从而给六祖真身蒙上了一层神秘的面纱。

　　随着时代的进步，科学文化知识的普及和提高，越来越多的人对六祖真身产生质疑。许多人不相信六祖真身是真的：广东天气闷热潮湿，人的真身躯体何能保存千年。认为六祖真身不可能是真的。

　　下面就相关专家学者考察六祖真身及亲眼目睹并保护六祖真身的亲历者的说法，来解开这个千古之谜。

　　韶关市博物馆馆长梁永鉴说："过去我也怀疑六祖真身不是真的。1966年下半年，韶关市的一部分青少年学生，在六祖真身背后打开了一个洞，发现里边确实有人的骨架，我亲自去看过。后来我又在1970年，陪同中国科学院古脊椎动物与古人类研究所的副研究员王择义老先生去观察和研究六祖真身。我们从破洞里看到排列的肋骨、锁骨和脊椎骨都是齐整的。除了骨架外，还有扁铁条支架，肩上横一条，脊椎竖一条，支撑真身塑像。因为头颅有脑子，最不易保存。我和王择义先生曾怀疑真身的头是假头。经过王择义先生仔细观察和亲手研摩，他认为头也肯定是真的，不是假头。其他两座真身经他观测发现有问题，他认为明代憨山真身比例不对，不是真的；明代丹田真身制作技艺也不错，身体是真的，头不敢说是真头。"

　　梁永鉴曾在中国科学院古脊椎动物与古人类研究所学习过。王择义（1905—1976），字宜庵，是知名的旧石器考古学家，长期从事古脊椎动物和古人类化石的调查、研究和鉴别工作。他们二人的观察研究和看法，建立在科学知识的基础上，应该是真实可信的。

　　韶关南华寺（原宝林寺）住持德众和智真二位住持都亲眼看见被红卫兵砍开口子的六祖真身，"里边有骨架，由于曾经摔打和震动过，肋骨排列有的脱节，已经凌乱。寺僧在修理时，又把骨头放置进去，补好背后的破洞，用油漆油好。丹田的真身，他们证实里边的骨架也有铁片支撑"。

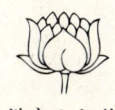

二位住持观察六祖真身的情况与梁永鉴说的基本相符。

南华寺福果老和尚曾说:"我青年的时候,曾经听附近老农民说过,清咸丰年间(1851—1861)流窜到庙里的乱兵,曾经打开过六祖真身,后来经过寺僧修整,补好了打开的部分。另外一次修整是在1934年,听住持虚云大师讲,当时六祖真身的座上长满了白蚂蚁,把座和存放真身的木龛的一部分都吃空了,不得不重新换了座和龛上的一部分木头。"

由此可见,六祖真身曾多次遭受人为和自然的损坏,每次损坏后都经过修补和油饰。损坏和修补时,都有不少人见到真身内部的实况,知道里边有骨架和铁条。

"文革"动乱之秋,时任南华寺负责人的林得众,曾挺身而出保护六祖真身。

林得众说:"那时候,住持不好当,寺里还有一百多个和尚。事态变化太快,阶级斗争、各种运动一个接一个。'文化大革命'开始,红卫兵贴大字报,寺内不准搞宗教活动,不准叫和尚名,不能穿和尚衣,不准吃斋,不能拜佛,要彻底砸碎'封建老巢'南华寺。1966年8月的一天,数百名红卫兵气势汹汹地闯入南华寺'破四旧',当时我是广东省、韶关市政协委员。红卫兵头头来问我:'如何破四旧?'我回答:'什么是文物,什么是四旧,必须要由国家、省文物局鉴定之后才知道,先不要动。'"

红卫兵挥举菜刀,气势汹汹地在六祖以及另外两尊高僧真身背后各凿开一个大窟窿,露出了灵骨以及支撑骨架的铁棍。

红卫兵运着三尊真身像游街三天,对围观群众展示说:"请看六祖真面目。"

红卫兵还要毁掉三尊真身像。急中生智的林得众马上制止说:"不能毁!你们说真身像是假的,可是1000多年来大家都说是真的,你们说假的有什么证据啊?还不如保存下来,让大家看看,里面有铁架、有麻布。这样,你们不用说,大家看了就知道是真是假了。"

于是,六祖真身作为"反面教材"躲过了这场浩劫,幸存下来了。

六祖真身历经千年风化而不朽,到底是一种什么样的魔力让他历久弥新呢?

六祖真身和世界各国发现的古尸一样,能够保存下来的原因,不外乎三种:一是由特殊的自然条件形成的;二是由人工的防腐葬法制成的;三是人工防腐和特殊的自然条件兼有之。著名的埃及木乃伊,是用古埃及的防腐葬法制成的。这种葬法处理尸体,要经过洁身、开口、洗洁、上香料和裹布条等制作过程。

六祖真身坐式干尸的制法,不同于其他的防腐葬法,是中国佛教徒特有的葬法。

德众和福果等法师认为,六祖真身的制作是用中国佛教徒特有的入定、密封、干燥法制成的。

这种特定的制作方法,首先经过入定阶段。老和尚在圆寂之前,一般都要经过很长一段入定时间。在此期间,老和尚身披袈裟,盘腿打坐,瞑目入定,米水不沾,就这样,让体内的营养和水分渐渐消耗殆尽,最终油枯灯灭、涅槃圆寂。

老和尚坐化之后，便进入密封和干燥阶段。就是将两只口径一致的大瓦缸，一个仰放在下，中间置一有排漏孔的木座，垫以木炭、生石灰，将和尚寂灭的躯体置于木座上，再将另一个大瓦缸严严实实地扣盖在上面，进行封口，做到密不透风。

久而久之，躯体及内脏里的有机物质迅速腐烂，汁液渗透到木座下的生石灰上，生石灰遇到水分便发生反应，变成熟石灰（氢氧化钙），会产生大量的热量，将躯体的水分吸干，最后变成现在我们所见到的坐姿千年不腐真身。

关于六祖慧能真身，在《坛经》有所记载，六祖慧能死前一年的七月（712）"命门人往新州国恩寺建塔，仍令促工，次年夏末落成"。先天二年（713）七月八日，六祖慧能在弟子的陪同下从韶州宝林寺回到故乡新州的国恩寺。慧能深知自己阳气殆尽大限将至，便在禅龛上盘腿打坐凝神入定。八月三日，向弟子交代完遗嘱和偈语，时值三更便圆寂示灭。弟子将六祖慧能置于塔内密封，制成真身佛像。十一月十三日，六祖慧能的弟子们将师父慧能的禅龛迁回韶州宝林寺，建灵照塔存放。唐玄宗开元二年（714）七月二十五日，六祖慧能真身从禅龛内请出，安置在木塔里保存。

关于六祖慧能的弟子方辨为师父塑像，在《坛经》中也有所记载，有一天，六祖慧能在曹溪宝林寺后面的卓锡泉洗袈裟，一个陌生人突然出现在慧能身边，说是要看看佛家祖传圣物——袈裟衣钵，来人自称方辨，西蜀（今四川省）人。六祖如其之愿，立即回寺中密室取出衣钵给他看，慧能见其粗粝的双手，顿生疑窦，便问他是做哪一行的。他从包袱里掏出凿子、锤子等工具，说自己是雕塑师，而且自诩技艺精湛。六祖慧能当即要求方辨塑一个自己的像来看看。方辨出乎意料，六祖慧能竟会要求塑自己的像。于是闭门造像，几天之后一尊"可高七寸，曲尽其妙，呈似师"的慧能"真相"塑好了。六祖慧能观之，笑曰："汝只解塑性，不解佛性。"一针见血地指出这尊塑像，只是形似而非神似。未能形象地表现佛祖高僧的精神气质。

然而，六祖慧能圆寂后的真身又是谁制造的呢？

宋代契嵩本《坛经》里记载：先天二年（713）十一月十三日，六祖慧能的禅龛从国恩寺迁至韶州法泉寺后，次年（开元二年）七月二十七日从禅龛中将慧能的真身干躯取出，慧能"端形不散，如人禅定"。再由方辨和尚加以塑造。先"以香泥上之"，继而"以铁叶、漆布固护师颈"。由此看来，方辨所塑六祖慧能真身与现在保存于韶关南华寺的六祖慧能真身并无二致。

六祖慧能真身，表情生动逼真，形象栩栩如生。慧能结跏趺禅定坐像，高80厘米，上红褐色油漆；抬头，闭目向前，鼻作蒜头形，嘴唇稍厚，颧骨较大；身着斜领衫，外披袈裟，衣纹流转自然，腿足盘结于袈裟内，双手相托，置于腹前；深刻表现了六祖慧能多思善辩的睿智和自悟得道创立禅宗南派的高僧气质。

六祖慧能真身，是芸芸众生心灵之中的一盏圣灯，穿过漫长的岁月，任罡风呼啸、暴雨猛倾、雷电大作，这盏普度众生、燎亮迷津的神圣之灯，永远炯炯如炬、长明不熄、万劫不灭！

南宗下，始波澜壮阔。

——太虚·《中国佛学》

中国禅宗的创业史，经历了菩提达摩到弘忍这样一个漫长的前史阶段，到六祖慧能时代才出现了真正意义上的变化。慧能虽是中国禅宗史上被称作六祖的第六代传人，但又确实是影响中国佛教长达千余年的中国禅宗的真正创始人。

——李富华·《慧能与"坛经"》

禅学所讲"明心见性"的自证，既不仰赖于天，也不寄托在来世，即在日常生活中，当下便是。烦恼即菩提，娑婆即净土，一转眼间，明心见性，便成为天堂。这不仅否认了佛的传承，并且肯定了中国人"个个圆成，人人具足"的佛性种子。因此，"儒家大同世界"的远景，便可以从禅学里获行实现。……所谓佛学中国化，就是尽量冲淡佛学宗教的气氛，加深人生的意味。而六祖慧能的思想，尤重视人性自发。他较诸道更为生动，更令人兴奋于人性自觉。

——东初·《禅学的真义》

而慧能的才能，则是因他的顿悟学说，战胜了佛教各宗派，变天竺式的佛教为中国式的佛教，独创了新的中国禅学。

禅宗六祖及留下的《六祖坛经》这部革旧鼎新的经典著作，后来为中国南北二宗各派所推崇，他为天竺及东洋各地的佛界高僧所折服，奉他为新的中国禅的始祖，至今1300余年，盛传不衰。

——吴洪激·《六祖传奇》

禅宗是中国化的佛教，而六祖慧能是禅宗的创始人，是全世界哲学家所尊崇的伟大人物。"慧能思想"被誉为全世界禅宗思想的顶峰。

研究一世哲学而不知佛教，等于不知哲学。研究一世佛教而不知禅宗，等于不知佛教。

——北京佛协会、教授庐守中大师语

六祖慧能创立了具有中国特色的佛教。《法宝坛经》成为禅宗的宗经，在佛教史乃至世界的文学史、思想史、哲学史都具有重要的地位和深远的影响。

——方应钊·《国恩寺——中国禅宗发源地》

真正的禅宗的建立，是从慧能开始的。

……所以慧能才真正是禅宗的开始。

中国佛教禅宗是极具中国特色的佛教宗派,对印度大乘佛教思想作了最杰出的发展,……禅宗的智慧是佛教智慧的集中表现。

禅宗是中国佛教的代名词。

慧能是个大革命家。

——《佛教大智慧》

隋唐时期,唯识之宗佛学由于它是在唐初由玄奘引进过来的,还来不及中国化,而且不可能中国化。因此,在当时只红火一阵,而其后不传,因为它没有植入中国本土文化,它的根在西方,到中国就成了无根之木,无源之水,因而不能开花结果。禅宗则以慧能为典型,其佛学都植入了中国文化,构成了中国本土文化的有机部分,所以后来能大行于世。

——田昌五·《慧能在中国思想史上的地位》

佛教是外来宗教,从汉代传入中国到隋唐,佛教得以在中华大地扎根、开花、结果,特别是隋唐佛学,作为一时代思潮的标志,在中国哲学史上占有相当重要的地位。

由于慧能对传统的禅学进行一系列根本性变革,所以慧能虽然名义上是禅宗六祖,实际上是中国禅宗的真正创始人。

——李锦全·为胡京同《慧能于禅宗》一书序言

由慧能开创的南禅佛教革命,最终形成一个完成摆脱了由印度佛教的附庸地位,别开生面而独立发展的中国化佛教禅宗。

——谭世宝·《慧能所创南禅宗风的前因后果》

中国民族文化的特点是充分肯定人性的完美、心灵的纯洁,体现人生的高贵价值,因而形成了中华民族的道德观、人权观、价值观、法制观、民族观等等,我们无视人性论就不可能从根本上理解中国人这些观念。没有这些民族价值观,中华民族就要灭亡。但自从慧能禅宗开始,中国传统的人性论已为禅宗所吸收,收为佛学的人性。慧能禅宗的历史特征,在于实现儒学论性的佛学化,又为以后的佛学化儒学铺平了道路,具有承先启后的意义,这是中国文化与外来文化融通为一的中国文化,亦佛亦儒,又非儒非佛,相互结合,难分彼此,从而创造了当代中国新文化。

由于玄学和儒学均为佛学所吸收,成为中国化的佛学。慧能的"愚痴是畜生"与孟子"人之异于禽兽者几稀"讲的都是同一个道理。

——田昌五·《慧能在中国思想史上的地位》

四十六、慧能与世界

六祖慧能的南禅思想以其巨大的、潜移默化的力量影响着中国文化和世界文明的发展,他不愧为世界杰出的思想家之一。姑且引用伟人、贤哲、专家、学者之语,予以证之。

慧能主张佛心人人皆有,创顿悟成佛说,一方面使繁琐的佛教简易化;一方面使印度传入的佛教中国化。因此,他被视为禅宗的真正创始人,亦是真正的中国佛教的始祖。在他的影响下,印度佛教在中国至高无上的地位动摇了,甚至可以"呵佛骂祖"。他否定传统偶像和陈规,勇于创新,并把外来的宗教中国化,使之符合中国国情。

佛经也是有区别的,有上层的佛经,也有劳动人民的佛经,如唐朝时期六祖(慧能)的佛经《法宝坛经》就是劳动人民的。

——1959年10月22日毛泽东与班禅大师的谈话

你们广东省有个慧能,你们知道吗?慧能在哲学上有很大的贡献,他把主管唯心主义的理论推到最高峰,要比英国的贝克莱(1684—1753)早一千年。你们应该好好看看《坛经》,一个不识字的农民能够提出高深的理论,创造出具有中国特色的佛教。

——毛泽东1956年对中共广东省委领导人的讲话

南宗慧能同神会提倡一种革命思想——"顿悟",不用那些"渐修"的繁琐方法,只从智慧方面,求其大彻大悟,放下屠刀,立地成佛。在当时因为旧的方式过于复杂,所以这种单刀直入的简单理论,感动了不少的人,终于使南宗顿教成为禅宗的正统,而禅宗又成为佛教的正统,这是他们在破坏方面一大战功。

——胡适·《中国禅学的方法》

南宗宗旨,不外"净心、自悟"四字。净心即心绝妄念,不染尘劳,自悟即一切

皆空，无有烦恼，能净能悟，顿时成佛。修行方法可谓极简便。

——范文澜·《禅宗——适合中国士大夫口味的佛教》

南宗破坏天竺僧徒所传的佛教相当彻底，从千百万字的经论到一字轮王咒，从净土到地狱，从佛到饿鬼，从生前修行到死后舍利。……南宗发挥了高度的主观能动性，与天竺式的佛教勇敢地进行斗争，一切外在的佛和佛法，全被推倒，贡献是巨大的。

——范文澜·《中国通史简编》

先是神秀有同学慧能，虽曾受学于弘忍，然后是在南海印宗法师处出家。相传门徒法海据其言行录为《坛经》。此经影响巨大，实与达摩禅学有重大的发展，为中华佛学之创造也。慧能之学说在顿悟见性，一念悟时，众生是佛，自从心中顿见真如本性。

——汤用彤·《隋唐佛教史稿》

慧能所传的禅法也确实是一种新教，对于旧说有很多改变，他们要求与平民相杂而居，而统治者则采取不合作的态度。

——吕澂·《中国佛学源流略讲》

我们把慧能当作中国禅宗的真正创始人，是有事实根据的。菩提达摩以下五世，只是慧能禅宗的先驱。后来中国哲学史上所谓"禅学"，某人的学说近禅（如宋儒、明儒说陆九渊、王守仁的哲学系近禅），都是说他的学说和思想方法和慧能以后的禅学接近，而不是指的慧能以前的禅学，更不是指的禅定的禅学。

——任继愈·《禅宗哲学思想略论》

隋唐的僧人依据佛教的经典，加以独创性的解释，建立了自己的学说体系，形成中国化的佛学，其中禅宗的独创性最为显著，可成为中国化的佛学。

——张岱年·《中国文化发展的道路——论文的综合与创新》

慧能以前，只有禅学，没有禅宗；禅宗，是由慧能创始的。

——郭朋·《隋唐佛教》

五祖弘忍后，神秀弘禅于北方，甚为高宗、中宗及武后所崇奉。慧能则弘于广东曹溪，故对神秀北宗而称南宗。后来所谓宗门，实到慧能南宗始巍然卓立。因六祖前仅有少数人相传，自初祖至四祖，始分头牛一只；至五祖遂分南顿、北渐二宗。六祖

慧能的"一切般若智,皆从自性而生……"等,这些学说均孕育于魏晋般若学与南北朝佛性论中,是佛教中国化的标志。《六祖法宝坛经》在坚持佛教的基本立场、观点与方法的同时,又大量摄入中国传统的思想与方法,特别是老庄玄学的自然主义哲学与人生观,以及儒学的心性学说,从而形成了它独特的禅学理论与修行方法,它革新了佛学的反中国传统思想的做法,因而树立了慧能在中国佛教禅宗的主导地位。"唐宋以后,慧能禅宗不仅湮灭了弘忍门下包括神秀北宗的其他各支宗系,成为中国禅宗的唯一正宗,而且成为中国佛教的代名词。慧能门下得以法者形成的五派七家法流,后逐渐远传至日本、朝鲜和东南亚国家。"

——温卫平·《广东之最》

(中国禅)从达摩到道信(四祖),而兴旺起来,经道信、弘忍、慧能以次相传,禅宗便成为中国佛教的主流。以后虽有离散、分化、对立,又很快被江南的曹溪流派所统一。天下凡禅者皆以曹溪所本了。

——印顺·《中国禅宗史》

慧能是禅宗始创人。

奇僧慧能大师成为中国佛教史上,乃至中国文化史上和世界文化史上名声煊赫的一代伟人。

慧能那种不拘一格的思想,以及其扎根于民间基层的传教活动,开创了中国佛教前所未有的局面,生气勃勃,令人耳目一新,因此,慧能成为禅宗的实际缔造人。

——王仰尤·《中国佛教十大奇僧》

慧能,是佛教中国化的倡导者。慧能的思想,是佛教改革者的思想,他主张佛出自性,反对除外求玄;主张佛性平等,反对布施求佛;主张经为我用,反对死背经文;主张契合顿悟,反对长久坐禅;主张简易修行,反对烦琐仪式,使禅宗成为中国特有的佛教。

——胡京国·《慧能与禅宗》

六祖创立的"顿悟说",似乎更关注于广大没有文化或文化教育程度不高的众生。因此,他的顿教,不仅吸引了帝王、士大夫,且下至目不识丁的愚夫愚妇,都能接受,因而使顿教扎根于社会,久传不衰,成为中国佛教的代表者。这就是六祖为中国传统文化作出的一个不朽贡献。

——刘斯翰·《顿悟说和六祖》

慧能是个佛教徒,但他创立的南派禅宗,却是不拜佛、不读经、不作禅,后来远

发展到呵佛骂祖。其实,慧能并非不信佛,他信的是具有平等真心的真佛。他要破除对那些泥塑木雕像的迷信,提倡解放思想,从自觉精神中去寻找觉悟人生。

他这种注重自我解脱,通过净化人心来成就独立人格,自行把握人生真谛,并获得精神上的自由,这就是他在中国佛学史上所作出的主要贡献。

——李锦全·《慧能禅学对中国佛教史的主要贡献》

纵观慧能宗教革新,新就新在世俗色彩非常浓烈。第一,强调人本主义。传统的佛教一向宣传佛本论。人本论就是强调活生的人为本体,强调发挥人类自身的能动作用。第二强调入世主义。六祖禅学,注重入世,强调功德自度和度人,这是中国佛学,特别是六祖禅学的一大特点,与儒家思想注重入世互为一致。第三,强调顿悟主义,主张"一悟至佛",顿悟成佛的修行方法,这种简单易行的方法,反映了庶族地主和下层人民的意向,更加贴近他们的信仰要求。以慧能为旗手,以强化世俗性为特点的宗教革新,对传统思想的冲击更大,更广泛,更加波澜壮阔。

——章权才·《慧能的宗教革新与传统思想的重构》

慧能身为出生和成长于中国蛮荒的边陲流放地——岭南新州的汉人与土著人的混血儿,他原是个不识字的卑贱的樵夫,按照传统的观念是不能在当世成佛的。因此,他成佛的道路上首先要打破汉族内部传统狭隘的以北方中原为天下中心的观念,打破北方中原人对南方人尤其岭南土著人的地域、种族文化上的歧视与偏见,慧能的这些非同凡响的卑识高论,超越前人,且在实践中获得了成功。

——谭世宝·《慧能所创南禅宗风的前因后果》

明万历年间,号称明代佛教"四大家"之一的憨山德清有一文曾云:"……卢公起于樵斧间,是以佛法也自唐始盛,其根植于新州,畅于法性,浚于曹溪,散于海内,是知文化由中国渐被岭表,而禅道实自岭表达于中国。"揭示和突出了唐代岭南特别是新州在岭南乃至整个中国佛教史上的特殊地位和贡献。

——王承文·《六祖慧能早年与唐初岭南新州》

"龙山为禅宗第一禅林,世人宗师教于天下者,不若南华之为盛,但不若龙山之为真。师起家于新兴而归禅于龙山",若言禅宗,不涉龙山,"犹如饮水者不知其源,拔木者不知其本矣!"

——明·新兴县知县王民顺·《重刻〈坛经〉跋》

《坛经》为六祖谈道之书,犹吾儒之《论语》、《孟子》也。六祖自受黄梅衣钵,披辞于诃林,开山宝林而归根于龙山,龙山为六祖故居,先人坟墓在焉,唐□曰:

"国恩寺"。龙山者地名也，六祖之于龙山犹孔子之阙里，孟氏之于邹峰也。

——清·陈在谦·《重刻〈坛经〉跋》

"有禅有文化，无禅无文化，中华禅文化已成为人类宝贵财富，造福兆民，光辉千秋。溯其源头，端在曹溪，而曹溪之发祥与归宿又在新兴之龙山，盖为六祖之诞生与圆寂地也，伟哉，慧能！大哉，曹溪！大哉，龙山！"

中国佛教之特质在禅。中国之禅文化，不但是中国佛教文化及中国传统文化之重要组成部分，而且是人类文明及世界文化中最宝贵的精神财富。溯其源头，端在六祖生寂圆满地之新兴县。新兴国恩寺、韶关南华寺、广州光孝寺，如涅（梵文，音伊）字三点，形成六祖般若、解脱、法身三德之禅系网络。应同等尊重，同等弘扬、同等开发。新兴自然风光秀丽，得天独厚，六祖应化圣迹甚多，蕴藏着丰富的禅文化资源，尚不为世人所知晓。六祖祖籍属祖国首都北京之大兴县，大兴新兴，新兴大兴，斯其时也。

……中国的禅文化在盛世盛典中必能与社会主义相适应，必将在下一世纪在解决人类自身建设问题上作出积极的独特新贡献。中国禅文化将在新世纪文化史上再度辉煌。

——原中国佛教文化研究所所长吴立民语

跋

伟大的革命先行者孙中山有句名言:"佛学是哲学之母。"

赵朴初曾经讲过:"不懂佛学就不懂中国文化。"

六祖慧能,佛教第六代禅宗,在人生旅途中充满传奇色彩,在中国佛教史上占居巍巍高位。

"下下人有上上智,上上人有没意智。"六祖慧能这位山林禅僧的宗师,也是平民化僧人的代表。

在中国佛教史龙象辈出的高僧中,慧能大师以思想解放、敢于创新而著称。他是将中国儒学思想与西方(印度)佛教交会融通的第一人。慧能(佛家)是与孔子(儒家)、老子(道家)在历史上并肩而立的东方三大圣人,也是先于孙中山的岭南两大伟人之一。慧能力主的"顿教"法门,提倡不立文字、教外别传、直指人心、见性成佛。给当时沉寂郁闷的佛门吹进了一股清新的春风,致使曹溪禅门中的弟子,如雨后春笋般涌现,得法雨滋润,蓬勃成长,在佛门中成了一支去旧扬新的生力军。

"行住坐卧,无非佛事;举手投足,皆是道场。""心平何劳持戒,行直何用修禅。"六祖慧能以改革务实的态度,将坐禅苦修、累世修行的方法弃如敝屣。他所倡导的悟禅宗旨,以其哲理性、实用性与可行性风靡四海,深受黎民百姓与许多古刹名僧的拥戴。毛泽东同志曾赞扬他"创造具有中国特色的佛教"。

慧能出身寒微,胸无点墨,24岁时投奔黄梅东禅寺当杂役。他从五祖弘忍大师手中接过祖传衣钵时既未削发又未受戒,随后逃亡隐居山林15年,40岁时重出,在法性寺(今光孝寺)菩提树下剃度落发,才成为名正言顺的佛门宗师。先成祖,后成佛,这在中外佛坛空门里乃是前无古人、后无来者的独例。

女皇武则天钦佩六祖慧能的德行,赐磨衲袈裟、水晶钵及绢等。唐宪宗追谥六祖慧能为"大鉴禅师"。其后不少皇帝对六祖慧能都有追谥。唐代三位大文豪王维、柳宗元、刘禹锡分别撰写了碑记,颂扬六祖慧能的功德。

中国佛教文化研究所吴立民在一位新兴后学手抄《六祖法宝坛经》200米长卷上

写的序中说："六祖以一介樵夫而悟道,下下人有上上智,穷道源,游性海,承心印,开法流,其施法坛经既为利根利器,指自身解脱之道,示一超直入之法,又复为浅根浅机,广开方便参学之门,引明心见性之道。慧能南宗与神秀北宗同为禅宗二大巨流,如黄河长江之纵横大地,而汇入大海。北持渐修,南主顿悟,前者筑基以向上,后者登峰而造极。相互依存,圆融无碍,故中国佛教之特质在禅教,而其道则在圆融也。从此,印度尼禅连河水通过曹溪融入黄河、长江巨流,使中华文化拓展崭新境域,法乳滋润华夏、扶桑,波及全球。有禅有文化,无禅不文化。"由此可见,禅文化是中华传统文化的一个重要组成部分,也是人类的宝贵文化财富之一。

禅文化强大的生命力,主要在于它把中国传统文化重要组成部分的儒、道两家的内涵精髓,进行了圆通、糅合与融汇,并发扬光大。

慧能先悟道后出家、先成祖后削发。他反对坐禅,反对这种"刻意"和"着力"修行。他说人如果长坐不动,容易损害身体健康,没有健康的身体何谈修悟?

这种敢于挑战传统,求真务实,敢为天下先的开拓创新精神,成为后世的岭南人的榜样和旗帜。所以,广东成为辛亥革命、中国近现代革命的策源地,中国改革开放的前沿阵地。

《六祖坛经》融汇了佛禅机理和中华文化,是中国人写的、唯一被尊为"经"的佛教宗经,毛泽东称它为劳动人民的佛经。

六祖慧能所强调的"心诚"、"心善"、"心好"、"行直"、"行善"、"积德"以及"孝、义、忍、让"等这些以人为本、以善为先,给人以终极关怀的理念,让人们接受禅文化的熏陶,净化心灵,成为自强不息、道德纯洁、爱国敬民、造福社会的高尚之人。这对于世界、社会、家庭的和谐有着积极的意义。